KB250322

육효, 삼천 년의 속삭임 종합편

최소원 저

육효, 삼천 년의 속삭임 종합편

펴 낸 날 2026년 2월 11일

지 은 이 최소원
감   수 박현숙, 김자영
펴 낸 이 이기성
기획편집 권희연, 최인용, 이서은
표지디자인 정형민
책임마케팅 이수영, 김정훈
펴 낸 곳 도서출판 생각나눔
출판등록 제 2018-000288호
주   소 경기도 고양시 덕양구 청초로 66, 덕은리버워크 B동 1708, 1709호
전   화 02-325-5100
팩   스 02-325-5101
이 메 일 bookmain@think-book.com

• 책값은 표지 뒷면에 표기되어 있습니다.
  ISBN   979-11-7048-962-7(04180)
  ISBN   979-11-7048-961-0 (세트)

육효, 삼천 년의 속삭임 종합편

선택의 갈림길에서 방향을 제시해 주는 삼천 년의 실용 지침서!
한 권으로 끝내는 인생 리셋 프로젝트!

최소원 저

생각나눔

책을 출간하며

운명은 기다리는 것이 아니라 만들어 가는 것입니다. 개운은 단순히 운명을 변화시키는 것이 아니라 주도적으로 나의 삶을 이끌어 가는 것입니다. 이 책은 7조에 육박하는 점술 시장의 혼재 속에서 역술가에게 의존하는 운명 상담을 벗어나, 스스로 위험 신호를 읽고, 기회의 타이밍을 포착하며, 삶의 주도권을 되찾는 실전 로드맵입니다. 주역에서 실용성과 활용성을 위해 파생된 육효를 통해 불확실한 미래를, 준비된 미래로 바꾸는 방법을 배워보시길 권해 드립니다. 단 22자의 글자로 시공간을 초월한 삶의 해답을 쉽고 알차게 알려드리겠습니다. 당신의 인생에서 가장 중요한 순간들을 더 이상 운명이라는 틀에 가두지 말고, 개운을 통해 최대한 활용할 수 있는 삼천 년간 지속된 하늘의 지혜를 알려드리겠습니다.

2004년 1월의 어느 날, 삶이 노력한 대로 흐르지 않는 답답함에 간판에 조그맣게 적힌 '운명 철학'이란 단어에 휩쓸려 인생 처음으로 명리 상담을 받게 되었습니다. 중년을 훌쩍 넘은 듯한 여성분이 편안하고 차분한 목소리로 남편과 저의 생년월일을 물어보시더니, 대나무 통 속 8개의 막대기 중 3개를 뽑으라고 하셨습니다. 오랜 경력을 말해 주듯, 표지가 바랜 책을 뒤적거리며 사주팔자의 여덟 글자와 뽑았던 3개의 막대기에 적힌 글을 써 내려가셨습니다. 그리고 그 해에 있을 수 있는 일들을 하나하나 예측하며 설명해 주셨습니다.

사실 그날 많은 말씀을 해 주셨지만, 기억에 남는 것은 딱 두 가지뿐이었습니다. '내 사주는 36살이 지나면 좋은 날들이 펼쳐질 것이니, 그때까지는 작은 일에도 만족하면서 감사하게 살면 된다'라는 내용이었고, 또 하나는 '올해 7월에 상복이 보이는데, 그게 아버지일 수 있으니 잘 살피는 것이 좋겠다'라는 말씀이었습니다.

저는 세상에서 가장 존경하고 사랑하는 분이 아버지인지라, 아버지가 아플 수 있다는 말에 정말 기분이 안 좋고 속도 상해서 괜한 상담을 했나라고 생각하고 잊고 지내려 했습니다. 그러던 7월, 아버지는 서울대학병원에서 위암으로 위 70% 이상을 절제했고, 회복 시간이 남들보다 오래 걸리긴 했지만, 다행히 건강을 되찾을 수 있었습니다. 아버지를 간호하면서 문득 1월에 들었던 명리 상담가의 말씀이 생각이 났고, '어떤 근거로 그렇게 말씀하셨을까?'라는 의문과 '이렇게 알았으면 뭐라도 할 수 있게 해 주시지, 단순히 미래를 알아맞힌다고 달라지는 게 무엇이 있을까? 운의 흐름을 읽을 수 있다면 나쁜 일이 벌어지기 전에 먼저 가서 그 길목을 막을 순 없는 것일까?'라는 의문이 머리를 떠나지 않았습니다. 결국 '내가 공부해서 아빠를 지켜드려야겠다.'라는 결심을 하고 명리학과 육효를 개운학의 접근으로 입문하게 되었습니다.

인생의 첫 명리 상담이 지금 뒤돌아보면 내 인생의 큰 전환점이 되었고, 상담을 해 주셨던 명리 상담가는 명리학과 육효의 첫 스승님이 되어 22년째 스승님이자, 명리 동반자이자, 인생 조언자로 귀한 인연을 이어가고 있습니다. 명리학과 육효에 입문하면서부터 저는 운명의 예측과 더불어 운명의 개운을 주목표로 공부에 정진하였습니다. 학문에 대한 욕심은 육임, 자미두수, 구성학, 타로, 태을, 기문둔갑, 매화역수, 풍수까지 섭렵하게 되었고, 많은 스승님과 인연을 맺을 수 있었습니다. 그동안 공부했던 저의 경험으로 다어커대, 그 으뜸은 역시 명리학이었습니다. 역학의 꽃은 명리임이 확실했고, 점학의 으뜸은 육효라고 단언할 수 있습니다.

제가 그동안 제일 잘한 일을 돌이켜보면 20여 년 동안 책을 놓은 적이 없었다는 것입니다. 끊임없이 공부하고 갈구하고 했던 덕분에 22년 전 아버지의 위암을 읽었지만, 아무것도 바꿀 수 없었던 무력감에서 이제는 개운을 통해 아버지를 건강하게 지켜낼 수 있었고, 가족의 위기마다 해법을 찾아 주도적으로 변화를 이끌 수 있었습니다. 88세가 되는 올해도 아버지는 건강하시고 아직도 소일거리를 하시면서 행복하게 지내고 계십니다. 우리 집안은 단명하는 집안인데, 아버지는 족보에서도 최장수한 최씨 집안의 최고 어른이 되셨습니다. 중간에 몇 번의 위기가 있었지만, 그때마다 개운법으로 운 좋게 잘 넘길 수 있었고, 명리와 육효를 배운 저의 첫 목표는 무난하게 완수했다고 자부하고 있습니다.

이뿐만 아니라, 명리와 육효는 우리 가족과 친구들, 지인들의 삶에서도 선택의 중요한 시점에서 방황 없이 더 좋은 선택을 할 수 있게 도와주는 지침이 되고 있습니다. 이렇게 인생 전반에 걸쳐 도움이 되는 육효를 나만 아는 것이 아니라, 더 많은 사람이 알게 된다면 인생을 더 현명하고 지혜롭게 살 수 있지 않을까? 인생의 중요한 시간과 때를 안다면 기다림도 즐겁지 않을까? 그렇게 된다면 이 사회가 더 행복해지지 않을까라는 생각에 책을 집필하게 되었습니다. 명리학 관련 책은 이미 훌륭한 책들이 많이 있지만, 육효는 알기 쉽고 명확하게 쓴 책이 부족하다는 생각에 육효 이론을 정립하고, 누구나 이 책을 읽으면 육효에 대한 지식을 갖고 자신의 점은 자신이 칠 수 있는 경지가 될 수 있도록 최대한 이해하기 쉽게 기초개념부터 자세히 서술하였습니다.

점술 시장은 매년 성장하고 있고, 또한 많은 상담가를 배출하고 있습니다. 현재 활동하는 많은 상담가 중에는 훌륭한 상담가도 많이 있지만, 아직도 다수는 혹세무민하는 점술로 내담자를 심리적으로 지배하고, 잘못된 조언으로 깊은 상처와 피해를 주고 있습니다. 몇 개월 또는 몇 년의 얕은 지식으로 역술의 대가인 양 행동하는 것도 종종 보았습니다. 이는 역학인들 모두가 반성해야 할 부분이라 생각합니다. 절박해서 오는 내담자들의 상황을 충분히 이해하고 최고의 선택을 할 수 있도록 진정한 상담가로서 같이 고민하는 자세가 더욱이 필요한 지금입니다. 본인의 운명을 인터넷이나 앱에서 찾아낸 낯선 분들에게 묻고 의지하지 마시고, 나를 가장 잘 아는 나 자신에게 직접 묻고 현답을 찾을 수 있도록 조금만 관심을 두고 공부를 해보시길 권해 드립니다. 제가 도와드리겠습니다.

이 책은 제가 친 점례들과 스승이신 은호 김민선 선생님의 50년이 넘는 상담과 이론을 바탕으로 서술되었으며, 옛 고서에서의 이론이 현대 시대에는 맞지 않는 것도 있어서 새롭게 현대의 이론에 맞춰 재해석하여 적용하였습니다. 좋은 가르침을 주신 스승님께 다시 한번 감사드리고, 제가 지금까지 공부할 수 있게 내조해 준 듬직한 남편과 두 딸, 그리고 용기와 응원을 주신 부모님과 가족, 친구, 모든 분께 다시 한번 감사드립니다.

2025년 가을에….
저자 최소원 드림

자기 수양에 힘써야 합니다.
작은 습관이 태도를 만들고 그 태도는 운명을 만듭니다.

서 평1

　　오랜 세월 동안 동양철학의 정수로 자리잡은 주역은 우주변화의 원리를 이해하고 삶의 흐름을 통찰하는 데 있어 탁월한 지혜를 제공해왔습니다. 그 중에서 육효는 주역의 원리를 실제 생활에 적용하는 실용적인 방법으로서 복잡한 세상사와 인간사의 변화를 일목요연하게 꿰뚫어 보는 깊은 통찰을 담고 있기 때문에 오늘날에도 철학적 사유와 현실적 판단을 동시에 충족시키는 유용한 삶의 도구로 활용되고 있습니다. 저자 최소원『육효, 삼천 년의 속삭임』은 수십년 간의 학습과 실전을 통해 터득한 육효의 핵심을 집대성한 귀중한 결과물입니다. 단순히 이론적인 해석에 그치지 않고 실제 사례와 함께 육효의 원리와 활용법을 일목요연하게 설명하고 있을 뿐만 아니라 현실에 직면한 삶의 문제를 해석하고 앞으로 닥쳐올 어렵고 힘든 난관을 해결하는 해결사로서의 역할을 담당하고 있다고 볼 수 있습니다.

　특히 이 책은 복잡한 효사와 괘상, 변괘 등이 체계적이고 입체적으로 정리되어 있으며, 각 효의 의미와 작용, 육친의 해석 등을 구체적인 예시와 함께 자세하게 설명하고 있습니다. 아울러 실제 점사 사례를 통해 이론이 어떻게 현실 속 상황에 적용되는지를 보여줌으로써, 독자의 이해도를 높이고 실전 감각을 키워주고 있습니다.

　육효는 전통 점술을 공부하고자 하는 분들 뿐만 아니라 삶의 방향을 스스로 점쳐 보고자 하는 일반 독자에게도 귀중한 도구가 될 것입니다. 고대의 지혜를 현대인의 언어로 풀어

낸 이 책을 통해 육효의 깊이와 통찰을 직접 경험해 보시기를 권합니다.

이 책은 육효를 처음 접하는 기초 입문자는 물론이고 이미 실전 경험이 있는 전문가에게도 참고 및 연구자료로써도 손색이 없습니다. 과거의 고전들을 토대로 하면서도 오늘날 현실에 맞춘 현대적 적용과 해석을 제공하고 있어, 점학과 주역을 학문적으로 접근하고자 하는 모두에게 귀중한 길잡이가 될 것이라 확신합니다.

이 책은 다음과 같은 점에서 탁월한 가치를 갖고 있습니다.

- 육효의 기본 원리부터 고급 실전 해석까지 단계적으로 설명되어 있어 독자가 자신의 수준에 맞춰 학습할 수 있도록 배려하고 있습니다.

- 실제 상담사례와 해석 과정을 풍부하게 담고 있어 이론이 현실 속에서 어떻게 적용되는지를 구체적으로 보여주고 있습니다.

- 전통에 뿌리를 두되, 현대인의 삶과 고민에 맞춘 실용적 해석을 통해 독자에게 직접적인 가치를 제공하고 있습니다.

저자 최소원 선생은 육효에 대한 깊은 애정과 책임감을 가지고 본서를 집필하였으며 그 진지한 태도는 책 곳곳에 고스란히 드러나 있습니다. 또한 전통 학문에 대한 존중과 함께 현대의 상황에 맞게 해석하려는 균형 잡힌 시각은 이 책이 주는 큰 미덕이라 할 수 있습니다. 『육효, 삼천 년의 속삭임』은 단순한 점술서가 아닌, 동양철학의 살아 있는 실천서로써 육효점의 핵심 원리를 깊이 있게 설명하는 동시에 실제상황에 어떻게 적용할 수 있는지를 친절하게 안내하고 있습니다. 초심자는 물론 이미 주역을 공부하고 있는 이들에게도 새로운 관점을 열어줄 귀중한 책이 될 것이라 확신합니다.

육효에 대한 대중적 이해와 접근이 절실한 시점에 학문과 실용에 매우 충실하게 쓰인 이 책이 출간되어 매우 반갑게 생각합니다. 많은 독자들에게 육효의 진정성을 이해하고, 삶의 다양한 문제에 대한 통찰과 지혜를 배워서 여러분의 인생의 길을 밝혀주는 소중한 책이 되길 진심으로 바랍니다.

2025년 11월 성남 은호철학원장 김민선

서 평2

　　삼 십여 년을 함께 지내온 후배가 긴 세월의 학습과 사유 끝에, 동양오술의 원류라 할 육효(六爻) 역학의 본질을 담은 저서를 완성했다는 소식을 듣고 깊은 감동과 축하의 마음이 앞섰습니다. 한 사람이 생의 긴 여정 속에서 오롯이 한 길을 걸어 그 결실을 맺는 일은, 학문을 넘어 인간의 정신이 빚어낸 아름다운 결과이기도 합니다.

　육효는 단순한 점법이 아니라, 천지 자연의 변화 속에서 인간의 길을 찾는 동양적 사유의 결정체입니다. 괘(卦)와 효(爻)는 상징이 아니라, 우주의 운동과 인간의 내면이 서로 호응하는 질서의 언어입니다. 역학은 옛 사람들에게 하늘과 땅의 이치를 읽는 지혜였고, 오늘을 사는 우리에게는 변화하는 세상 속에서도 중심을 잃지 않게 하는 실천적 교양이 됩니다. 삶의 방향을 잃을 때, 역학은 외부의 조언보다 더 깊은 내면의 통찰을 이끌어내며, 인간과 자연, 시간의 흐름을 하나의 연속된 질서로 느끼게 해줍니다.

　이 책은 그 깊은 역의 정신을 현대인의 현실과 언어로 다시 이어갑니다. 전통은 단순히 과거의 유산이 아니라, 오늘도 살아 움직이며 우리 존재의 뿌리를 붙들어주는 정신적 기반입니다. 저자는 배우고 체득한 것을 바탕으로, 이 고유한 동양의 지혜를 생생하게 되살렸습니다. 책 속에는 수많은 실전의 경험과 사유의 흔적이 고스란히 녹아 있어, 독자는 단순한 지식을 넘어서 '이치와 조화의 눈'을 얻게 될 것입니다.

　육효는 생활의 구석구석, 사고의 밑바탕 속에 스며드는 의식입니다. 사업의 길을 택할 때

나 인간관계를 헤아릴 때, 심지어 하루를 시작하는 마음가짐 속에서도 육효의 원리는 작동합니다. 음양과 오행, 시와 운의 변화는 결국 인간의 의식이 세계를 이해하는 가장 근원적 틀을 보여줍니다. 그리한 인식은 미래의 시대에도 결코 퇴색하지 않을 정신적 자산이자, 동양 문화가 인류에게 줄 수 있는 가장 강력한 지적 유산입니다.

이 책은 처음 육효를 접하는 이들에게는 친절한 입문서가, 오래 공부해온 이들에게는 깊은 성찰의 거울이 되어줄 것입니다. 스스로에게 묻고, 삶의 방향을 되짚는 순간—역학은 언제나 그 곁에 있습니다. 후배의 오랜 열정과 진심이 이 책 속에서 맑게 흐르듯, 수많은 독자들이 이 글을 통해 삶의 '때'를 알아보고 '흐름'을 읽어내는 지혜를 얻길 바랍니다. 세상의 변화가 아무리 빠르더라도, 역(易)이 가르치는 조화의 원리와 시간의 질서는 변하지 않습니다. 이 책이 그 불변의 진리를 다시 일깨워, 현대인의 정신 속에 동양의 깊은 숨결을 이어주는 등불이 되리라 믿습니다.

2025년 11월 맑은 날 김포 태을풍수원장 원정송

육효, 삼천 년의 속삭임!

육효 이야기

육효(六爻)는 동아시아 전통 점술의 정수로, 수천 년에 걸쳐 발전해 온 깊은 지혜를 담고 있습니다. 그 뿌리는 아주 오래전 고대 중국으로 거슬러 올라갑니다. 인간과 자연, 그리고 우주의 모든 변화는 일정한 원리와 질서에 따라 움직인다는 믿음에서 출발한 육효는, 주역(周易)의 음양오행(陰陽五行) 사상을 바탕으로 탄생했습니다.

고대 중국에서는 이미 음양과 오행이라는 두 가지 큰 틀로 세상의 이치를 설명하고자 했습니다. 음과 양은 서로 대립하면서도 조화를 이루고, 목(木)·화(火)·토(土)·금(金)·수(水) 다섯 기운은 끊임없이 상생과 상극의 순환을 반복합니다. 이러한 사상은 주역이라는 고전 속에서 더욱 구체화하였습니다. 주역은 64개의 괘(卦)와 384개의 효(爻)로 세상의 모든 변화를 상징적으로 표현하며, 인간의 삶과 자연의 이치를 해석하는 데 중요한 역할을 해왔습니다.

육효가 본격적으로 체계화된 것은 한나라 시기, 역학자 경방(京房)에 의해서였습니다. 경방은 주역의 괘와 효에 오행과 12지지를 배속하는 납갑법(納甲法)을 도입했습니다. 이로써 각 효는 단순한 상징을 넘어 시간과 공간, 그리고 구체적인 사건과 연결되는 실질적인 의미를 갖게 되었습니다. 또한, 경방은 효를 자손, 부모, 부인, 남편, 형제 등 육친(六親)으로 구분하여 점괘 해석의 실용성과 정확성을 크게 높였습니다.

이후 육효는 중국 내에서 다양한 학자들에 의해 연구되고 발전되었으며, 주역의 철학적 깊이와 실용적 해석을 모두 갖춘 학문으로 자리 잡게 되었습니다. 한편, 육효는 한반도와 일본 등 동아시아 전역으로 전파되어 각 지역의 문화와 융합되면서 다양한 이름과 형태로 발전해 왔습니다.

역사적 사례에서 육효를 활용했던 유명한 인물은 이순신 장군이셨습니다. 명량 해전이 있기 전에 육효로 점을 쳐서 그날의 날씨와 적의 공격 방향, 최적의 진격 시기를 예측했다는 유명한 일화가 있습니다. 난중일기에는 "꿈에서 신이 육효로 예언해 주었다."라는 기록과 사사로운 개인적인 육효점들이 전해집니다.

오늘날 육효는 사주명리와 함께 동아시아 점술의 양대 축으로 자리 잡고 있습니다. 주역의 철학적 원리와 납갑법, 육친설 등 실전 해석법이 결합하여 개인의 운명, 사업, 건강, 인간관계 등 다양한 분야에서 활용되고 있습니다. 현대에 이르러서는 학문적 연구와 실용적 상담이 활발히 이루어지며, 전통과 현대가 어우러진 점술로서 그 가치를 이어가고 있습니다.

이처럼 육효는 단순한 점술을 넘어, 우주의 변화를 읽고 삶의 방향을 모색하는 지혜의 도구로서, 오랜 세월 동안 동아시아 문화권에서 사랑받아 온 소중한 유산이라 말할 수 있습니다.

고대의 지혜, 육효를 만나다: 불확실한 시대를 헤쳐나가는 길

　　인생은 늘 우리를 미지의 영역으로 이끕니다. 오늘의 선택이 내일의 나를 어떻게 바꿀지, 이 결정이 옳은 것인지, 우리는 끊임없이 고민합니다. 이러한 불확실성의 시대에 육효는 삼천 년 동안 다듬어온 동양의 지혜로, 복잡한 삶의 갈피 속에서 길을 찾는 등불이 되어주었습니다.

　육효는 단순한 점술을 넘어, 삶을 바라보는 새로운 시각을 제공해 줍니다. 우리가 일상에서 마주하는 선택과 갈등, 기회와 위협을 오행과 괘상이라는 틀 안에서 체계적으로 이해할 수 있게 해줍니다. 직장에서의 중요한 결정, 인간관계의 복잡성, 건강에 대한 우려까지 육효는 우리가 미처 보지 못했던 연결고리와 패턴을 드러내서 알려줍니다.

　괘를 풀어가는 과정은 마치 자신의 내면을 들여다보는 거울과 같이 자기 이해에 깊이 있는 통찰을 할 수 있게 해줍니다. 우리는 육효를 통해 자신의 강점과 약점을 객관적으로 바라보고, 잠재된 가능성을 발견하며, 진정으로 원하는 삶의 방향을 찾아갈 수 있습니다.

　과학이 발전한 현대에도 육효는 그 가치를 잃지 않고 논리와 직관을 조화롭게 결합한 도구로서 더욱 빛을 발하고 있습니다. 육효의 체계인 납갑법과 육친설은 마치 고대인들이 남겨준 정밀한 지도처럼, 우리가 인생의 미로 속에서 길을 잃지 않도록 이끌어줍니다.

　인간관계에서도 육효는 놀라운 통찰을 제공합니다. 상대방의 진정한 의도나 관계의 역학을 오행의 언어로 읽어낼 수 있기 때문입니다. 이는 갈등을 예방하고 더 나은 소통을 가능하게 하는 소중한 도구가 됩니다.

위기관리에서도 육효는 독보적인 역할을 합니다. 흉조가 보일 때는 미리 위험을 감지하고 대비할 수 있으며, 길조가 나타날 때는 그 기운을 최대한 활용할 수 있게 해줍니다. 이는 마치 인생의 항해사에게 바람과 파도를 예측할 수 있는 능력을 주는 것과 같습니다.

디지털 문명이 고도로 발달한 오늘날, 우리는 점점 더 예측할 수 없는 세상에 살고 있습니다. 이런 시대일수록 육효가 지닌 지혜의 가치는 더욱 빛나게 됩니다. 육효는 단순히 미래를 점치는 도구가 아니라, 삶의 복잡성과 불확실성 속에서도 중심을 잡고 전진할 수 있도록 돕는 친절한 안내자 역할을 하기 때문입니다.

"육효는 운명을 점치는 것이 아니라, 운명과 대화하는 법을 가르친다."라는 말이 있습니다. 육효라는 고대의 지혜를 배운다는 것은 단순한 기술 습득이 아니라, 삶을 바라보는 새로운 눈을 뜨게 해 줍니다. 여러분의 인생에도 이미 보이지 않는 괘들이 작용하고 있습니다. 그 숨은 언어를 이해하는 순간, 여러분의 세계관은 더욱 풍부해지고 더 멀리 보게 될 것입니다.

육효와 주역: 철학과 실용의 만남

고대 동양의 지혜가 담긴 두 권의 책이 있다고 상상해 보십시오. 한 권은 세상의 원리를 깊이 있게 해설한 철학서이고, 다른 한 권은 그 원리를 현실의 삶에 적용하는 방법을 알려주는 실용 지침서입니다. 육효와 주역의 관계는 바로 이와 같습니다.

주역은 삼천 년 이상 이어온 동양 철학의 정수로, 우주와 인간사의 모든 변화를 64개의 괘(卦)와 384개의 효(爻)로 풀어냅니다. 마치 세상을 해석하는 거대한 암호표와 같습니다. 하지만, 이 암호를 제대로 이해하고 활용하려면 특별한 해독기가 필요합니다. 그 해독기가 바로 육효입니다.

주역이 제시하는 기본 틀은 매우 간단하면서도 심오합니다. 음(- -)과 양(—)이라는 두 가지 요소가 서로 조합되어 8개의 기본 괘(八卦)를 만들고, 이것이 다시 중첩되어 64개의 괘를 이룹니다. 각 괘는 6개의 효로 이루어져 있는데, 이 효들은 사건의 시작부터 끝까지의 전개 과정을 상징합니다. 마치 6막으로 구성된 한 편의 드라마처럼 말입니다.

하지만 문제는 여기에 있습니다. 주역의 괘와 효가 너무도 추상적이어서, 실제 삶의 문제에 적용하기가 어렵다는 점입니다. 이 추상적인 틀에 생명력을 불어넣은 것이 바로 육효의 혁신입니다. 한나라의 역학자 경방은 천간(天干)과 지지(地支)를 괘에 배속하는 납갑법을 개발했고, 각 효를 부모, 자식, 부인, 남편, 형제 등 실생활에서 접할 수 있는 구체적인 개념과 연결 지었습니다.

이러한 과정에서 발전된 육효는 단순한 철학 이론을 넘어, 누구나 활용할 수 있는 강력한 분석과 예측의 도구로 거듭났습니다. 예를 들어, 직장에서 승진을 고민할 때 단순히 '건괘(乾卦)'라고만 알려주는 것이 아니라, 어떤 효가 관직을 상징하는지, 그 효의 오행이 현재의 기운과 어떤 관계를 맺고 있는지까지 분석할 수 있게 된 것입니다.

주역과 육효의 관계는 마치 물리학의 기본 법칙과 공학 기술의 관계와도 같습니다. 아인슈타인의 상대성 이론은 위대한 발견이지만, 그것만으로는 위성항법시스템(GPS)을 만들 수 없는 것처럼, 주역의 깊은 통찰만으로는 일상의 문제를 해결하기 어렵습니다. 육효는 바로 이 이론과 실천의 간극을 메워주는 다리 역할을 합니다.

오늘날 우리가 육효를 공부하는 것은 단순한 점술을 넘어 주역이 전하는 우주의 질서와 조화의 원리를 배우는 것입니다. 마치 스마트폰 사용법만 배우는 것이 아니라, 그 뒷면의 과학 원리까지 이해하는 것과 같다고 말할 수 있습니다. 이것이 바로 육효와 주역이 삼천 년 이상 지속되어 온 이유이며, 디지털 시대인 오늘날에도 여전히 유효한 지혜로 남아있는 이유입니다.

서로 다른 길을 가다가도 한 길에서 만날 수 있듯이,
다름과 차이를 인정하는 것이 조화로운 인생의 시작입니다.

제4장 육효의 18문답　249

제1장

육효를 제대로 배우려면
왜 명리의 기초를 알아야 할까요?

　　육효(六爻)를 배우려면 명리(命理)에 대한 기초를 먼저 알아야 합니다. 그 이유는 두 학문이 공통으로 음양오행, 천간지지, 육친, 12운성과 신살 등 동양철학의 기본 원리를 바탕으로 하기 때문입니다. 이 원리들은 육효의 괘(卦) 해석과 실제 점사 과정에서 필수적으로 적용되기 때문에, 명리학의 기초를 이해하지 못하면 육효의 구조와 해석법을 제대로 익히기 어렵습니다. 그 이유를 살펴보면 다음과 같습니다.

1. 육효의 해석에는 오행과 지지의 개념이 필수적입니다.

   육효에서는 각 효(爻)에 오행(五行)과 12지지(地支)를 배속하는 납갑법을 사용하며, 이를 통해 효가 가진 힘의 강약(왕쇠), 상생상극, 형충합파해 등 다양한 관계를 분석합니다. 이런 원리는 명리학에서 다루는 기본 개념입니다.

2. 육효의 용어와 해석 체계가 명리학과 연결되어 있습니다.

   육효에서 쓰는 육친[(六親: 부모, 형제, 자식, 부인, 남편 등), 용신(用神), 희신(喜神, 육효에서는 원신(原神)이라고 함)] 등은 모두 명리학의 용어와 해석 체계에서 유래합니다. 명리학의 육친이 의미하는 원리를 모르면 육효의 효에 붙이는 육친의 의미를 파악하기 어렵습니다.

3. 시간(년, 월, 일, 시)의 해석 방식이 명리와 동일합니다.

명리는 생년월일시로 인생 전체의 운세를 분석하고, 육효는 점을 치는 월(月)과 일(日)의 간지(干支)를 활용해 미래의 변화를 예측합니다. 이때 월지(月支)와 일진(日辰)이 효에 미치는 영향 등은 명리학의 이론이 그대로 적용됩니다.

4. 실전에서 두 학문이 상호보완적으로 사용하면 천군만마(千軍萬馬)를 얻은 것과 같습니다.

실제 상담이나 점사에서는 사주명리로 큰 흐름을 보고, 육효로 구체적 상황이나 단기 변화를 예측하는 식으로 두 학문을 함께 쓰면 적중률을 높일 수 있습니다. 명리학의 기초가 튼튼하다면 육효의 해석을 현실에 적용하기 쉬워지고, 점사 결과의 분석력과 신뢰도도 높일 수 있습니다.

따라서, 육효의 해석 체계와 실제 점사 과정은 명리학의 기초 위에 세워져 있기 때문에, 명리학의 기본 원리를 이해해야 육효를 제대로 배우고 활용할 수 있습니다.

그럼, 육효에 들어가기에 앞서 명리학적 기초개념들을 먼저 살펴보겠습니다.

매일 한 가지씩 좋은 일을 하면 큰 덕으로 쌓입니다.

제1절

우주의 시작과 끝인 음양과 오행

동양사상 속 음양

동양의 음양이론은 고대 중국에서 자연과 인간 사이에서 우주의 이치를 밝히려는 상대적 사고방식에서 출발하여, 춘추전국시대에 철학적으로 체계화되었습니다. 전국시대 이후 오행설과 결합하여 동아시아 사상의 핵심이 되었으며, 만물의 생성과 변화, 사회와 인간의 질서까지 설명하는 근본 이론으로 자리 잡았습니다.

태극의 음양과 이원론의 조화

태극에서 음과 양이 분화하는 과정을 보면, 태극(太極)은 하나이지만, 그 안에서 음(陰)과 양(陽)이라는 두 상반된 힘이 생겨납니다. 음과 양은 서로 대립하지만, 동시에 서로를 보완하며, 끊임없이 변화하고 순환합니다. 주돈이 선생님은 태극의 상태에서 동(動)하면 양(陽)이 되고 정(靜)하면 음(陰)이 된다고 말하였습니다. 동(動)은 아무것도 없는 무의 상태에서 움직이는 기운이 나타나면 그것이 양으로 발전하게 되고, 정(靜)은 고요함으로 남게 되는 기운은 음을 낳게 된다는 것입니다.

太極

靜而生陰 靜極復動　太極動而生陽 動極而靜

태극이 움직여 양이 생기고,

움직임이 지극해지면 고요해지고,

고요해지면 음이 생긴다.

고요함이 지극해지면 움직임으로 돌아간다.

― 주돈이 [태극도설]

움직이는 에너지, 즉 동(動)하는 에너지로서의 양은 빨간색을 의미하고, 정(靜)의 고요하게 머무르는 에너지는 파란색을 의미합니다. 결국 이 동그린 원은 우주를 나타내며 움직이는 것은 위로 솟구치려고 하고, 아래는 음의 고요한 기운이며, 가운데 곡선은 음과 양으로 분리되며 운동하는 본질을 나타냅니다.

양의 기운이 가장 강할 때는 음의 기운은 없거나 약하게 발생하기 시작하고, 음의 기운이 점점 커지면서 양의 기운은 줄어듭니다. 음의 기운이 극에 달하면 양의 기운은 끝이 납니다. 그리고 다시 미약한 양의 기운이 점점 커지면서 음이 기운은 점점 줄어듭니다. 그래서 양의 기운이 극한에 도달하게 되면 음의 기운은 소멸하게 됩니다. 이렇게 우주는 끊임없이 음과 양으로 나뉘는 것이 아니라 음이 양으로, 양이 음으로 운동하고 변화한다는 것이 바로 이 태극이라는 개념의 본질입니다.

우주에서 영원불멸한다는 것은 결코 존재할 수 없다는 뜻입니다. 지금은 음이 지배하는 세상인 것 같지만 결국 양이 강한 세상으로 가고, 그 양이 영원할 것 같지만 다시 쇠퇴하고 음의 시대가 오고 끊임없이 변화한다는 것입니다. 고정된 것, 불멸의 것은 존재하지 않는다는 것입니다. 이것이 바로 음양이라는 이원론인데, 고정되고 대립하는 이원론이 아니라 끊임없이 변화하는 이원론을 말합니다. 이 음양론이 더 나아가서 양이 극단적인 곳에서도 이미 음이 그 속에 존재하고, 음속에 양이 있다는 양중음 음중양(陽中陰 陰中陽)이라는 개념으로 발전하고 변화하게 됩니다. 이렇게 태극은 음과 양이라는 역동적인 운동으로 변화하고 순환하게 됩니다.

　동양의 이원론은 서양의 이원론(정신-물질, 영혼-육체 등)과 달리, 두 원리가 대립만 하는 것이 아니라 상호 의존적이고, 궁극적으로 하나(일원)로 돌아가는 조화와 순환을 강조합니다.

지금이 위기라고 느낀다면 바로 전환점이 온 것입니다.
인내와 노력으로 새로운 반전을 만들어 나갈 기회입니다.

제2절

오행의 개념

오행과 계절의 변화

오행(五行)은 음과 양의 개념에서 조금 더 분화되고 발전된 단계를 말합니다. 동양의 현자들은 음양을 낮과 밤에서 착안했습니다. 낮이 밤이 되고 밤이 낮이 되는 것에서 음과 양을, 계절의 변화에서 오행을 추출했습니다. 봄, 여름, 가을, 겨울의 변화를 통해 음과 양의 이원론이 오행으로 분화되었습니다. 계절은 사계절인데 오행인 이유는 계절과 다음 계절 사이에 환절기라는 점이지대(漸移地帶)인 계절이 존재합니다. 그래서 사계절과 환절기를 합해 오행이 성립되었습니다.

오행과 사계절의 배속

오 행	계 절	특 징	방 위	시 각	숫 자	신 체	지 지(地支)
목(木)	봄	생명력, 성장, 낭에, 오만	동	아침	3, 8	간담, 뼈	인(寅), 묘(卯), 신(辰)
화(火)	여름	왕성한 성장, 열정, 자신감	남	낮	2, 7	심장, 소장	사(巳), 오(午), 미(未)
토(土)	환절기	조화, 끈기, 고집, 걱정	중앙	한낮	5, 10	위장, 식도	진(辰), 미(未), 술(戌), 축(丑)
금(金)	가을	결실, 냉정, 비판, 잔소리	서	서녁	4, 9	페, 대강	신(申), 유(酉), 술(戌)
수(水)	겨울	지혜, 상상, 내면화, 공포	북	밤	1, 6	신장, 방광	해(亥), 사(子), 축(丑)

봄과 여름은 성장하고 발산하는 기운이 강하기에 양의 기운이고, 가을과 겨울은 수렴하고 응축하는 기운이 강하기에 음의 기운이 됩니다. 우주의 구성요소인 목(木), 화(火), 토(土), 금(金), 수(水)로 이루어진 오행을 계절과 연결시키면 봄은 목(木), 여름은 화(火), 가을은 금(金), 겨울은 수(水), 그리고 계절과 계절의 사이인 환절기는 토(土)가 됩니다.

각 계절과 오행의 의미

봄(목 木)

봄은 겨울의 휴면에서 깨어나 만물이 성장과 발달을 시작하는 계절입니다. 목(木)은 생명력, 팽창, 시작, 창의성을 상징하며, 자연의 기운이 밖으로 뻗어나가고 새로움이 움트는 시기입니다.

여름(화 火)

여름은 에너지가 최고조에 달하는 계절로, 화(火)는 열정, 활력, 변화, 창조성을 나타냅니다. 태양의 기운이 강해지고 만물이 무성하게 자라며, 성장의 정점에 도달하는 시기입니다.

가을(금 金)

가을은 수확과 결실, 성숙과 수렴의 계절입니다. 금(金)은 수렴, 정제, 성찰, 냉정, 정리의 의미를 가지며, 만물이 열매를 맺고 에너지가 안으로 모여드는 시기입니다.

겨울(수 水)

겨울은 모든 것이 고요해지고 에너지를 저장하는 계절입니다. 수(水)는 상상력, 휴식, 지혜, 보존을 상징하며, 만물이 휴식하며 다음 성장의 준비를 합니다.

토(土)와 환절기

토(土)는 사계절의 전환점, 즉 환절기를 담당하며, 각 계절의 끝자락에서 다음 계절로 전환하며 조화와 균형을 상징합니다. 또한 중앙의 역할을 하여 사계절이 조화롭게 순환할 수 있도록 중재합니다.

자연과 인간, 삶의 순환적 리듬

오행과 계절의 변화는 단순한 자연 현상 설명을 넘어, 인간의 성장·발전·성찰·휴식 등 삶의 여러 단계를 상징합니다. 봄은 시작과 도전, 여름은 성취와 확장, 가을은 수확과 반성, 겨울은 휴식과 재생의 시기로, 각 계절의 기운에 따라 인간도 조화롭게 살아가게 됩니다. 이처럼 오행과 계절의 변화는 자연과 인간, 우주의 순환적 질서를 이해하는 데 중요한 틀을 제공합니다.

부드러움이야말로 가장 크고 오래기는 강한 힘입니디.

제3절
오행의 상생상극

오행은 상호 작용을 하는데, 다른 오행과 도와주는 생(生)을 하거나 제지하거나 누르는, 극(剋) 하는 관계를 맺습니다. 아래 표를 보면 바깥쪽 빨간색으로 흐르는 것은 도와주는 상생의 흐름이고 안쪽에 파란색으로 흐르는 것은 누르는 힘, 상극의 흐름을 보여줍니다.

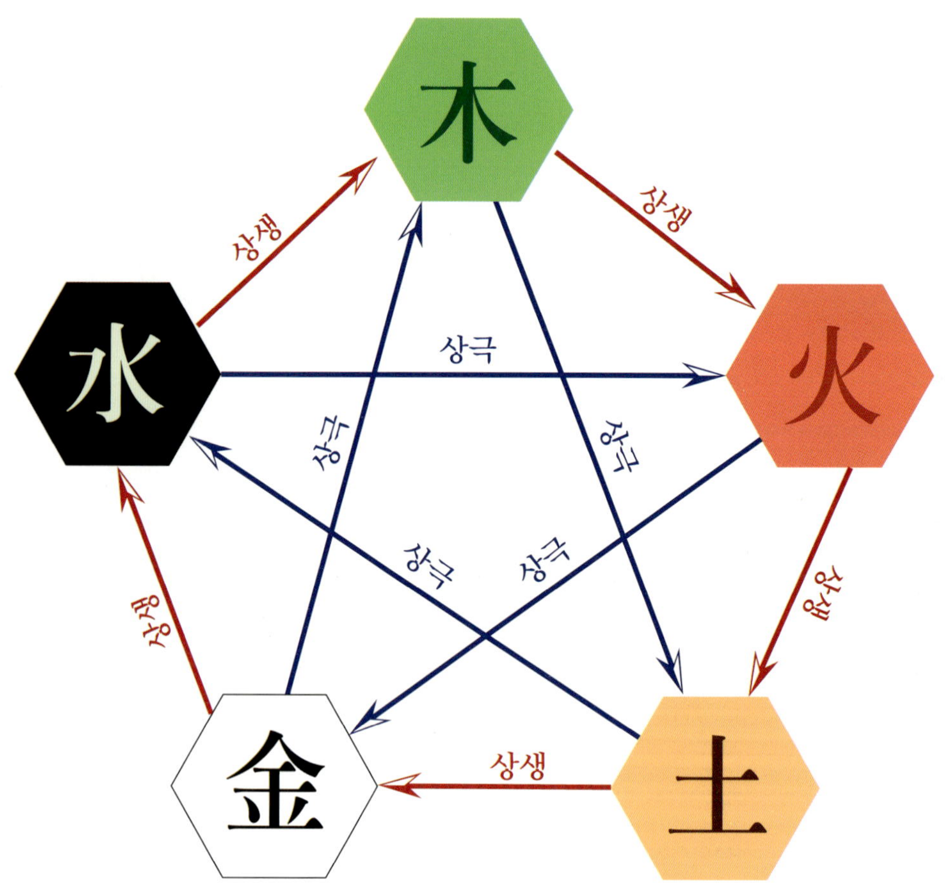

[오행의 상생상극표 그림1]

생(生)의 의미를 살펴보면 '목은 화를 생한다(木生火), 목은 화로 간다, 봄은 여름으로 간다, 비유적으로 말하면 나무로 불을 뗀다'는 의미로 생(生)한다고 말합니다. '화는 토를 생한다(火生土), 그리고 토는 금을 생한다(土生金), 금은 수를 생한다(金生水), 수는 목을 생한다(水生木).' 이것이 상생의 흐름을 의미합니다.

극(剋)의 의미를 살펴보면 '목은 흙을 극한다(木剋土), 흙은 수를 극한다(土剋水), 수는 화를 극한다(水剋火), 화는 금을 극한다(火剋金), 금은 목을 극한다(金剋木)'는 것은 나무의 뿌리는 흙을 갈라놓을 수 있고, 흙은 물의 길을 막을 수 있으며, 물은 불을 끌 수 있고, 불은 쇠를 녹일 수 있으며, 쇠는 나무를 벨 수 있다는 의미로 극(剋) 한다고 말합니다.

상생상극이라 하면 생하는 것은 좋고 극하는 것은 나쁘다고 생각할 수 있으나, 동양의 관점에서는 생과 극은 좋고 나쁨의 문제가 아니고 우주의 본질이자 현상으로 이해해야 합니다. 생에도 나쁜 생이 있고 극에도 좋은 극이 있기 때문입니다.

상생상극의 의미와 조화

상생은 만물의 생성과 성장, 순환을 이끄는 원리가 되고, 상극은 과도한 성장이나 치우침을 제어하고, 조화와 균형을 유지하게 합니다. 이 두 원리는 긍정·부정의 가치판단이 아니라, 자연과 인간사회에서 필연적으로 함께 작용하는 변화의 법칙입니다. 상생만 있으면 균형이 무너지고, 상극만 있으면 발전이 없습니다. 따라서 오행의 상생상극은 상호 견제와 협력 속에서 조화로운 순환과 발전을 이끄는 핵심 원리입니다.

<h1 style="text-align:center">제4절</h1>

<h1 style="text-align:center">오행의 왕상휴수사(旺相休囚死)</h1>

오행의 왕상휴수사(旺相休囚死)란?

왕(旺)은 왕성한 힘이고 상(相)은 나를 도와주는 것이며 휴(休)는 글자 그대로 쉬는 것이고 수(囚)는 갇히는 것이며 사(死)는 죽는 것을 말합니다. 즉, 왕(旺)은 나와 같은 힘을 의미합니다. 나와 같은 힘이 많아지면 왕성해지는 것입니다. 상(相)은 나를 도와주는 힘입니다. 휴(休)는 내가 생 해주는 것입니다. 어머니와 자식의 관계처럼 자식을 도와주니 내 힘이 빠져나간다고 생각하면 됩니다. 수(囚)는 내가 어떤 대상을 극 하는 것입니다. 내가 누군가와 경쟁, 투쟁을 하거나 억압하는 것이라서 나의 힘이 많이 빠지게 됩니다. 휴(休)보다 나의 힘이 더 많이 빠지는 것입니다. 사(死)는 나를 극 하는 것입니다. 나의 힘이 가장 약해지게 됩니다.

상생상극에서도 설명했듯이 왕이나 상, 즉 나와 같고 나를 생 해준다고 해서 모두 좋은 것이 아니고 휴, 수나 사라고 해서, 내가 생 해주거나 극 하거나 나를 극 한다고 해서 다 나쁘다고 할 순 없습니다. 상황과 조건에 따라서 끊임없이 변화한다는 것을 이해해야 합니다. 내 힘이 약하면 당연히 나와 같거나 나를 생 해주는 힘이 필요하고 내 힘이 강하면 내가 생 해주거나 극 하거나 나를 극 하는 기운이 필요한 것입니다.

旺	왕	나와 같은 것
相	상	나를 생 해주는 것
休	휴	내가 생 해주는 것
囚	수	내가 극 하는 것
死	사	나를 극 하는 것

오행과 계절별 왕상휴수사

오 행	왕(旺)	상(相)	휴(休)	수(囚)	사(死)
목(木)	봄	겨울	여름	환절기	가을
화(火)	여름	봄	환절기	가을	겨울
토(土)	환절기	여름	가을	겨울	봄
금(金)	가을	환절기	겨울	봄	여름
수(水)	겨울	가을	봄	여름	환절기

육친(六親)

　육친(六親)은 명리학뿐만 아니라 육효에서도 가장 중요한 뼈대, 몸통, 본질, 핵심입니다. 육효에서는 문점의 목적이 되는 용신을 알기 위해 꼭 필요한 요소이며, 명리학에서도 용신과 더불어 가장 중요한 축이며, 십신 또는 십성이라는 이름으로도 사용됩니다. 육친이 중요한 또 다른 이유는 육친으로 우리 주변에서 일어나는 일들을 응용하여 해석할 수 있기 때문입니다.

　육친(六親)은 음양오행을 우주적 질서에서 인간 사회로 의미를 바꾼 것으로 생각하면 됩니다. 즉, 음양오행 원리를 바탕으로 인간 성격, 건강, 재능, 사회적 관계 등 인간 삶의 언어로 대입해 해석하고자 만든 도구가 육친이라 할 수 있습니다.

　우주를 목, 화, 토, 금, 수 오행이라는 다섯 가지 기운으로 바꾼 것처럼, 육친은 인간 사회를 먼저 다섯 가지 유형으로 나누는데, 이때 나누는 기준은 명리학에서는 일간(日干)이 되고, 육효에서는 소속괘가 됩니다. 일간 또는 소속괘를 중심으로 상생상극 원리로 따져 다섯 가지 유형, 즉 비겁(比劫), 식상(食傷), 재성(財星), 관성(官星), 인성(印星)으로 나누는 것이 바로 육친입니다. 다시 이것을 음양으로 더 세분화해서 비견(比肩), 겁재(劫財), 식신(食神), 상관(傷官), 정재(正財), 편재(偏財), 정관(正官), 편관(偏官), 정인(正印), 편인(偏印), 열 가지로 세분화한 것이 십신입니다. 육효에서는 육친만을 활용하고 십신은 참고만 해서 사용하고 있습니다. 또한 육친의 명리학과 육효의 언어적 차이는 비겁(比劫)을 형(兄)으로, 인성을 부(父)로, 식상을 손(孫)으로 대용하고 있으며, 모두 같은 의미로 사용하고 있습니다.

　오행은 절대적이지만 육친은 소속궁에 따라 달라지므로 상대적입니다. 소속궁에 따라 같은 화(火)라도 어떤 이에게는 관성, 다른 이에게는 인성이 되는 가변성이 있다는 것을 이해해야 합니다. 음양오행이 나를 구성하는 절대적 요소라면, 육친은 나의 소속궁에 따라 상대적으로 정해지는 사회적 개념이라고 생각하면 됩니다.

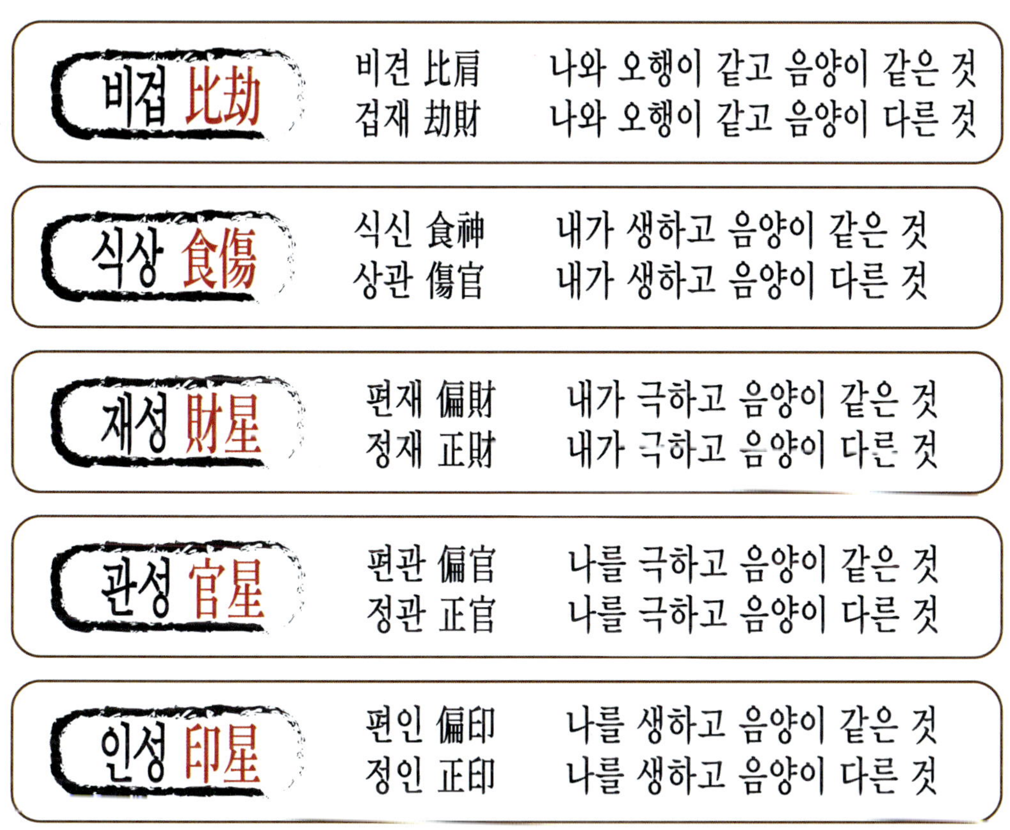

[육친 설명 그림2]

1) 육친의 종류와 의미

육효의 육친	명리학의 육친	오행적 관계	의미 및 상징
부모(父母)	인성(印星)	나(주체)를 생(生)하는 오행	보호자, 문서, 학문, 귀인
형제(兄弟)	비겁(比劫)	나(주체)와 같은 오행 (比和)	친구, 경쟁자, 동료, 형제
처재(妻財)	재성(財星)	내가 극(剋)하는 오행	재물, 처(아내), 여성, 소유
관귀(官鬼)	관성(官星)	나를 극(剋)하는 오행	남편, 관직, 권력, 귀신, 질병, 장애
자손(子孫)	식상(食傷)	내가 생(生)하는 오행	자식, 부하, 창조, 결과, 해방

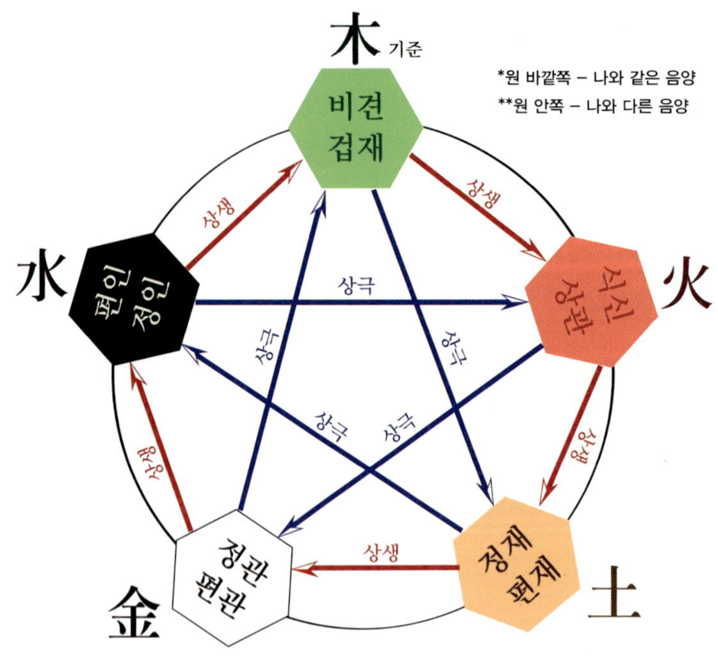

[목 기준 상생상극표 그림 3]

2) 육효의 육친

육효에서 육친을 나누는 기준은 속궁오행(屬宮五行)이 됩니다. 속궁오행(屬宮五行)은 육효에서 괘(卦)의 오행적 소속을 결정하는 기준이 되는 개념입니다. 즉, 64괘 각각이 소속된 궁(宮)의 오행을 말하며, 이를 통해 점괘의 주체(나, 我)의 오행이 정해집니다. 64괘는 8궁(건-금궁, 태-금궁, 리-화궁, 진-목궁, 손-목궁, 감-수궁, 간-토궁, 곤-토궁)에 각각 8괘씩 소속되어 있으며, 각 궁의 오행은 정해져 있습니다. 궁에 대한 자세한 설명은 뒷부분의 64괘에 대한 설명 때 자세히 하겠습니다.

(1) 형(兄)

소속궁과 동일한 오행을 의미합니다.

비겁(比劫)은 육효에서 형(兄)으로 대용하고 있고, 소속궁의 오행과 같은 오행을 형이라 합니다.

육친 중 가장 강한 힘으로, 인간 사회 관점으로 보면 나와 같은 편, 내가 신경 쓰는 사람들, 내 주변에 가장 가까이 있는 사람들을 의미합니다. 형제자매와 친구, 동료, 동업자가 해당합니다. 경쟁 관계인 라이벌, 배우자의 정부(情婦), 바람, 파산, 출자, 낭비, 재물을 극 하는 힘이 이에 해당합니다.

형(兄)은 주체성과 독립을 의미하기도 합니다. 하지만 그 이면에는 이기심, 욕심, 오만함, 즉 천상천하 유아독존이라는 내 속에 숨어있는 권력에 대한 의지를 나타내기도 합니다. 나 자신의 가장 왕성한 힘을 의미하여 왕상휴수사 중 왕(旺)에 해당됩니다.

(2) 부(父)

소속궁을 생하는 오행을 부(父)라고 합니다.

인성(정인, 편인)은 육효에서 부(父)로 대용하고 있고, 부(父)는 형(兄) 다음으로 강한 힘입니다. 자기를 생 해주고 도와주는, 끝까지 수호천사가 되어주는 힘입니다. 남녀 모두 부모님에 해당합니다. 부모님과 같은 반열인 윗사람, 스승 등과 문서로 상징되는 부동산, 계약, 시험 합격, 공부, 성적, 증서, 자격증, 임명장, 주택, 선박, 자동차, 고소장, 서신, 소식, 상심, 피로, 비 등을 의미하기도 합니다.

인성은 참을성이나 인내심 같은 견디는 힘을 말합니다. 한 분야를 파서 깊이 있게 본질에 도달하는 것이 인성의 공부입니다. 악기를 악착같이 연습하고 연주를 잘하는 것, 시험을 치기 위해 책상에 앉아서 공부하고, 대학 졸업장을 따기 위해 입시 준비를 하는 일이 인성에 해당합니다.

현대적 해석으로는 엔터테인먼트를 의미하기도 합니다. 내가 좋아서 남을 즐겁게 해주고 타인의 주목을 받으며 내가 내 존재를 증명하고 그것으로 돈을 버는 행위이기 때문에 인성에 해당합니다.

인성은 기본적으로 자애로움과 온고지신, 보수적인 기운입니다. 인성은 잘 움직이지 않고 준비와 생각만 하고 의존적 성향이 강하다는 단점이 있기도 합니다. 연애를 해도 적극성이 없고, 센스가 부족하며, 상대에게 의존적일 수 있습니다. 인내하고 참고 버티는 힘은 강하지만 모드 전환에 느리고 고지식한 생각으로 애늙은이 같다는 소리를 들을 수도 있습니다. 존버의 힘은 강하나 멀티가 힘들어 요즘 세상에서는 적합하지 않을 수도 있는 것이 인성입니다.

왕상휴수사 중 상(相)에 해당합니다.

(3) 손(孫)

소속궁이 생하는 오행을 손(孫)이라고 합니다.

식상은 육효에서 손(孫)으로 대용하고 있고, 손(孫)은 남녀 모두에게 자식을 의미합니다. 손(孫)은 기질상 낙천적이고 감정적이며, 낭만주의적 경향이 강합니다. 또한 의식주의 힘으로 특히 입(口)과 관련 있고, 예술적 감수성, 낙천성, 배려심, 그리고 소소한 사교성을 뜻합니다. 손(孫)은 온화함과 명랑함, 즐거움을 추구하고 진지한 것을 싫어합니다. 창의력과 호기심으로 자신의 생각을 부지런히 행동으로 옮기다 보니 예술가나 선생님이 많습니다. 일반적인 회사 생활보다는 프리

랜서나 독립적인 사업이 어울립니다. 제도에 얽매이는 것을 싫어하고 틀에 박혀 생각하고 행동하지 않으려 하며, 자신의 개성을 추구합니다. 요즘 시대에 가장 적합한 육친이라 생각합니다.

손(孫)은 재물을 만드는 힘이 되고, 송사나 건강을 위협하는 관성을 극 하기 때문에 육효에서는 손(孫)을 최고의 길신으로 보고 있습니다.

손(孫)은 내가 생 하여 자식이 되기 때문에, 자식과 같은 반열인 며느리, 사위, 제자, 아랫사람, 약, 출산, 가축, 시장, 고객, 잠재력, 원금, 상속인 등을 의미합니다.

왕상휴수사 중 휴(休)에 해당합니다.

(4) 재(財)

소속궁이 극 하는 오행을 재성(財星)이라 합니다.

남녀 모두에게 재물(財物)을 뜻하고, 특히 남자에게는 여자, 즉 아내, 애인을 의미하기도 합니다. 남녀 모두 재능, 재주로 해석될 수도 있습니다. 재성은 사람들과의 사회적 관계를 의미하기도 합니다.

신수점의 용신은 대부분 재물점이 됩니다. 그만큼 현대 자본주의사회에서 재성은 중요한 의미이기 때문입니다. 하지만 재물 못지 않게 중요한 것이 오늘날 사회적인 관계가 되었습니다. 인간관계를 맺는 방식이 이전 시대와는 완전히 달라졌기에 얼굴도 모르고 만난적도 없는 사람들과 친구가 될 수 있는 사회로 변모되었습니다. 이런 온라인 사회이 특성으로 과거에는 존재하지 않았던 사이버 관계로 인플루언서의 탄생을 낳았고, SNS의 팔로워 수가 엄청난 부의 가치가 되는 사회로 변화되었습니다. 이러한 관계가 재성의 관계이기에 재성은 재물과 부의 의미로도 매우 중요하지만, 사회적 인간관계의 면모에서도 매우 중요한 육친 중 하나입니다

재(財)는 전반적인 재물, 아내, 애인, 친구의 처, 형수, 재수, 종업원, 상품, 이익, 화폐, 임금, 억냥, 귀중품, 비용, 음식, 밝음 등을 의미하며, 사회적으로는 봉사, 의협심, 악사에 내한 배려 등을 뜻하기도 합니다.

왕상휴수사 중에 수(囚)에 해당합니다.

(5) 관(官)

관성(官星)은 소속궁을 극 하는 오행을 말합니다.

관성은 남녀 모두에게 관직, 명예를 뜻하고 여성에게는 남편을 의미하기도 합니다. 재성의 명예가 봉사를 통해 얻는 명예라면 관성의 명예는 지배, 권력, 허세로 남들에게 명령할 수 있고 남을 도울 수 있어서 생기는 권력에 근거한 명예가 됩니다. 사회적으로는 거대한 조직 시스템을 의미하기도 합니다. 그러나 명예가 없는 권력은 폭력이 될 수도 있다는 사실을 명심해야 합니다. 관성은 나를 극 하는 강한 기운으로 명예와 건강, 원칙, 안정성을 의미합니다.

내가 권력을 가진다는 것은 내가 위임받게 된 권력을 행사함으로써 이 공동체의 소속원들에게 더 많은 행복을 주기 위해서 내가 희생하겠다는 것이기도 합니다. 그런 권력과 명예심에서 발휘되는 것이 '관'의 정당한 의미가 됩니다. 관을 정당하게 사용하지 못했을 때 명리에서는 칠살(七殺), 육효에서는 관귀(官鬼)로 나쁜 의미로 부르기도 합니다.

관성은 나를 극 하는 강한 기운으로 명예와 건강, 원칙, 안정성을 깨뜨리는 것을 의미하기도 합니다. 사회적으로는 상사, 자신보다 윗사람이 관이고 또 식상이 작은 조직의 커뮤니티인데 반해, 관은 거대 조직 시스템(정부, 대기업)의 조직 규모를 관성으로 봅니다.

관(官)은 남편, 남편의 형제자매, 직장, 승진, 공명, 관청에 관한 일, 당선, 관재, 구설, 시비, 재앙, 질병, 도둑, 귀신, 중개인, 시체, 천둥, 우레 등을 의미합니다.

왕상휴수사 중의 사(死)에 해당합니다.

제6절
하늘과 땅을 품은 간지(干支)

간지(干支)란 무엇인가?

역사 속에서 인간은 끊임없이 시간의 흐름을 이해하고 체계화하려고 노력해 왔습니다. 동양에서 탄생한 간지(干支) 체계는 바로 그러한 노력의 결정체라고 할 수 있습니다. 간지는 '천간(天干)'과 '지지(地支)'의 조합으로, 시간(연·월·일·시)과 공간, 그리고 인간의 운명을 해석하는 데 쓰입니다. 하늘의 기운인 10개의 천간과 땅의 기운인 12개의 지지가 순차적으로 짝을 이루어 만들어지는 60가지의 주기적 조합 체계입니다. 즉, 천간 10개와 지지 12개의 최소공배수인 60가지 조합은 시간의 주기성을 완벽하게 나타냅니다. 이 체계는 단순히 날짜를 기록하는 것을 넘어 자연의 변화와 인간사의 흐름 사이에 존재하는 깊은 연결고리를 드러내 주고 있습니다.

현대적인 관점에서 보면, 간지 체계는 놀라울 정도로 정교한 데이터 처리 시스템이라고 할 수 있습니다. 천문 현상, 기후 변화, 인간의 생체리듬까지 다양한 요소를 통합적으로 분석할 수 있는 이 체계는, 고대인들이 개발한 독창적인 패턴 인식의 도구였습니다. 오늘날에도 사주명리학에서는 개인의 성향과 운세를 분석하는 데 간지를 활용하고, 동양의학에서는 진단과 치료의 시기를 결정하는 중요한 기준으로 삼고 있습니다.

간지를 이해한다는 것은 단순한 점술의 차원을 넘어, 동양의 사유체계를 이해하는 열쇠를 얻는 것과 같습니다. 이 체계는 우리에게 변화무쌍한 우주와 조화를 이루며 살아가는 지혜를 전해줍니다. 계절이 순환하듯, 운명에도 수기가 있음을 일깨워주는 간지의 원리는 불확실성의 시대를 살아가는 현대인들에게도 소중한 통찰을 제공해 줍니다.

천간(天干): 10개 글자

– 갑(甲), 을(乙), 병(丙), 정(丁), 무(戊), 기(己), 경(庚), 신(辛), 임(壬), 계(癸)

– 오행(五行)과 음양(陰陽)으로 나뉨

　　갑, 을: 목(木) / 병, 정: 화(火) / 무, 기: 토(土) / 경, 신: 금(金) / 임, 계: 수(水)

　　홀수(갑, 병, 무, 경, 임): 양(陽), 짝수(을, 정, 기, 신, 계): 음(陰)

지지(地支): 12개 글자

– 자(子), 축(丑), 인(寅), 묘(卯), 진(辰), 사(巳), 오(午), 미(未), 신(申), 유(酉), 술(戌), 해(亥)

– 오행(五行)과 음양(陰陽), 계절(季節)로 나뉨

　　인, 묘: 목(木) / 사, 오: 화(火) / 진, 미, 술, 축: 토(土) / 신, 유: 금(金) /

　　해, 자: 수(水)

　　홀수(자, 인, 진, 오, 신, 술): 양(陽), 짝수(축, 해, 유, 미, 사, 묘): 음(陰)

　　봄: 인, 묘, 진 /여름: 사, 오, 미 /가을: 신, 유, 술 / 겨울: 해, 자, 축

천간과 지지의 관계

– 천간이 '정신적, 추상적'이라면 지지는 '현실적, 구체적'입니다.

– 인간은 천간(이상)과 지지(현실) 사이에서 조화를 이루며 살아가는 존재로 해석합니다.

천간과 지지
天干과 地支

[천간지지 22글자 그림4]

제7절

자연의 위대한 순환, 십이운성

1) 십이운성(十二運星)이란 무엇인가?

십이운성은 인간의 일생을 씨앗에서부터 성장, 성숙, 쇠퇴, 그리고 소멸에 이르기까지의 열두 단계로 나눈 개념입니다. 마치 식물이 씨를 뿌리고 싹이 트고 자라서 꽃을 피우고 열매를 맺은 후 시들어가는 자연의 순환과도 같습니다. 명리학에서 십이운성은 이러한 자연의 흐름을 사람의 삶과 기운의 흐름에 빗대어 설명하는 중요한 도구입니다. 육효에서도 이러한 흐름의 힘의 세기를 좀 더 입체적으로 활용해서 사용하고 있습니다.

이 개념은 단순히 시간의 흐름을 나타내는 것이 아니라, 각 기운이 특정한 시기에서 어떤 상태에 놓이는지를 설명합니다. 다시 말해, 한 천간이 지지를 만나 어떤 운성에 놓이게 되느냐에 따라 그 기운의 생명력, 작용 방식, 성격, 방향성이 달라집니다. 따라서 지금 어떤 단계에 머물고 있는지를 파악함으로써, 사람의 심리, 성격, 직업 성향, 그리고 인생의 흐름까지도 더 깊이 있게 해석할 수 있습니다.

십이운성은 절, 태, 양, 장생, 목욕, 관대, 건록, 제왕, 쇠, 병, 사, 묘. 12개의 단계가 있고 주기별 바이오리듬의 흐름에 따라 좀 더 입체적으로 해석을 할 수 있습니다.

2) 십이운성(十二運星)의 12 단계

1. 장생(長生): 어둠을 가르고 생명으로 움트는 시간

- 탄생과 같은 상태입니다. 기운이 막 생겨나는 시기로, 생명력이 넘치고 순수하며 희망이 가득한 단계입니다. 발전, 성장, 총명하며, 뛰어난 예술적 감수성의 기운입니다. 하지만 장생은 대담성이나 통솔력, 돌파력은 굉장히 부족하여 보좌역에 어울리는 경우가 많고, 예술이나 기술 계통에 적합한 경우가 많습니다.

2. 목욕(沐浴): 순수한 아이의 눈으로 세상을 탐구하는 시간

- 갓 태어난 기운이 씻김을 받는 시기입니다. 감정 기복이 심하고 외부 영향을 많이 받는, 감성적인 상태를 의미합니다. 목욕성(星)입니다. 십이운성 중에서 가장 섬세한 감수성을 지녔고, 그 섬세함으로 인한 재능 혹은 직관력을 갖추고 있습니다. 그래서 사교나 외교적 감각이 굉장히 비상한 경우가 많습니다. 목욕은 장생에 비하면 안정성이 매우 결여돼 있고 음욕이나 호색한 경우가 많습니다. 그만큼 매력이 있거나 굉장히 뛰어난 감각을 갖고 있다는 뜻이기도 합니다. 목욕은 학문과 예술 혹은 취미성이 강한 일에 최적화돼 있습니다. 붙임성이 좋고 사교성이 뛰어나기 때문에 사람과 대면하는 상업적인 일에 있어서 재능을 발휘하기에 적합합니다.

3. 관대(冠帶): 세상을 향해 나아가는 청춘의 위대한 꿈

- 성장하여 형체를 갖추기 시작한 상태로, 사회성과 책임감이 부여되는 시기입니다. 자존감과 외형에 대한 의식이 강해집니다. 그래서 도전, 향상, 출세, 성공 의지가 강하고 부와 번영의 욕구도 강합니다. 하지만 자기본위적인 사고와 행동이 커서 적을 만들기도 쉽습니다. 사회적 성공을 거두는데 적들도 동시에 많아진다는 의미입니다. 관대의 제일 나쁜 점은 타인에 대해서는 매우 엄격하게 비판하지만, 자신에게는 한없이 관대하다는 것입니

다. 그래서 비판이 따르기도 합니다. 관대는 인물이 훤칠합니다. 미남미녀라기보다는 시원시원하고 훤칠하게, 기상이 높게 생겼다는 뜻입니다. 하지만 강급한 성격 때문에 언제나 재앙을 불러오게 되고, 특히 부부간의 관계에서 자신의 욕심과 주장이 강해서 원만하지 못한 경우가 많을 수 있습니다. 자신의 목소리, 아집에 주의해야 합니다. 관대는 대기만성을 의미합니다. 수많은 좌절과 시행착오를 거친 끝에 그 모든 굴곡을 이겨내고 뒤에 가서 성공을 거두는 힘을 말합니다. 고통스러운 힘이지만 이 관대의 힘은 그러한 실패를 기반으로 버텨낼 수 있는 에너지, 불굴의 추진력을 의미하기도 합니다.

4. 건록(建祿): 조화와 균형으로 세상의 중심에 설 준비 완료

 - 에너지가 정점에 이르는 시기로, 자립심과 추진력이 강하고 사회적으로도 인정받는 단계입니다. 그래서 자수성가와 성취의 성이라고 할 수 있습니다. 건록은 거주 이동이 많고 사교성이 조금 부족할 수 있습니다. 또 편굴한 성격, 외골수적이고 삐딱한 성격의 소유자들이 많이 있습니다. 사업가 가문에서 출생한 경우도 많고 처음과 끝이 아주 다른 경우가 많다고 합니다. 어릴 때 유복한 집에서 자랐으면 나중에 가난해지는 경우가 많고, 가난한 집에서 태어났으면 나중에 크게 부자가 되는 경우가 많을 수 있습니다. 건록은 매우 강한 힘이기에 그 힘을 적절히 제어하는 것이 중요합니다. 강한 힘을 적절히 제어해주고 보완해 줄 수 있는 사람과 만났을 때 조화를 이룰 수 있고, 사람들과 의사소통에 귀 기울이고, 의견을 존중해 주고, 자신의 힘의 수위를 조절하면 큰 성공을 이룰 수 있습니다

5. 제왕(帝旺): 정오의 태양과 같은 무궁한 에너지와 삶이 최절정이 순간

 - 최고의 절정기입니다. 권력, 영향력, 결정력이 강하며 스스로 운명을 주도하는 시기입니다. 제왕은 중년의 나이에 접어들어 인간 생의 최고 정점에 이르는 시기로, 군주와 허세의 성입니다. 십이운성 중 가장 상력한 힘이며, 최고 권력사에 오르는 극적인 힘을 의미하고, 한 분야에서 우두머리가 되고자 하는 욕망을 상징합니다. 최고 권력자는 외롭습니다. 개인주의

적 성향이 강하고, 자신의 힘이 너무 강해서 비타협적인 길을 걷는 경향이 강합니다. 우두머리가 되고 싶은 욕망이 강해서 지나치게 의리와 허세를 중시하다 보니 낭비가 심하게 됩니다. 자기 야망과 공명심을 지키기 위한 지출이 많기 때문에 가족들에게는 좋은 평가를 받기가 어렵습니다. 그래서 제왕은 자격증을 가진 직업에 적합합니다. 혼자서도 할 수 있는 전문 자격증, 기술사 자격증 등이 유리합니다. 제왕은 가족보다는 사회생활을 우선시하는 경향이기 때문에 건록만큼이나 가정의 단란함을 기대하기가 어려운 경우가 많습니다. 건록과는 달리 제왕은 혼자이기 때문에 자유업이 적합하고, 자수성가하는 기운이 매우 강합니다.

6. 쇠(衰): 인생의 숙연함을 지닌 한 여름의 기울고 있는 아름다운 저녁노을

– 절정이 지난 뒤 점차 기운이 줄어드는 시기입니다. 외부 활동보다는 내면 성찰이 필요한 시점입니다. 쇠는 해가 서산으로 질 때의 풍경을 보며 사유하는 느낌의 기운이라고 생각하면 됩니다. 그래서 쇠는 온후하고 담백, 견실하며 지혜롭고, 또 건록, 제왕과는 다르게 배우자나 특수관계인들에 대한 내조의 정신이 굉장히 큽니다. 안정적인 것을 추구하고 매사 여유롭지만 속내를 잘 드러내지 않습니다. 또 자급자족의 정신이 크고 정신적으로 조숙한 경향이 있습니다. 꼼꼼함을 필요로 하는 정신노동이나 종교나 의약, 상담학, 간호학 등 활인업 쪽에 두각을 나타내는 경우가 많습니다.

7. 병(病): 깊은 가을의 낙엽처럼 내면의 깨달음을 위한 휴식과 고심의 시기

– 기운이 약해지고 불안정해지는 단계로, 피로감, 불안, 회의감 등이 나타날 수 있습니다. 병은 풍류와 인기의 성입니다. 병이 들면 관심을 받게 된다는 측면에서 타인으로부터 받는 호감, 관심, 동정심으로 주목을 끄는 힘이며, 혹은 타인에 대한 배려심이나 동정심의 힘입니다. 하지만 병은 약한 기운이기에 자신의 힘으로 해결할 수 없는 의지박약의 상태이고 결단력도 매우 결여되어 있습니다. 병은 의사소통과 타인에게 감정을 전달하고 이입하는 능력을 의미하기에 현대에서는 중요한 요소입니다.

8. 사(死): 시작이 약속된 자연순환의 종점지

– 기운이 완전히 사라지는 시기입니다. 그러나 끝이 아니라 새로운 시작을 위한 전환의 의미도 포함되어 있습니다. 사(死)는 제한된 공간에서 한 가지에 집중해서 본질을 끝까지 파고드는 집중력을 의미합니다. 집중력이 뛰어나 연구, 작품활동, 기술적인 부분에 적합하고 전문적인 분야에 유리하며, 특히 상관과 사가 만날 때는 학문이나 예술, 기술 부분에 있어서 뛰어나고 천재적인 소양을 발휘할 수 있습니다. 일에 있어 꼼꼼하고 준비성이 철저하며, 타고난 재능이 아닌 후천적인 노력으로 큰 결과를 이뤄내는 외유내강형으로 집약할 수 있습니다. 야무지지만, 까다롭고 고약한 성격도 갖고 있습니다. 그만큼 치열한 삶의 의지를 상징하기도 합니다. 사는 사교적인 일, 대변하는 일보다는 전문 분야에 종사할 때 유리합니다.

9. 묘(墓): 경험, 지혜, 시간 그리고 기억마저도 대지의 품으로 모두 회귀

– 기운이 잠시 정지되고 휴식하는 단계입니다. 현실적 행위보다는 준비와 사색이 요구됩니다. 묘는 자연으로 돌아가는, 닫혀서 절대로 나올 수 없는 창고의 기운입니다. 그래서 묘는 저축과 대기만성을 의미합니다. '티끌 모아 태산'이 묘의 정신입니다. 알뜰하고 검소하며, 미리 대비하는 능력이 뛰어나고, 한 단계씩 천천히 계획한 대로 나아가는 성향이 강합니다. 창고 안에는 좋은 것도 들어있지만, 나쁜 것도 있을 수 있습니다. 콤플렉스, 열등감으로 인해 시기와 질투심에 시달리는 경우도 많습니다. 침착하고 안정적인 성격이나, 감정 표출이 적어 겉과 속이 다를 수 있습니다. 감정을 쌓아두는 경향이기에 내면에는 다양한 여러 감정들이 부딪혀 태풍 속에 있을 수도 있습니다. 묘는 대기만성형의 표본이고, 여성이 경우 살림을 알뜰히 꾸리는 경향이 있고, 남성이 경우 도박이나 투기로 가산을 탕진하는 경우도 많습니다. 묘는 자연으로 회귀한다는 측면에서 보면 우주 삼라만상에 대한 통찰력의 기운을 의미합니다.

10. 절(絶): 절망과 희망의 극단의 힘을 가진 양날의 검

　－ 완전한 종료이자 다음 사이클을 위한 분리의 시기입니다. 과거의 것을 내려놓고 새로운 것을 맞이할 준비를 합니다. 절은 무(無)에서 유(有), 유에서 무로 시작되는 바로 그 시점을 말합니다. 유의 시대가 끝나고 무의 시대로 간다는 것은 혹은 무의 시대가 끝나고 유의 시대로 간다는 것은 거대한 극적인 전환이 일어난다는 뜻입니다. 절은 전환의 특성을 갖고 있습니다. 급격한 전환이 일어날 힘, 전환이나 혹은 결단, 이런 것들이 절지의 특성입니다. 절이 있는 사람들은 비밀이나 약속을 고수하는 능력이 뛰어납니다. 그리고 절은 남의 어려움에 대해서 그냥 지나치지 않는 돌봄의 정신을 갖고 있는데, 문제는 자신의 돌봄이 꼭 배신으로 돌아오는 경우가 많다는 것입니다. 돌봐주고 뒤통수 맞는, 어이없는 그런 상황도 많이 일어납니다. 이 절은 예측불가능성이 높아 과거에는 안 좋게 봤으나, 현대 사회에 있어서는 대운이 나에게 유리할 때는 도약이나 상승의 힘으로 판단할 수 있습니다. 절의 기운은 찰나적인 충동에 약하기 때문에 사건사고도 많고 후회도 많이 있을 수 있습니다. 절지는 너무 격렬한 전환이기 때문에 자수성가와 고립무원의 극단을 암시하는 경우를 말합니다. 아무도 도와주는 사람이 없는 고립무원이고, 그래서 어쩔 수 없이 혼자 힘으로 해내야 되는 극단성의 기운이 됩니다.

11. 태(胎): 다시 움트는 생명의 시작

　－ 다시 씨앗이 심어지는 단계입니다. 무형의 가능성이 생기기 시작하는 창조의 시간입니다. 태는 하나의 생명체가 시작되는 첫 번째 지점입니다. 이것은 가능성의 성인데, 이 가능성은 모든 것도 가능하지만, 어떤 것도 가능하지 않은 이상주의적인 상황일 수 있습니다. 그리고 태는 남녀 애정의 결과물이기 때문에 사랑받는 것을 원하는 애정의 성이기도 합니다. 그래서 태를 가진 사람들은 기본적으로 성격이 굉장히 부드럽고 유머 감각도 있습니다. 부드러운 성격과 유머는 십신에서 편재에 해당하는데, 편재하고 다른 점은 태는 현실적인 계산이나 자주성이 상당히 결여돼 있다는 점이 다를 수 있습니다. 그래서 구속, 틀

에 얽매인 직업에는 부적합한 경우가 많습니다. 한 가지 자기만의 일을 고수할 때에는 강력한 성취력을 발휘하고, 총명하며 글을 쓰는 재능도 있지만 색정에 주의를 해야 합니다. 색정으로 인해 인생을 망치게 되는 경우도 많이 있기 때문입니다.

12. 양(養): 봄날의 따스함으로 순조로운 성장

－ 내면에서 생명력이 자라고 있는 시기입니다. 외부로 드러나지는 않지만 점점 기운이 자라고 있습니다. 양은 인간의 일생 중 제일 편안한 시기입니다. 아기는 엄마 뱃속에 있을 때가 가장 안전합니다. 그래서 양은 개성과 안정의 성입니다. 관이 양의 자리에 있으면 가장 안정적으로 출세를 하거나 가업을 계승해서 안정적으로 유지하는 경우가 많이 있습니다. 선대의 덕으로 안정된 삶을 산다고 해서 고전에서 좋은 평가를 받아왔습니다. 양은 속도가 느려서 현대와 조금 안 맞을 수도 있습니다. 그러나 급격한 발전보다는 조금씩 천천히 발전하는 순조로운 진전의 기운입니다. 양은 약간의 마마보이 기질이 있고 끈기가 없습니다. 자기 뜻대로 일이 흐르면 굉장히 착하다는 평판을 받지만, 뜻대로 되지 않았을 때는 짜증도 많이 내는 편입니다.

십이운성의 12단계에 대해서 살펴봤습니다. 십이운성은 명리에서도 중요한 부분을 차지하고 통변과 육친이 가지는 힘을 다변적이고 입체적으로 해석하는 데에 꼭 필요한 부분이라 알아두면 유용하게 사용할 수 있습니다. 육효에서는 힘의 크기를 먼저 가늠하고 용신과 원신, 구신과 기신을 입체적으로 통변하는 데에 쓰입니다.

3) 십이운성 힘의 크기 도표

단 계	십이운성	힘의 크기(상대적)	설 명
1	장생(長生)	5	새롭게 힘이 생김
2	목욕(沐浴)	6	에너지가 활발하게 성장
3	관대(冠帶)	8	청년기, 힘이 증가하는 시기
4	건록(建祿)	9	가장 왕성한 시기
5	제왕(帝王)	10	힘이 극대화됨
6	쇠(衰)	7	점차 약화 시작
7	병(病)	4	한창 쇠약해짐
8	사(死)	3	죽음, 힘이 급격히 약해짐
9	묘(墓)	2	생명이 묻혀 변화 없음
10	절(絕)	1	완전히 끊어짐
11	태(胎)	2	새로운 시작의 준비
12	양(養)	3	태아 상태, 서서히 힘이 자람

힘의 세기를 그래프로 그려보면 좀 더 이해하기 쉽습니다.

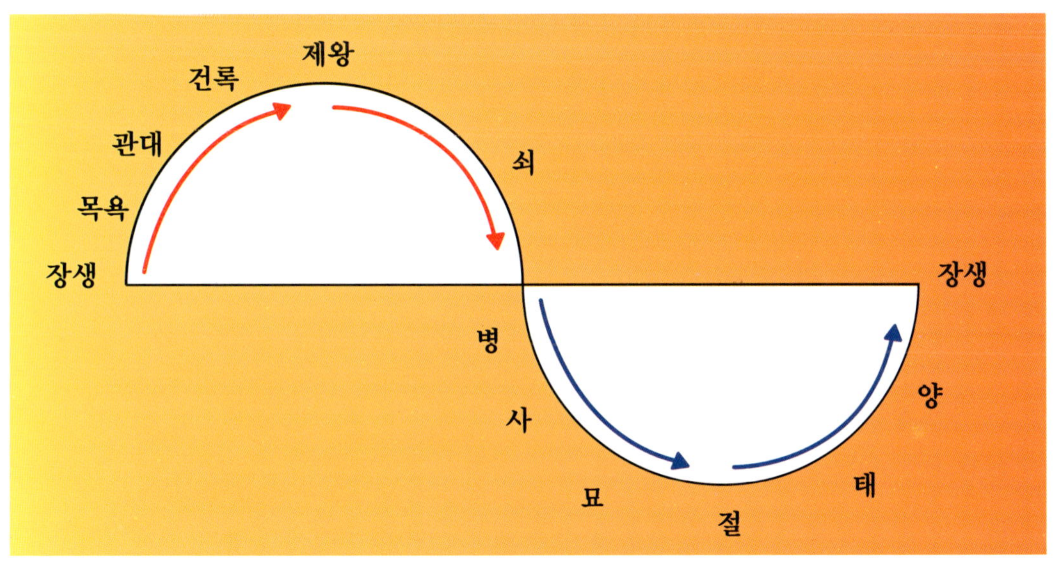

[십이운성 흐름과 세기 그림 5]

※ 수치는 상대적 기준이며, '제왕'이 가장 강한 에너시 단셰임을 의미힙니다.

교만을 멀리하고 겸손해야 좋은 사람이 곁에 머물고
하늘의 복을 빋을 수 있숩니다.

제8절

간지의 합, 형, 충, 파, 해(合, 刑, 沖, 破, 害)

천간지지(天干地支) 사이의 관계는 생명의 흐름과 변화를 해석하는 중요한 열쇠입니다. 그 중에서도 합형충파해(合刑沖破害)는 간지 사이에 발생하는 역동적 관계를 설명하는 개념으로, 에너지 발산의 힘을 길하게도 흉하게도 해석할 수 있는 유용한 도구가 됩니다.

합형충파해의 기본 개념

합형충파해는 천간과 지지 사이에 발생하는 갈등과 충돌의 관계를 의미합니다. 천간은 순수한 기운 하나가 드러나서 생/극/합/충이 명확한 반면, 지지는 다양한 관계가 복합적으로 나타납니다. 합(合)이 조화와 화합을 의미한다면, 형충파해는 그 반대로 다툼, 이탈, 상처, 손상, 사고 등의 문제를 일으키는 부정적 관계를 의미합니다. 하지만 현대에서는 합이 모두 길한 것이 아니고, 형충파해가 나쁜 것이 아닌 것으로 해석할 때도 종종 있습니다. 합은 조화와 화합을 의미하지만, 조화와 화합을 위해 나의 목소리를 낼 수 없고, 개성과 자신의 능력을 발휘할 수 없어 묻히는 경우도 있으니, 좋다고만은 말할 수 없을 것입니다. 또한 형충파해는 부딪쳐서 오히려 더 큰 에너지를 발산하기도 하고, 나쁜 것을 오히려 깨뜨려 무너지게 할 수도 있는 길한 힘이 되기도 한다는 것을 알아야 합니다. 하지만 육효에서는 지금까지는 고전의 의미를 많이 따르고 있어서, 합은 좋게 보지 않는 경향도 있지만, 형충파해는 나쁘게 해석하는 경우가 대부분입니다.

1) 합(合)의 이해

간지의 합(合)은 천간(天干)과 지지(地支) 각각에서 특정한 글자(간지)들이 만나 새로운 에너지로 변화하거나 조화를 이루는 현상입니다. 이는 단순한 결합이 아니라, 오행의 기운이 변화하거나 새로운 힘이 생성되는 것을 의미합니다. 합은 인간관계로 치면 인연, 동맹, 결혼 등 긍정적 결합의 상징이지만, 반드시 좋은 결과만을 의미하지는 않습니다. 간지가 합을 한다는 것은 고유의 색과 향을 독자적으로 드러내지 못하고 다른 에너지로 따라가야 하는 경우도 있어서 묶이는 경우가 있기 때문입니다. 합의 종류와 작용, 그리고 해석의 핵심을 아래와 같이 정리할 수 있습니다. 육효에서는 지지육합, 삼합, 방합까지 사용하고 있고, 나머지는 참고만 하시면 됩니다.

합의 영향

– 긍정적: 인연, 화합, 협력, 창조, 결실, 결혼, 동업 등
– 부정적: 불륜, 은밀한 거래, 힘의 분산, 본래 기운의 약화 등(암합, 부적절한 합 등)

(1) 천간합(天干合)

천간합은 십간(十干) 중 두 글자가 짝을 이루어 새로운 기운(오행)으로 변하는 현상입니다. 천간 열 글자는 둘씩 짝을 이루어 5합(五合)을 이루며, 음양이 서로 보완하며 조화를 이루는 것이 특징입니다.

천간합	변화하는 오행	상징적 의미
갑(甲) + 기(己)	토(土)	목(木)의 성장이 멈추고 토(土)로 변화하는 모습으로, 신뢰와 동맹을 의미합니다.
을(乙) + 경(庚)	금(金)	목(木)과 금(金)의 조화로운 결합으로, 결실과 성과를 상징합니다.
병(丙) + 신(辛)	수(水)	화(火)의 열정과 금(金)의 견고함이 만나 지혜로운 융합을 이루는 것을 의미합니다.
정(丁) + 임(壬)	목(木)	화(火)의 불꽃과 수(水)의 생명력이 만나 새로운 창조와 성장을 도모합니다.
무(戊) + 계(癸)	화(火)	토(土)의 안정감과 수(水)의 유연성이 결합하여 끊임없는 변화와 발전을 나타냅니다.

이렇게 합의 결과 두 천간이 만나면 각자의 성질을 버리고 새로운 오행의 기운을 만들어냅니다. 이를 합화(合化)라고 합니다. 합이 성립하려면 두 글자가 인접해 있거나, 충(沖) 등 방해가 없어야 합니다. 육효에서는 천간합은 사용하지 않고, 지지의 합만 사용하고 있습니다.

천간합
天干合

[천간합 설명 그림 6]

(?) 지지합(地支合)

　지지합은 12개의 지지 사이에서 일어나는 결합으로, 크게 육합(六合), 삼합(三合), 방합(方合), 암합(暗合) 등으로 나뉩니다.

1. 육 합(六合)

육합은 12지지 중 서로 인연이 깊은 6쌍이 짝을 이루는 합입니다.

6쌍의 지지합

자(子)-축(丑), 인(寅)-해(亥), 묘(卯)-술(戌), 진(辰)-유(酉), 사(巳)-신(申), 오(午)-미(未)

특징: 서로 보완하며 조화를 이루고, 새로운 기운을 만들어내는 힘이 있습니다.

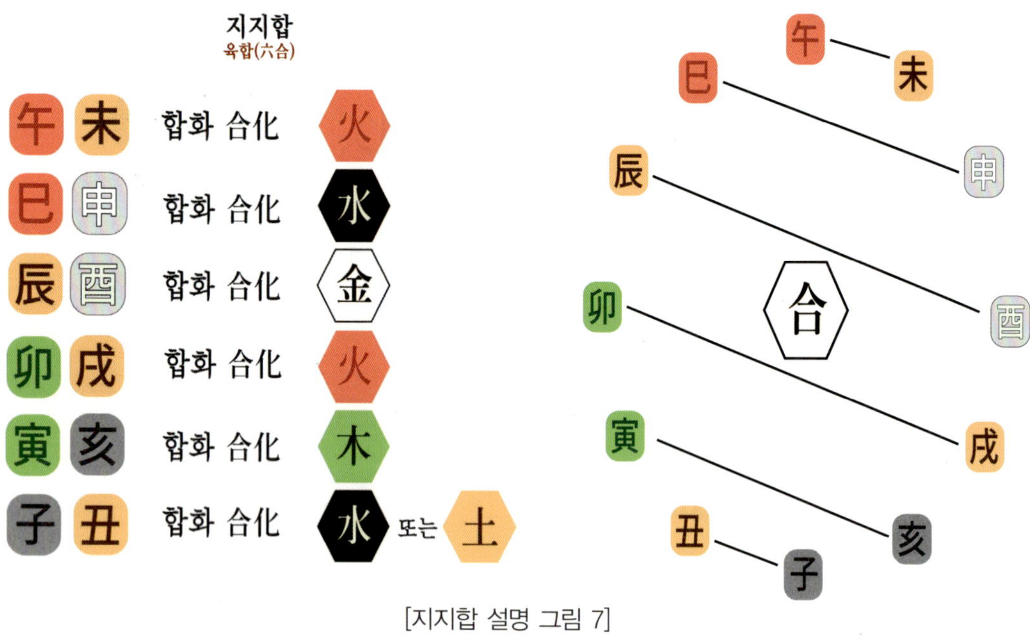

[지지합 설명 그림 7]

2. 삼 합(三合)

삼합은 12지지 중 3개의 지지가 모여 하나의 강력한 오행의 기운으로 변하는 현상입니다.

삼합 조합: 신자진(申子辰): 수(水)　　인오술(寅午戌): 화(火)

　　　　　사유축(巳酉丑): 금(金)　　해묘미(亥卯未): 목(木)

삼합이 완성되면 해당 오행의 힘이 매우 강해져서, 사주나 점괘 해석에 큰 영향을 미칩니다.

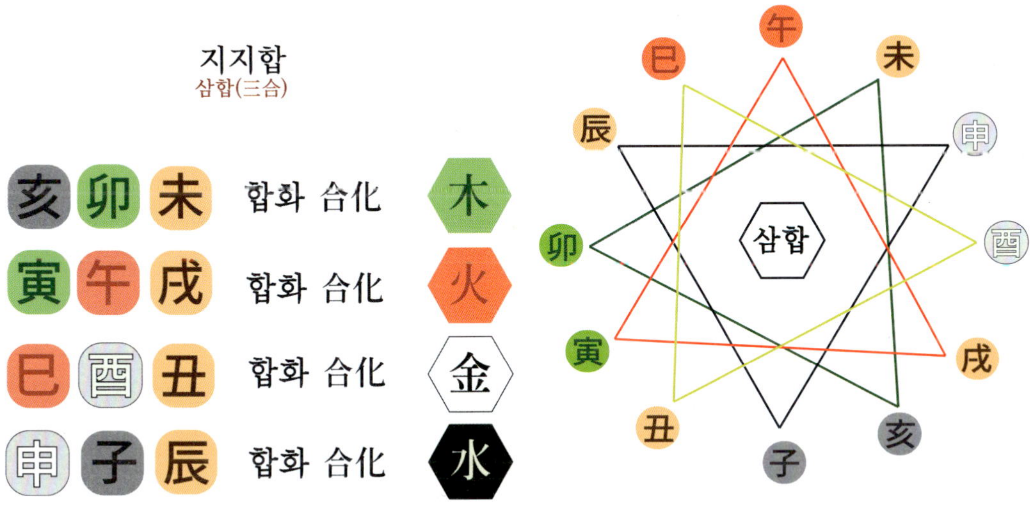

[지지합 설명 그림 8]

3. 방 합(方合)

방합은 12지지 중 3개의 지지가 만나 같은 계절이나 방향에 속하는 하나의 통일된 오행의 힘을 이루는 것을 말합니다.

봄: 인묘진(寅卯辰)/ 여름: 사오미(巳午未)/ 가을: 신유술(申酉戌)/ 겨울: 해자축(亥子丑)

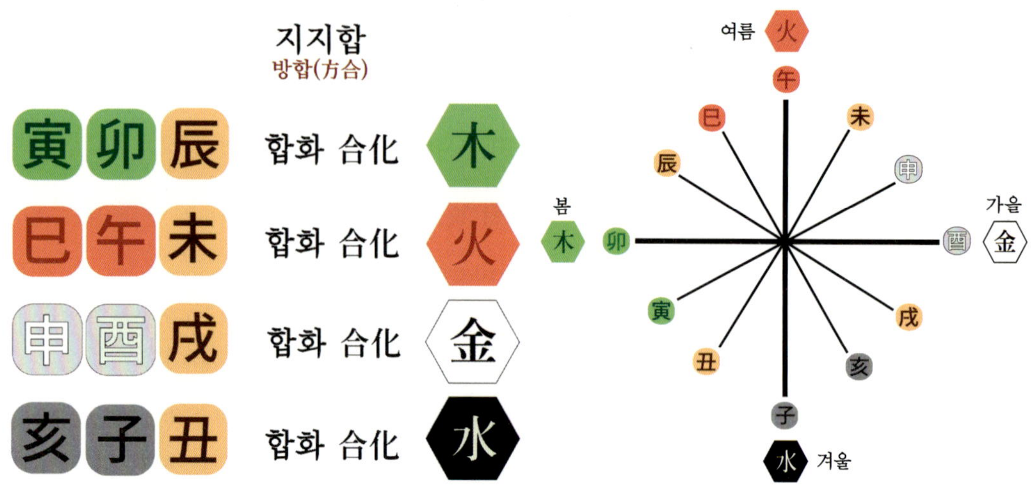

[지지방합 설명 그림 9]

4. 암 합(暗合)

암합은 겉으로 드러나지 않는, 지장간의 정기(본기)끼리 이루어지는 은밀한 합입니다. 표면적으로는 드러나지 않지만, 내면적으로 강한 결합이 형성됩니다. 남녀관계, 숨겨진 의도, 은밀한 동맹 등으로 해석될 수 있습니다.

- 천간–지지 암합: 정해(丁亥), 무자(戊子), 신사(辛巳), 임오(壬午) [총 4종류]
- 지지–지지 암합: 자술(子戌), 축인(丑寅), 묘신(卯申), 인미(寅未), 오해(午亥) [총 5종류]

2) 충(沖)의 이해

(1) 충(沖)의 정의와 특성

충은 합과 반대되는 개념으로, 오행의 상극보다 더욱 적극적이고 구체적인 역할을 합니다. 충돌을 의미하며 서로 부딪쳐서 깨진다는 뜻으로, 지장간(支藏干) 속의 것까지 깨집니다. 하지만 깨지지 않는다면 에너지의 큰 발산으로 이어져서 극강의 힘을 보여주기도 합니다. 즉, 충은 고요하게 머무는 것을 움직이게 하는 힘이고, 모여 있던 것을 해산시키며 상호 대립과 충돌을 유발하는 힘을 말합니다. 이사, 직장 변경, 관계 단절 등 급격한 변화를 상징합니다.

(2) 천간충의 종류와 영향

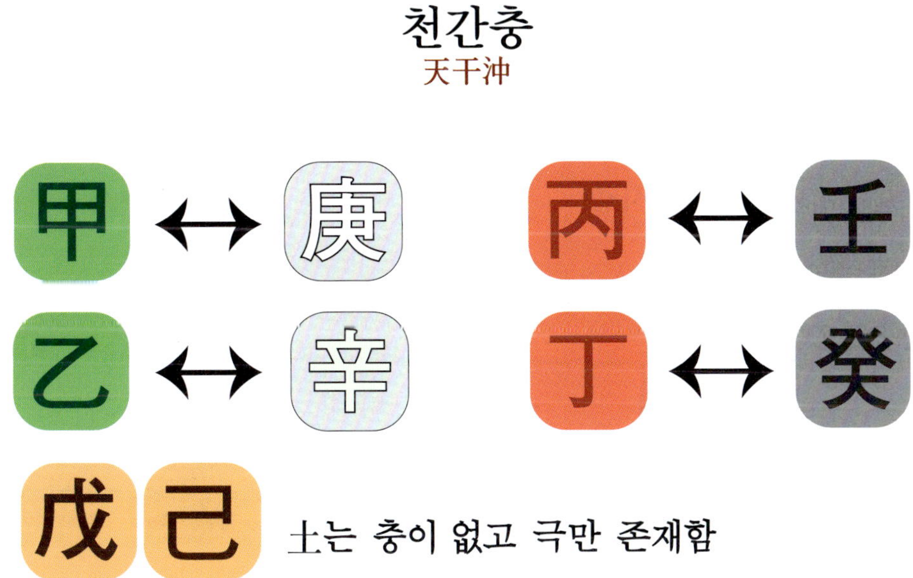

[천간충 설명 그림 10]

천간충은 십간(十干) 중 특정한 두 글자가 만나 극(剋)보다 더 강렬하게 서로 충돌하는 현상을 의미합니다. 즉, 십간(十干) 중 네 쌍(갑경, 을신, 병임, 정계)이 서로 정면으로 부딪치며 강한 변화와 갈등, 분열을 일으키는 현상입니다. 각 충마다 물상과 작용이 다르며, 주로 정신적·심리적 충돌, 인간관계 변화, 건강 문제, 재물·직업의 변동 등 다양한 영역에 영향을 미칩니다.

충 종류	주요 작용 및 영향
갑경충	신경통, 가족 내 우환, 직업 변동, 강한 결단력과 개혁 의지, 의지 충돌
을신충	간 질환, 부부 불화, 문서 분실 및 재물 도난, 은밀한 갈등
병임충	대장 질환, 재물 손해, 폭로 및 비방, 감정 폭발, 비밀 공개
정계충	소장 질환, 재물 손실, 관재 및 구설수, 내면의 불안감, 반복적인 충돌

(3) 지지충의 종류와 영향

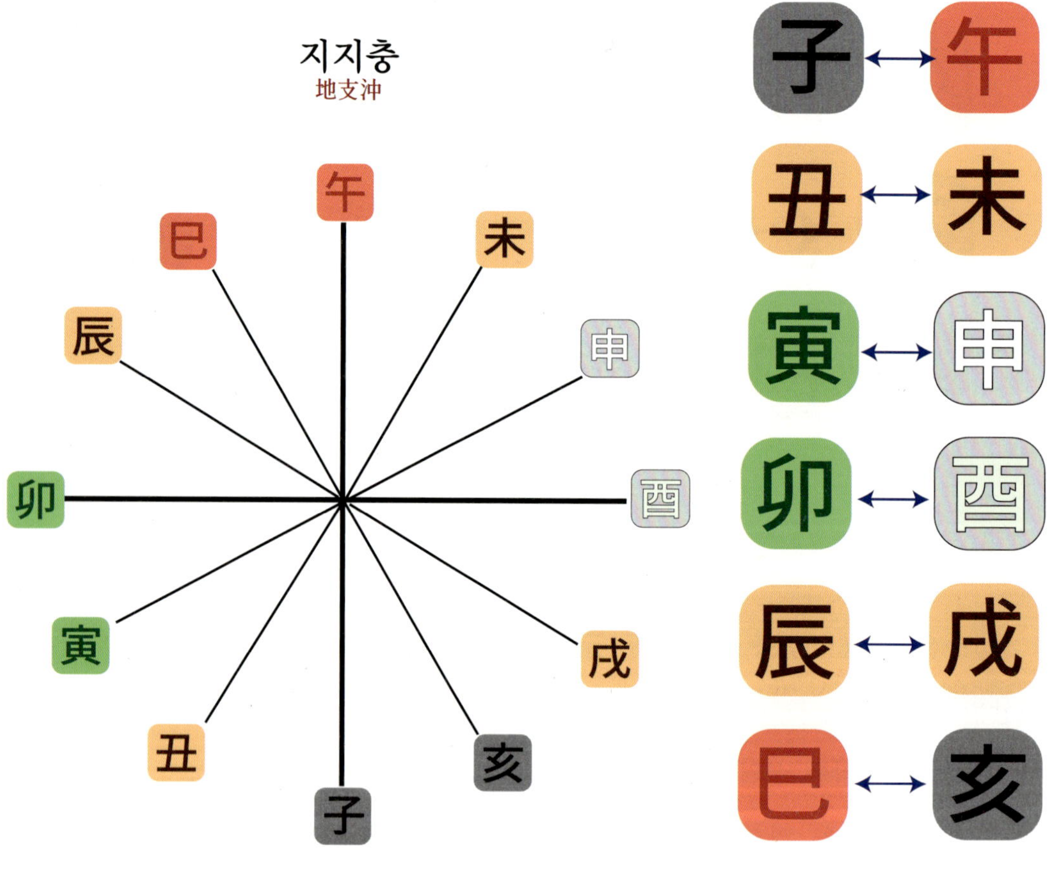

[지지충 설명 그림 11]

　지지충(地支沖)은 12지지 중 특정한 쌍이 서로 정면으로 부딪치며, 현실 세계에서 크고 직접적인 변화, 분열, 이동, 사건을 일으키는 현상입니다. 사주에서 지지는 땅, 현실, 신체, 환경, 인간관계, 직장, 재물 등 구체적이고 물질적인 영역을 상징하므로, 지지충은 실제 삶에서 체감되는 사건과 변동을 의미합니다. 육효에서 충은 매우 중요한 역할과 해석을 합니다. 월령과 일진의 지지가 육효의 괘와 충을 하게 되면 파(破)라고 합니다. 월령과 충 하면 월파, 일진과 충 하면 일파라고 해서 특별한 의미를 부여해서 해석하며, 사건의 길흉과 상태를 파악하는 데 중요한 역할을 하니, 지지의 충은 특별히 잘 이해해야 합니다.

지지충 6쌍과 특징

지지의 충	오행의 충돌	설명 및 특징
자(子) ↔ 오(午)	수(水) ↔ 화(火)	북과 남의 충돌, 감정 및 관계 변화, 이동, 이별, 교통사고 등
축(丑) ↔ 미(未)	토(土) ↔ 토(土)	재산, 가족, 부동산 문제, 분쟁, 분리
인(寅) ↔ 신(申)	목(木) ↔ 금(金)	직장 및 이직, 이동, 경쟁, 분주함
묘(卯) ↔ 유(酉)	목(木) ↔ 금(金)	인간관계 단절, 이별, 변화, 분리
진(辰) ↔ 술(戌)	토(土) ↔ 토(土)	주거, 부동산, 재산 문제, 소송, 변화
사(巳) ↔ 해(亥)	화(火) ↔ 수(水)	건강, 사고, 비밀 폭로, 이동

3) 형(刑)의 이해

형(刑)- 갈등과 상처의 기운

형(刑)은 지지(地支) 간의 특정 조합에서 발생하는 내재적 갈등을 의미합니다. 인간관계의 다툼, 법적 문제, 신체적 상처, 입원, 수술 등으로 나타납니다. 삼형은 3개, 자형은 2개의 글자가 모두 있어야 이루어집니다.

형 (刑)

[삼형과 자형 설명 그림 12]

형벌 유형	지지 조합	의 미
무은지형(無恩之刑)	인(寅)–사(巳)–신(申)	예기치 않은 갈등, 우발적 사고, 관재 구설, 권력 다툼, 교통사고, 사람들과 불화
지세지형(持勢之刑)	축(丑)–술(戌)–미(未)	갑작스러운 병, 사고, 고독, 계약 불이행, 신뢰 붕괴, 부동산·상속 문제등 재물관련
무례지형(無禮之刑)	자(子)–묘(卯)	예의 없음으로 인한 강한 간섭, 불화, 갈등
자형(自刑)	진(辰)–오(午)–유(酉)–해(亥)	자기 파괴적인 성향과 내면의 갈등, 모순, 방황

실제 통변에서 인사신 삼형(寅巳申)이 괘 내에 있을 경우는 갑작스러운 소송, 경찰, 검찰, 관공서와의 마찰과 문제, 사건, 사고, 수술 등이 일어날 수 있습니다. 권력과 관련되어 그 폐해가 발생하는 것이 인사신 삼형의 특징입니다. 축술미 삼형의 경우는 사람들의 배신, 금전적인 문제, 소송, 수술, 입원 등의 문제로 재물과 사람에 관련되어 문제가 야기됩니다. 삼형은 모두 관재구설과 관련이 깊고, 삼형으로 묶이면 그 오행은 제대로 생과 극의 역할을 못해서 육효에서 삼형은 중요하게 해석합니다.

4) 파(破)의 이해

파(破) – 숨은 균열로 생기는 차질

파는 서로 깨뜨리는 관계를 의미합니다. 파살(破殺)이라고도 하며, 한쪽이 상대를 괴롭히는 관계로 볼 수 있습니다. 파(破)는 지지 간의 숨은 균열을 만들어 서로를 약화시킵니다. 관계의 미묘한 균열, 계획의 차질 등으로 나타납니다.

파(破) 조합	주요 영향 분야
자유(子酉)	자녀 문제, 신경쇠약, 간질, 정신 질환, 부부 불화(의심)
축진(丑辰)	형제간 유산 분쟁, 사업 중단, 재산 손실
인해(寅亥)	협력 관계 악화, 사업 실패, 합(合)과 파(破)가 동시에 발생하여 중도 좌절
묘오(卯午)	열등감, 성적인 문제, 일의 지속성 부족, 잦은 이직, 질투, 구설수
신사(申巳)	기술적 오류, 계약 파기, 정보 유출
술미(戌未)	명예 실추, 소송, 사회적 지위 상실

파는 명리학의 특정 학파에서는 중요하게 통변하는 경우들이 있습니다. 육효에서도 형, 충, 파까지는 정교하게 해석하고 있으며, 숨어있는 뜻을 해석할 때 사용하고 있습니다.

5) 해(害)의 이해

해(害)- 오해, 배신, 내면적 스트레스, 은근한 독

해(害)는 육합(六合)과 반대 개념으로 12지지 간의 6개의 해로 이루어져 있는데, 서로 상극·상반되어 표면상 갈등이 없는 듯 조용하게 있지만, 실제로는 부정적인 영향을 서서히 끼치는 관계를 뜻합니다. 한자 '해(害)'는 해로울 '해'로 즉 겉과 속이 달라 은밀히 해치는 뜻이 있습니다. 형(刑)은 노골적 단절, 충(沖)은 직접적 충돌이라면, 해(害)는 은밀한 독, 사소한 오해, 누적된 스트레스, 음으로 흐르는 피해에 가깝습니다.

해(害)	불화내용	특징적인 작용
자미 (子–未)	영리함(子: 물)과 온화함 (未: 흙)의 파열	겉으로는 평화로워 보이나, 내면에는 배신감, 오해, 의존성, 소외감 등이 잠재
축오 (丑–午)	우직함(丑: 흙)과 활발함 (午: 불)의 불화	성격 차이로 인한 불화가 생기기 쉽고, 내면의 스트레스, 노력을 인정받지 못하는 상황, 가까운 관계에서의 상처
인사 (寅–巳)	진취성(寅: 나무)과 열정 (巳: 불)의 불안정 결합	경쟁 구도, 미묘한 다툼, 협력의 어려움 등을 야기
묘진 (卯–辰)	유연함(卯: 나무)과 현실성 (辰: 흙)의 어긋남	소통의 어려움, 변화에 대한 저항, 내면적 갈등의 축적
신해 (申–亥)	지략(申: 금)과 포용 (亥: 물)의 이질적 결합	신뢰 부족, 무기력감, 관계에서의 감정적 소외
술유 (戌–酉)	책임감(戌: 흙)과 정확성 (酉: 금)의 충돌	감정적인 거리감, 관계에서의 상처, 상실감, 은근한 외로움

해 작용은 직접적인 충돌(충·형)과 달리 누적된 내부 갈등, 은밀한 문제, 친밀한 사이의 실망·분열, 무형의 장애로 해석되며, 인간관계의 심적 내상을 특히 주의해야 합니다.

운명의 공백지대, 공망(空亡)

육효에서 공망(空亡)은 매우 중요한 해석의 요소 중 하나로, 효(爻) 자체가 현실적인 작용력을 잃은 상태, 다시 말해 현실에서 실현되기 어려운 상태를 의미합니다. 공망에 빠진 효는 마치 존재하되 작용하지 않는 그림자와 같으며, 그 효가 상징하는 인물, 사건, 사물, 감정 등이 실제로는 구체적인 작용이나 영향력을 발휘하지 못하는 상태로 간주합니다.

공망은 원래 명리학에서 비롯된 개념으로, 12지지의 흐름 중 특정 시점에서 지지가 비어 있는 상태를 의미합니다. 육효에서는 이를 해당 효의 지지와 당일 일진 간의 관계를 통해 판별하며, 구체적으로는 일진의 천간과 지지의 관계에 따라 결정된 두 개의 지지가 공망에 해당합니다. 이 공망 지지에 속하는 효는 그날에는 기운이 빠져 있으며, 실질적인 역할을 하기 어렵다고 봅니다.

예를 들어, 부동산 매매를 묻는 점에서 응효가 공망일 경우 그 거래가 성사되기 어렵거나 계약이 이루어지더라도 내용이 실속 없고 현실적 이익이 적을 수 있음을 의미할 수 있습니다. 연애나 인간관계를 묻는 말에서는 상대방의 감정이나 의지가 없어서 현실적인 만남이나 연결이 어렵다는 신호가 될 수도 있습니다. 계약 문서를 묻는 점에서 문서를 의미하는 부(父)효가 공망이면 사기 문서나 문제가 있는 문서로 해석되기도 합니다.

다만 공망은 단순히 '안 된다'는 의미만 있는 것이 아니라, 상황에 따라 되려 좋게 작용하기도 합니다. 예컨대, 재앙을 뜻하는 흉효가 공망에 빠졌다면 그 재앙이 현실로 나타나지 않을 수 있으므로 오히려 길하게 해석될 여지도 있습니다. 이는 육효 해석에서 중요한 역동성과 균형의 사고를 필요로 하는 것입니다.

공망(空亡)의 원리와 설명

천간(天干, 10개)과 지지(地支, 12개)의 숫자가 맞지 않아 생기는 현상으로, 천간과 짝을 이루지 못한 두 개의 지지가 항상 남게 되는데, 이 지지를 '공망'이라고 부릅니다.

공망의 원리

천간 10개와 지지 12개는 1:1로 완벽하게 짝을 이룰 수 없습니다. 즉, 60갑자(十干 × 十二支 = 60)의 순환에서 각 일주(천간+지지) 단위로 보면 항상 두 개의 지지가 천간과 짝을 이루지 못하고 남게 됩니다. 이처럼 짝이 없는 지지는 천간의 기운을 받지 못해 뿌리 없는 나무처럼 그 본래의 기능과 역할을 제대로 발휘하지 못한다고 봅니다. 그래서 이를 공망이라고 부릅니다.

공망의 작용

공망에 해당하는 지지 또는 그 지지에 해당하는 육친이 점괘에서 약하게 작용하거나, 그 역할이 실현되지 않음을 뜻합니다. 예를 들어, 재성(재물)이 공망이면 재물운이 약하거나 재물이 실현되지 않고, 관성이 공망이면 관직, 권위, 남편 등과 인연이 약해질 수 있습니다. 이처럼 공망은 인생의 특정 영역에서 완성되지 못하고 허전하거나 기대한 결과가 실현되지 않는 현상으로 나타납니다. 공망을 판별할 때는 해소될 조건(충, 합 등)이 있는지도 함께 살펴야 합니다.

공망의 배정(계산법)

문점 하는 날의 일진을 기준으로 60갑자를 10개씩 나누어 그룹별로 공망이 정해집니다.
- 예시: 갑자일주~계유일주: 술해(戌亥) 공망

　　　　갑술일주~계미일주: 신유(申酉) 공망

　　　　갑신일주~계사일주: 오미(午未) 공망

　　　　갑오일주~계묘일주: 진사(辰巳) 공망

갑진일주~계축일주: 인묘(寅卯) 공망

갑인일주~계해일주: 자축(子丑) 공망

즉, 60갑자를 10개씩 끊어, 각 구간의 마지막 두 지지가 공망이 됩니다.

공망 (空亡)

[공망표 설명 그림 13]

이처럼 공망은 육효의 작용을 판단하는 데 있어 매우 민감하고 중요한 요소이며, 효의 실질적인 영향력을 구분 짓는 기준이 되기도 합니다. 그래서 육효 해석을 할 때는 공망 여부를 반드시 확인하고, 그것이 미치는 영향력을 맥락에 따라 세밀하게 해석하는 훈련이 필요합니다.

해석을 위한 맛깔나는 시즈닝, 신살

명리학에서 화개(華蓋), 도화(桃花), 역마(驛馬)는 명식을 분석할 때 중요한 신살(神煞)로서, 인간의 삶에 깊은 영향을 미치는 기운을 상징합니다. 이 외에도 많은 신살들이 존재하지만, 육효에서는 지금 언급한 신살만을 사용하기 때문에 다른 신살들의 설명은 하지 않고, 육효에 적용되어서 해석의 풍미를 더하는 화개, 도화, 역마의 신살만을 설명하겠습니다. 이 세 가지 요소는 각각 내면세계, 인간관계, 그리고 외부활동이라는 인간 실존의 중요한 차원들을 드러내는데, 이들을 이해함으로써 괘의 해석을 보다 입체적이고 정확하게 해석할 수 있는 중요한 도구가 됩니다.

1) 이동과 변화의 동력, 역마(驛馬)

역마(驛馬)는 '역참의 말', 즉 고대 운송 수단인 말을 뜻하며, 역(驛)에서 말을 타고 이동하는 것처럼, 끊임없이 움직이고 변화를 추구하는 삶의 역동성을 상징합니다. 이는 물리적인 이동뿐 아니라, 정신적인 활동, 그리고 삶이 새로운 지평을 향한 도전으로 표현되기도 합니다.

역마 (驛馬)
성립요건

[역마 성립요건 설명 그림 14]

역마의 성립요건

역마의 글자인 인(寅). 사(巳), 신(申), 해(亥)는 각 계절을 대표하는 생지(生地)가 됩니다. 각 계절을 대표하는 계절의 전 계절을 의미하는 삼합의 글자 중 하나라도 있으면 역마가 성립됩니다.

인(寅)- 목으로 계절은 봄- 봄의 전 계절은 겨울이므로 수(水)의 삼합인 신(申)자(子)진(辰)의 한 글자만 있으면 역마가 성립됩니다.

역 마	계 절	이전 계절의 삼합
인(寅)	봄	신(申)-자(子)-진(辰)
사(巳)	여름	해(亥)-묘(卯)-미(未)
신(申)	가을	인(寅)-오(午)-술(戌)
해(亥)	겨울	사(巳)-유(酉)-축(丑)

역마의 현대적 해석

- 역동적인 삶과 변화 추구: 역마는 한곳에 머무르기보다는 변화와 새로운 경험을 갈망하게 합니다. 잦은 이동, 여행, 유학, 이민 등 물리적인 움직임이 많을 수 있으며, 직업적으로도 변화가 많은 분야나 출장이 잦은 직업에 인연이 있을 수 있습니다.

- 개척 정신과 진취성: 새로운 환경에 대한 적응력이 뛰어나고, 미지의 세계에 대한 호

기심이 강합니다. 이는 개척 정신과 진취성으로 이어져, 남들이 가지 않는 길을 가거나 새로운 분야를 탐험하는 데 주저함이 없습니다. 도전에 대한 두려움이 적고, 위기 상황에서도 기회를 찾아내는 능력이 있습니다.

– 지식의 확장과 글로벌 마인드: 역마는 단순히 몸이 움직이는 것을 넘어 지식과 시야의 확장을 의미합니다. 다양한 문화를 접하고 새로운 정보를 습득하며, 끊임없이 배우고 성장하려는 욕구가 강합니다. 이는 국제적인 감각을 지니고 글로벌 인재로 성장하는 데 유리하게 작용할 수 있습니다.

– 장점과 과제: 역마를 가진 사람은 뛰어난 적응력과 추진력으로 빠르게 변화하는 시대에 잘 적응하고, 많은 기회를 잡을 수 있습니다. 하지만 한곳에 정착하지 못하고 방황하기 쉽거나, 인간관계에서 깊은 유대감을 형성하기 어려울 수 있습니다. 그래서 전통적인 농경사회에서 잦은 이동과 변화는 생존에 위협이 될 수 있어서 '살(煞)'로 간주하기도 했던 이유입니다. 하지만 지금은 안정성이 약하지만 도약의 힘으로, 긍정적으로 표현되는 경우가 더 많이 있습니다. 이 에너지를 안정적으로 활용하여, 목표를 가지고 꾸준히 나아가는 것이 중요합니다.

– 육효에서의 역마 해석: 육효 점에서 역마살이 동효(動爻) 또는 세효·응효와 결합할 때, 이사, 출장, 이직, 여행, 운송, 국제적 변화, 직업 전환, 대인관계의 변화 등 실질적 이동이 일어날 운을 판단하는 데 중요하게 작용합니다. 괘에서 역마살이 왕성하고 생동하면 움직임에 유리하나, 공망이나 형·충·해 등으로 흉하게 발동하면 예상치 못한 사고, 실수, 불화, 분주한 헛수고, 이동 중 손해나 건강 문제 등을 암시합니다. 현대 육효 점법에서는 역마살을 능동적이고 주체적으로 변화로 해석하며, 본인의 의사로 움직이는 이득(이직 성공, 이사, 여행 등), 혹은 의도치 않은 변화(타인의 제안, 돌발 상황, 외부 환경

변화), 환경에 떠밀려 움직여야 하는 수동적 변화를 구분합니다. 동효가 인, 신, 사, 해 역마살에 놓일 때, 그와 관련한 일이 급격하게 진행될 수 있음을 암시하며, 문점의 내용에 따라 역마 해석은 중요한 키워드가 될 수 있으니 꼭 인지해야 할 신살입니다.

2) 매력의 소유자 그리고 관계와 표현의 빛, 도화(桃花)

도화(桃花)는 복숭아 '도(桃)'와 꽃 '화(花)'의 조합으로, 복숭아꽃을 의미합니다. 복숭아꽃처럼 아름답고 화려하며, 사람들의 시선을 사로잡는 매력을 상징합니다. 이는 단순히 이성적 매력만을 의미하는 것이 아니라, 사회적 관계 속에서 빛나는 존재감을 뜻하기도 합니다.

도화(桃花)는 삼합 운동의 생지(生地)를 지나, 자오묘유(子午卯酉)라는 왕지(旺地)에 위치할 때 가장 강한 힘을 발휘하는데, 왕지는 에너지가 가장 왕성하게 발산되고, 외부로 드러나는 시점을 의미합니다. 이는 타인과의 관계 형성에 큰 영향을 미칩니다. 전통적으로 도화는 외모나 성적 매력으로 오해받기도 했지만, 실제로는 타인과의 관계를 맺고 규정하는 더 넓은 의미의 힘입니다. 예를 들어, 인오술(寅午戌) 삼합은 오(午)에서 가장 왕성하며, 신자진(申子辰) 삼합은 자(子)에서, 사유축(巳酉丑) 삼합은 유(酉)에서, 해묘미(亥卯未) 삼합은 묘(卯)에서 가장 왕성하게 발산됩니다. 이는 외모적인 아름다움뿐만 아니라, 언변, 재능, 분위기 등 다양한 형태로 나타나며, 주변 사람들에게 긍정적인 영향을 미칠 수 있습니다. 연예인이나 대중 앞에 서는 직업에 유리하게 작용하기도 합니다.

[도화 성립요건 설명 그림 15]

도화의 성립요건

도화의 글자인 자(子), 오(午), 묘(卯), 유(酉)는 각 계절의 정점을 대표하는 왕지(旺地)가 됩니다. 각 계절을 대표하는 계절의 다음 계절을 의미하는 삼합의 글자 중 하나라도 있으면 도화가 성립됩니다.

묘(卯)-목으로 계절은 봄-봄의 다음 계절은 여름이므로 화(火)의 삼합인 인(寅)-오(午)-술(戌)의 한 글자만 있으면 도화가 성립됩니다.

도 화	계 절	다음 계절의 삼합
자(子)	겨울	해(亥)-묘(卯)-미(未)
묘(卯)	봄	인(寅)-오(午)-술(戌)
오(午)	여름	사(巳)-유(酉)-축(丑)
유(酉)	가을	신(申)-자(子)-진(辰)

도화의 현대적 해석

- 감성적 표현과 소통: 도화는 감성이 풍부하고 자신의 감정을 솔직하게 표현하는 경향이 있습니다. 이는 타인과의 공감대를 형성하고, 깊은 관계를 맺는 데 도움이 됩니다. 예술 분야에서는 자신의 감정을 예술적으로 승화시켜 대중의 마음을 움직이는 힘이 됩니다. 표현에 솔직함, 과감성이 모두 존재해서 예술적인 재능으로 발현되는 경우가 많으며, 예술가, 연예인들이 많이 가지고 있는 이유입니다.

- 사회적 활동과 관계 지향성: 도화를 가진 사람은 혼자 있기보다는 사람들 속에서 자신의 존재감을 드러내고 싶어 합니다. 따라서 사회적 활동에 적극적이며, 다양한 인맥을 형성하고 관계를 통해 성장하는 경향이 있습니다. 이는 사회생활이나 비즈니스에서도 유리하게 작용할 수 있습니다. 능숙한 인간관계를 통해 자신의 성취와 발전의 기회를 얻기도 합니다.

- 장점과 과제: 도화를 가진 사람은 뛰어난 매력과 친화력을 바탕으로 인기가 많고, 사회생활에 능통할 수 있습니다. 하지만 때로는 과도한 관심에 부담을 느끼거나, 가벼운 관계로 비칠 수 있으며, 감정 기복이 심해질 수 있습니다. 뭐든 지나치면 그것으로 인한 문제가 발생하기 마련입니다. 특히 도화가 지나치면 복잡한 인간관계로 인한 어려움이 있을 수 있고, 감정의 기복이 심해져서 정신적인 우울, 불안, 감정조절 문제가 발생할 수 있습니다. 자신의 매력을 긍정적으로 활용하고, 진정성 있는 관계를 구축하는 것이 중요합니다.

- 육효에서의 도화 해석: 육효에서 도화는 매력의 힘으로도, 색정과 바람의 힘으로도 해석될 수 있습니다. 사회적인 일이나, 예술성 관련 일에서는 유능함과 능력의 힘으로 해석하고, 남녀관계의 문제에서는 스캔들, 색정, 바람, 불륜 등으로 안 좋게 해석하는 경우가 있으니, 주의 깊게 봐야 합니다. 특히 연예운을 문점 하는 경우에 도화는 중요한 핵심 키워드가 될 수 있습니다.

3) 내면의 정원, 그리고 사색과 창조의 빛, 화개(華蓋)

화개(華蓋)는 빛날 '화(華)'와 덮을 '개(蓋)'의 한자 조합으로, '화려함을 덮는다'는 의미처럼, 겉으로 드러나는 화려함보다는 내면의 깊이와 성찰을 상징합니다. 마치 고대 성인의 지혜가 담긴 책을 덮어두듯, 화개는 개인의 정신적이고 예술적인 깊이를 의미합니다.

화개는 삼합(三合) 운동의 마지막 글자로, 고지(庫地)의 기운과 관련됩니다. 수렴하고 저장하며 마무리하는 기운을 가집니다. 예를 들어, 인오술(寅午戌) 삼합은 '술(戌)'에서 마무리되고, 신자진(申子辰) 삼합은 '진(辰)'에서, 사유축(巳酉丑) 삼합은 '축(丑)'에서, 해묘미(亥卯未) 삼합은 '미(未)'에서 마무리됩니다. 이 마무리 단계는 에너지가 외부로 발산되기보다는 내부로 응축되는 시점입니다. 따라서 과거의 경험과 지식을 정리하고, 이를 바탕으로 새로운 것을 구상하는 내면의 정원과 같습니다. 이는 물리적 세계보다 정신적 세계를 추구하고, 사색과 은둔으로 자기 내면을 탐구하는 특징을 가집니다.

[화개의 성립요건 설명 그림 16]

화개의 성립 요건

화개의 글자인 축(丑), 진(辰), 미(未), 술(戌), 중 하나가 원국에 있어야 합니다. 이 글자들은 모두 토(土)의 오행으로 각 계절의 끝을 의미하고 삼합의 마지막 글자인 고지(庫地)가 됩니다. 고지의 글자가 있는 가운데 삼합의 이전 계절의 글자 중 하나라도 있으면 화개가 성립됩니다.

신(辰) - 토(土)로 계절은 봄의 끝 - 봄이 전 계절은 겨울이므로 수(水)의 삼합인 신(申)자(子)진(辰)의 한 글자만 있으면 화개가 성립됩니다.

화개	계절의 끝	이전 계절의 삼합
진(辰)	봄	신(申)-자(子)-진(辰)
미(未)	여름	해(亥)-묘(卯)-미(未)
술(戌)	가을	인(寅) 오(午) 술(戌)
축(丑)	겨울	사(巳)-유(酉)-축(丑)

화개의 현대적 해석

- 사색과 고독의 미학: 화개는 홀로 사색하고 자신을 돌아보는 시간을 갖게 합니다. 이는 때로는 고독으로 비춰질 수 있지만, 사실은 내면의 풍요로움을 채우고 창조적인 영감을 얻는 필수적인 과정입니다. 복잡한 세상 속에서 잠시 멈춰서서 자신만의 세계에 빠져드는 힘을 부여합니다.

- 예술적 재능과 창조성: 내면으로 응축된 에너지는 예술적 재능과 창조성으로 발현될 가능성이 큽니다. 문학, 미술, 음악 등 다양한 분야에서 자신만의 독특한 세계를 구축하며 깊이 있는 작품을 만들어낼 수 있습니다. 이들은 표절이나 모방이 아닌, 자신만의 오리지널리티를 추구합니다. 예술과 창조에 대한 극단의 힘을 나타내기도 합니다.

- 영성과 철학적 깊이: 화개는 종교적, 철학적 탐구심과도 연결됩니다. 삶의 본질적인 질문에 대해 고민하고, 영적인 성장을 추구하며, 때로는 명상이나 수련을 통해 내면의 평화와 창조적 영감을 찾으려 합니다. 이는 물질적 풍요를 넘어선 정신적 가치를 추구하는 경향으로 나타납니다.

- 장점과 과제: 화개를 가진 사람은 깊이 있는 통찰력과 뛰어난 예술적 감각을 지닐 수 있습니다. 이러한 극단적인 힘은 뛰어난 예술가와 종교학자, 철학자를 낳게 합니다. 하지만 때로는 현실과의 괴리감, 고독감에 빠지기 쉽고, 타인과의 소통에 어려움을 느낄 수도 있습니다. 농경사회에서는 공동체와의 단절이 생존에 위협이 될 수 있어 살(煞)로 간주하였습니다. 하지만 현대사회에서의 해석은 이 에너지를 잘 활용하면 시대를 앞서가는 사상가나 예술가가 되지만, 그렇지 못하면 내면의 세계에 갇혀 고립될 위험도 있다고 해석하고 있습니다.

– 육효에서의 화개 해석: 화개는 고독과 외로움으로 해석합니다. 화개는 고지의 진술축
미 글자로 그에 해당하는 오행을 가두고 움직이지 못하게 합니다. 그래서 고지는 문점
내용에 따라 그 오행이 고지에 갇히게 되면 일의 성사가 안 되고 고지에서 개고될
때까지 기다려야 합니다. 화개는 육효에서 중요한 역할을 차지하며 신살의 의미보다는
오행의 고지로써 비중을 두어 해석합니다.

이와 같이 세 가지 신살에 관해 설명해 드렸습니다. 다시 키워드를 알기 쉽게 표로 살펴보면,

역마, 도화, 화개에 담긴 인간 삶의 세 가지 차원

요 소	상징하는 삶의 차원	주요 키워드	긍정적 측면	부정적 측면
역마(驛馬)	외부세계	움직임, 변화, 모험	새로운 도전과 적응	안정감 결여, 피로감
도화(桃花)	인간관계	매력, 사랑	인기, 대인관계 확장	관계의 복잡성, 감정 과잉
화개(華蓋)	내면세계	사색, 창조성	철학적 심화, 창조적 성과	고립, 사회적 단절

육효에서 많이 쓰이는 역마, 도화, 화개는 예전에는 주로 나쁜 작용이 많다고 하여서 살
(煞)을 붙여서 역마살, 도화살, 화개살이라고 말히였습니다. 히지민 이는 봉긴직이 생긱이
며 현대에서는 이런 신살들의 부정적인 측면보다는 긍정적인 측면이 더 많이 부각되어서
현대사회에 필요한 신살들이 되었습니다. 예를 들면, 봉건사회에서 여자 사주에 역마와 도
화가 있으면 밖으로 나돌고 음탕하다고 내쳤다고 하는데, 지금은 역마와 도화가 있어야 자
녀 픽업도 잘하고 학부모 및 선생님들과 좋은 관계를 맺으며 아이들을 잘 키울 수 있는 초
긍정의 신살로 소녕받고 있습니다. 또한 공부 잘하고 연구직에 잘 맞는 화개가 있어야 유리
한 기운을 선점할 수 있기에, 현대시회는 신실이 가진 기운을 어떻게 운용하는지에 따라
부정성과 긍정성이 나타난다고 봐야 할 것입니다.

제2장

육효의 기본 원리

　　현대사회는 불확실성의 시대입니다. 경제는 예측하기 어렵고, 세계 곳곳에서 크고 작은 전쟁으로 불안정하며, 사회는 빠르게 변화하고, 개인의 삶은 수많은 선택지로 가득 차 있습니다. 불확실한 미래의 직업이나 커리어에 대한 고민을 부모님과 상의하고 조언을 들었던 과거와는 달리, 4차 혁명시대를 거치면서, 더 이상 부모님들은 달라진 시대에 대해 조언할 수 없는 환경이 되었습니다. 그래서 이제는 부모님보다는 선배나 동료들에게 의논하고 조언을 구하는 것이 더 현실적이고 효과적이게 되었습니다. 대가족 중심에서는 사소한 고민뿐만 아니라 인생의 중요한 문제들을 부모님 또는 조부모, 삼촌, 사촌들과 자연스럽게 상의하고 조언을 구할 수 있었습니다. 하지만 요즘은 핵가족을 넘어서 1인 가구화가 되었고, 이로 인해 인생의 중요한 결정을 오롯이 혼자 해야 하는 중압감과 책임감을 갖고 살아가고 있습니다. 압박감으로 인한 불안감을 조금이라도 해소하고 자기결정의 확신을 갖기 위해 소위 말하는 사주 쇼핑, 점술 쇼핑의 형태로 특히 젊은 세대들에게 많이 나타나고 있습니다. 이런 젊은 세대를 타깃으로 사주 앱을 중심으로 한 점술 마케팅 회사들이 많이 생겨나고 있고, 젊은 세대들의 고민을 함께 나누기보다는 흥미나 재미를 위주로 주머니에만 관심이 있는 것처럼 보여서 안타까운 마음입니다.

명리와 육효 모두 그 근간은 기원전 1100년경 주나라에서부터 시작이 되었으며 학문의 체계를 잡은 지도 1,400년이 넘는 고전 학문입니다. 어떤 학문이 1,000년을 넘게 존재하고 발전한다는 것은 학문을 넘어서 철학이 되는 것이고, 이를 재미나 흥미로 보는 일개 점 따위로 치부하는 것은 그 가치와 진가를 모르기 때문이라고 생각하니 더욱더 안타까운 마음입니다. 저는 이 시대에 육효가 가진 가치를 발견하고, 진정한 인생의 갈림길에서 현명하고 지혜로운 선택을 할 수 있게 돕는 조언자로서의 육효의 의미를 독자들에게 전달하고자 합니다.

내면의 나태와 복방을 통제하는 힘을 실러야 합니다.
자신을 이기는 깃이 진정한 승리자입니다.

육효의 필요성

불안정한 경제 상황

예측하기 어려운 상황

과거에는 안정적인 직업이라고 여겨졌던 것들이 더 이상 보장되고 있지 않습니다. 인공지능 AI와 자동화 시스템 등으로 인해 직업 시장은 끊임없이 변화하고, 요동치는 변화 속에서 미래를 예측하기가 더 어렵게 되었습니다. 육효는 이러한 불확실성 속에서 현재 상황을 냉철히 분석하고 보다 나은 미래를 예측하는 데 많은 도움을 줄 수 있습니다. 예를 들어, 이직을 고민할 때 육효를 통해 어떤 방향으로 나아가는 것이 좋을지, 언제 이직을 해야 할지, 아니면 현재에 만족하고 버티는 것이 나을지에 대한 조언을 얻을 수 있습니다.

정보 과잉과 가짜 뉴스

인터넷과 소셜 미디어는 엄청난 양의 정보를 제공하지만, 동시에 가짜 뉴스와 잘못된 정보가 넘쳐나고 있습니다. 진짜 정보와 가짜 정보를 구별하기가 점점 어려워져서 판단과 결단을 해야 할 때 많은 어려움을 겪고 있습니다. 육효는 이러한 정보의 혼란 속에서 외부에 휘둘리지 않고 자신만의 판단 기준을 세우고, 객관적인 시각을 유지하는 데 도움을 받을 수 있습니다. 괘의 해석을 통해 다양한 관점을 고려하고, 자신에게 맞는 결정을 내릴 수 있게 확실한 조언을 받을 수 있습니다.

개인주의 심화와 소외감

현대사회는 개인주의가 심화하면서 사람들 간의 결속력이 약해지고, 소외감을 느끼는 사람들이 많아지고 있습니다. 육효는 이러한 상황에서 자신을 객관화하고 돌아보면서 내면의 목소리에 귀 기울이는 데 도움을 줄 수 있습니다. 괘를 통해 우리는 자신의 감정을 이해하고, 진정으로 원하는 것이 무엇인지 깨닫게 해줍니다. 또한, 육효는 다른 사람들과의 관계를 이해하고, 더 나은 소통을 위한 방법을 찾는 데에도 도움을 줄 수 있습니다.

끊임없는 경쟁과 스트레스

우리는 끊임없는 경쟁 속에서 살아가며 스트레스와 불안에 시달립니다. 육효는 이러한 스트레스를 해소하고, 마음의 평화를 찾는 데 도움이 될 수 있습니다. 때를 알고 일을 추진하는 것과 막연한 기다림으로 일을 진행할 때의 마음가짐은 다를 수밖에 없습니다. 때를 안다면 기다림도 지치지 않고 평온한 마음으로 기다릴 수 있기 때문입니다. 골인 지점이 어디인지 알고 달리는 것과 남들이 달리니 나도 따라 달리는 것과는 마음가짐부터 다르기 때문입니다. 괘를 통해 우리는 현재 상황을 객관적으로 바라보고, 문제의 원인을 파악하며, 해결책을 찾을 수 있습니다. 또한, 육효는 미래에 대한 불안감을 줄이고, 긍정적인 마음을 유지하는 데에도 도움을 줄 수 있습니다.

육효의 가치와 활용 방법

상징과 은유를 통한 통찰력

육효는 단순한 점술이 아니라, 상징과 은유로 가득 찬 언어를 통해 삶의 이치를 깨닫게 해주는 도구입니다. 괘의 의미를 해석하고 변화의 흐름을 읽어내는 과정에서 우리는 삶의 본질에 대한 깊은 통찰력을 얻을 수 있습니다.

자기 성찰과 성장의 기회

육효는 단순히 미래를 예측하는 데 그치지 않고, 현재 자신의 상황을 객관적으로 바라보고 문제점을 파악하여 개선할 수 있도록 돕습니다. 괘의 해석을 통해 우리는 자신의 강점과 약점을 발견하고, 삶의 방향을 설정하며, 궁극적으로 자기 성장을 이루어낼 수 있습니다.

의사 결정의 도구

육효는 중요한 결정을 앞두고 있을 때, 다양한 가능성을 고려하고 최선의 선택을 내리는 데 도움을 줄 수 있습니다. 또한 선택하지 않았을 때의 결과도 괘를 통해 예측할 수 있기에 최선의 선택을 할 수 있게 됩니다. 괘를 통해 우리는 잠재적인 위험을 파악하고, 성공 가능성을 높이는 방법을 찾을 수 있습니다.

마음의 평화를 찾는 방법

육효는 스트레스와 불안을 해소하고, 마음의 평화를 찾는 데 도움을 줄 수 있습니다. 괘를 통해 우리는 현재 상황을 받아들이고, 긍정적인 마음을 유지하며, 미래에 대한 희망을 품을 수 있습니다. 때를 안다면 기다리는 것도, 버티는 것도 끝이 있다는 것을 알 수 있기에 평온한 마음을 가질 수 있습니다.

육효학자로서 저는 육효를 통해 독자들이 불확실한 세상 속에서 자신만의 길을 찾고, 내면의 평화를 얻으며, 더욱 풍요로운 삶을 살아갈 수 있도록 안내해 드리고 싶습니다. 육효는 단순한 점술이 아니라, 우리 삶의 지혜를 담은 철학이며, 혼란스러운 시대에 길을 잃은 현대인들에게 나침반이 되어줄 수 있는 강력한 도구가 될 수 있습니다. 육효를 통해 우리는 자신의 삶을 주체적으로 이끌어갈 수 있으며, 더 나은 미래를 만들어갈 수 있다고 확신합니다.

육효의 기본 요소들

육효의 필요성과 효용성에 대해 앞서 설명했으니, 이제 본격적으로 육효를 어떻게 운용할 수 있는지 그 기본이 되는 요소들에 관해 설명하겠습니다.

1) 세(世)와 응(應): 관계의 미학 그리고 조율

육효는 6개의 효(爻)로 이루어진 괘를 통해 세상의 변화와 인간의 길흉화복을 예측합니다. 이 6개의 효 중, 어떤 효가 질문자(혹은 주체)를 나타내고 어떤 효가 상대방(혹은 대상)을 나타내는지를 알려주는 것이 바로 세(世)효와 응(應)효입니다. 이는 괘의 의미를 개인화하고, 관계성을 명확히 파악하는 데 있어 매우 핵심적인 역할을 합니다.

(1) 세(世)효: 괘의 주인, 질문자 자신(나, 주체)

'세(世)'는 한자 그대로 '세상', '시대'를 의미하기도 하지만, 육효에서는 질문자 자신 또는 질문의 주체, 그리고 그 주체가 처한 핵심적인 상황이나 입장을 상징하는 효를 말합니다. 64괘마다 세효의 위치가 정해져 있으며, 이는 괘의 본질적인 성격과 연관이 깊습니다.

1. 상징: 질문자 본인, 내면의 상태, 현재의 위치, 나아갈 방향, 주도권

2. 역할: 괘에서 나 자신을 대표하는 효로서, 세효의 길흉은 곧 질문자의 길흉과 직결됩니다. 세효가 길한 의미를 가지면 질문자에게 유리한 상황, 흉하면 불리한 상황임을 나타냅니다.

3. 위치 결정: 세효의 위치는 각 궁(宮)에 소속된 괘들이 본궁괘에서 변화하는 규칙에 따라 정해집니다. 다음 장에 설명될 8단계 변화 법칙(초효변화부터 유혼, 귀혼까지)이 바로 세효의 위치를 결정하는 근거가 됩니다. 각 궁의 본궁괘는 여섯 번째 효가 세효가 되며, 그 다음 괘는 1효가, 그 다음 괘는 2효가 세효가 되는 식의 규칙이 있습니다.

(2) 응(應)효: 관계의 대상, 상대방(상대, 객체)

'응(應)'은 '응답하다', '대응하다'는 의미를 가지며, 육효에서는 질문자와 관계를 맺는 상대방, 또는 질문의 대상이 되는 사건이나 사물을 상징하는 효를 말합니다. 응효는 항상 세효와 대응하는 위치에 자리합니다.

1. 상징: 상대방, 외부 환경, 사건의 결과, 목표, 협력자 또는 경쟁자.

2. 역할: 응효의 길흉은 상대방의 상황이나 사건의 전개 양상을 나타냅니다. 세효와의 관계를 통해 질문자와 상대방 사이의 상호작용, 협력 가능성, 갈등 등을 파악할 수 있습니다.

3. 위치 결정: 응효는 세효로부터 세 칸 떨어진 곳에 위치합니다. 즉, 세효가 초효(1효)이면 응효는 사효(4효), 세효가 이효(2효)이면 응효는 오효(5효), 세효가 삼효(3효)이면 응효는 육효(6효)가 됩니다. 세효로부터 3개 위의 효가 응효가 됩니다.

세효와 응효의 고정적인 대응 관계

- 세효 (初爻) ↔ 응효 (四爻)　　　세효 (二爻) ↔ 응효 (五爻)

- 세효 (三爻) ↔ 응효 (六爻)　　　세효 (四爻) ↔ 응효(初爻)

- 세효 (五爻) ↔ 응효 (二爻)　　　세효 (上爻) ↔ 응효 (三爻)

(3) 세(世)와 응(應)의 의미와 활용

세효와 응효는 육효 점사를 해석하는 데 있어 단순한 구분 이상의 깊은 의미를 가집니다.

1. 관계성의 투명화

- 육효는 6개의 효를 통해 미시적인 세상의 흐름을 보여줍니다. 세효와 응효는

　이 6개의 효 중에서 나와 너 또는 주체와 객체를 정확히 지정함으로써, 복잡한

　괘상 속에서 핵심적인 관계를 추출해낼 수 있는 논리적 틀을 제공합니다.

- 마치 방정식에서 미지수 x와 y를 정의하듯이, 세효와 응효는 괘의 의미를 구체

　적인 질문에 맞게 적용하는 기준점이 됩니다.

2. 힘의 상호작용

- 세효와 응효가 서로 상생(相生) 하거나 비화(比和, 동일 오행) 하면 관계가 원만하고 협조

　적임을 의미합니다. 이는 마치 물리학에서 두 물체가 서로에게 긍정적인 에너지를 주

　고받는 것과 같습니다.

- 반대로 상극(相剋)하거나 충(沖) 하면 관계에 갈등이나 대립이 있음을 나타냅니다. 이는

　에너지가 상충하여 마찰이 발생하는 것으로 비유할 수 있습니다.

- 예시: 재물운을 점쳤는데, 세효와 응효가 모두 왕성한 오행을 띠고 서로 상생한다면 사

　업 협력이 잘 이루어져 재물이 증식될 가능성이 높다고 해석할 수 있습니다. 반대로, 세

　효가 극을 당하고 응효도 쇠약하다면 주체와 대상 모두 힘든 상황임을 알 수 있습니다.

3. 질문의 초점 설정

- 질문자가 사업을 묻는다면 세효는 나의 사업 주체를, 응효는 거래처나 시장
  상황을 나타낼 수 있습니다.
- 연애운을 묻는다면 세효는 나 자신을, 응효는 상대방을 나타냅니다.
- 이처럼 세효와 응효는 점사의 방향을 설정하고, 어떤 측면에 초점을 맞춰 해석
  해야 할지를 알려주는 가이드 역할을 합니다.

4. 괘의 안정성 및 변화 예측

- 세효와 응효의 위치와 오행, 그리고 주변 효들과의 관계를 통해 괘의 안정성을
  판단합니다.
- 특히 세효와 응효 중 어느 한쪽이라도 동효(動爻)가 되면 그 효가 변화를 일으
  켜 새로운 상황을 만들어낸다는 중요한 단서가 됩니다. 동효는 정지된 괘에 활
  력을 불어넣어 미래의 변화를 예측하는 결정적인 역할을 합니다.

세효와 응효는 육효 해석의 기본이자 핵심이며, 이들의 정확한 이해는 괘의 본질을 꿰뚫
고 질문에 대한 명확한 통변을 가능하게 하는 초석이 됩니다. 마치 건축에서 기둥과 보의
역할을 하듯이, 세효와 응효는 괘의 안정적인 구조와 의미를 나타내며 점사 판단의 큰 부
분을 차지합니다.

2) 육효의 기본 구성요소: 우주의 원리를 꿰뚫는 여섯 개의 눈

(1) 음(陰)과 양(陽): 모든 존재의 시작이자 근원

모든 것은 음(陰)과 양(陽)에서 시작됩니다. 이 둘은 서로 완벽하게 대립하면서도, 동시에 서로를 떠나서는 존재할 수 없는, 마치 동전의 양면과 같은 관계입니다. 밝음이 있으면 어둠이 있고, 강함이 있으면 부드러움이 있으며, 움직임이 있으면 고요함이 존재하듯이, 이 두 가지 근원적인 기운이 우주 만물을 끊임없이 생성하고 변화시킵니다.

육효에서는 이 음과 양을 효(爻)라는 형태로 시각화합니다. 끊어지지 않는 하나의 선(—)은 밝고 강하며, 능동적인 양효(陽爻)를 상징하고, 두 개의 짧은 선이 끊어져 있는 형태(--)는 어둡고 부드럽고 수동적인 음효(陰爻)를 상징합니다. 이 두 가지 단순한 형태가 육효의 모든 괘를 구성하는 최소 단위가 됩니다. 마치 컴퓨터가 0과 1이라는 두 가지 비트만으로 복잡한 정보를 만들어내듯이, 육효도 음양의 조합으로 세상의 모든 현상을 표현합니다. 참고로 육효는 효를 세로로 세워서 사용합니다. (— →/, -- →//)

(2) 효(爻): 괘의 형체를 이루는 여섯 개의 마디

음효와 양효가 하나씩 쌓여 괘의 형체를 이룹니다. 육효 괘는 총 여섯 개의 효로 구성되는데, 가장 아래에 있는 효부터 순서대로 초효(初爻), 이효(二爻), 삼효(三爻), 사효(四爻), 오효(五爻), 상효(上爻 또는 육효六爻)라고 부릅니다. 이 여섯 개의 마디는 단순한 순서가 아니라, 괘 안에서의 위치와 역할을 규정하는 중요한 의미를 가집니다.

1. 초효(初爻)는 시작과 근본, 땅의 기운을 상징하며 가장 아래에 자리합니다.
2. 상효(上爻)는 끝과 완성, 하늘의 기운을 상징하며 가장 위에 자리합니다.
3. 가운데 효들은 그 사이의 변화와 진행 과정을 나타내며, 특히 이효(二爻)와 오효(五爻)는 괘의 중앙에 위치하여 중요한 역할을 하는 경우가 많습니다.

이처럼 각 효는 괘의 특정 부분이자 특정 단계를 상징하며, 그 위치와 음양의 조화에 따라 다양한 의미를 발산합니다.

(3) 괘(卦): 만물의 상징, 여섯 효의 이야기

여섯 개의 효가 모여 완전한 형태를 이루는 것이 바로 괘(卦)입니다. 이 괘들은 육효의 핵심이자 우주의 상징적인 표현입니다.

먼저, 세 개의 효가 쌓여 만들어지는 팔괘(八卦)가 있습니다. 이 여덟 개의 괘(건☰, 태☱, 리☲, 진☳, 손☴, 감☵, 간☶, 곤☷)는 각각 하늘, 연못, 불, 우레, 바람, 물, 산, 땅으로 자연의 가장 근본적인 현상을 상징합니다. 팔괘는 64괘를 구성하는 기본 블록 역할을 하며, 각기 고유한 성질(오행, 육친 등)을 지니고 있습니다.

그리고 이 팔괘가 상하로 두 개씩 겹치면서 총 64가지의 괘(六十四卦)가 탄생합니다. 아래의 3효는 하괘(下卦) 또는 내괘(內卦)가 되어 주로 주체나 내부 상황을 나타내고, 위의 3효는 상괘(上卦) 또는 외괘(外卦)가 되어 외부 상황이나 미래를 암시합니다. 이 64개의 괘 각각은 우주 만상에서 일어날 수 있는 모든 경우의 수와 변화의 패턴을 압축적으로 보여줍니다. 마치 잘 만들어진 시뮬레이션 모델처럼, 각 괘는 고유한 상황과 그 안에서 일어나는 역동적인 변화를 이야기해 줍니다. 이 부분의 형성 과정은 매우 중요하므로 다음 장에서 자세하게 다시 설명하겠습니다.

(4) 월건(月建)과 일진(日辰): 괘에 생명력을 불어넣는 시간의 기운

아무리 정교하게 만들어진 기계라도 동력이 없으면 움직이지 않듯이, 괘 또한 생명력을 얻기 위해서는 시간의 기운이 필요합니다. 육효에서는 점을 치는 그 순간의 시간(월건과 일진)이 괘에 강력한 영향을 미칩니다.

월건(月建)은 점을 친 달(月)의 지지(地支)를 의미하며, 괘 안의 모든 효와 오행의 강약을 결정하는 가장 기본적인 기준이 됩니다. 특정 효가 월건으로부터 생(生)을 받으면 강해지고, 극(剋)을 당하면 약해지는 등, 괘 전체의 에너지 흐름에 거시적인 영향을 줍니다. 또한 괘 안의 특정 효를 동하게 하거나 합하거나 충하는 등 보다 직접적이고 즉각적인 변화를 유도하는 힘이 있습니다.

일진(日辰)은 점을 친 날(日)의 지지(地支)를 의미하며, 월건과 마찬가지로 중요한 영향력을 가집니다. 일진 또한 괘 안의 특정 효, 극, 합, 충 하거나 동하게 하는 등 보다 직접적이고 즉각적인 변화를 유도하는 힘이 있습니다. 월건과 일진은 괘라는 정적인 그림에 현재 시간이라는 동적인 에너지를 불어넣어, 살아있는 예측을 가능하게 하는 결정적인 요소들입니다.

(5) 동효(動爻): 괘의 변화를 알리는 신호탄

육효 점사에서 가장 극적인 변화를 알리는 것이 바로 동효입니다. 점을 쳤을 때 여섯 효 중 일부가 음효가 양효로 변하거나 양효가 음효로 변하는 효를 동효라고 합니다. 이에 반대로 변하지 않는 효는 정효(靜爻)라고 합니다.

동효는 괘 안에서 마치 사건 발생 또는 변화의 씨앗과 같습니다. 동효가 나타나면 그 효의 의미가 가장 중요하게 부각되며, 그 효가 변화함으로써 괘 전체의 에너지가 새로운 방향으로 흘러가게 됩니다. 동효가 변한 후의 새로운 괘를 변괘(變卦)라고 하는데, 이 변괘는 현재 상황이 미래에 어떻게 변화하고 발전할 것인지를 보여주는 미래의 청사진 역할을 합니다. 동효는 괘의 정적인 상태에 역동성을 부여하여, 우리에게 나아올 변화의 흐름과 그 결과를 예측할 수 있게 하는 핵심적인 신호탄 역할을 합니다.

(6) 변효(變爻): 점괘의 재구성

변효는 동효(動爻)가 변화한 결과입니다. 동효란 점을 칠 때 스스로 움직임을 가진 효로, 양효(陽爻)는 음효(陰爻)로, 음효는 양효로 변화하게 됩니다. 이렇게 변화하는 효와 그 결과를 이해하는 것이 점괘 해석의 중요한 판단이 됩니다. 변화하기 전의 원래 괘를 본괘(本卦), 변한 후의 괘를 변괘(變卦)라고 합니다.

구체적으로

1. 노양(老陽)은 양효가 발동하여 음효로 변하는 것으로, O 나 | 로 표기합니다.

2. 노음(老陰)은 음효가 발동하여 양효로 변하는 것으로, X 나 || 로 표기합니다.

3. 소양(少陽)과 소음(少陰)은 불변효로, 변화하지 않는 효입니다.

변효는 문점하는 내용에 대한 결과를 나타냅니다. 동효가 현재 당면한 문제라면, 변효는 그 문제의 결과나 앞으로의 변화 방향을 의미합니다. 따라서 변효를 통해 우리는 현재 상황이 어떻게 전개될 것인지 예측할 수 있습니다.

3) 우주 질서 속 인간 삶의 언어, 팔괘(八卦)

팔괘(八卦)의 탄생: 우주를 코딩한 고대의 지혜

아득한 옛날, 인류는 자연의 웅장함과 예측 불가능한 변화 앞에서 경이로움과 함께 두려움을 느꼈습니다. 해가 뜨고 지며 낮과 밤이 반복되고, 계절이 순환하며, 비바람이 몰아치고 천둥이 울리는 현상들은 혼돈 그 자체로 보았습니다. 그러나 고대의 현인들은 이 혼돈 속에서 일정한 패턴과 질서를 발견하고자 노력했습니다. 그리고 그 노력의 정수가 바로 팔괘입니다. 팔괘는 복잡한 우주와 자연 현상을 가장 단순하고 본질적인 기호로 압축하여 표현한, 마치 우주를 이해하는 고대의 프로그래밍 언어와 같습니다.

팔괘(八卦)는 동양철학에서 태극(太極), 즉 혼돈과 통일의 상태에서 출발해 음(陰)과 양(陽)의 분화, 그리고 끊임없는 상호작용으로, 자연 만물과 변화의 질서를 설명하기 위해 탄생한 8가지 기호 체계입니다. 앞서 태극의 개념을 설명한 이유가 바로 팔괘를 이해하기 위해 설명한 것입니다. 팔괘(八卦)는 음양(陰陽)에서 비롯하여 태극(太極) → 양의 두 상태(兩儀) → 사상(四象) → 여덟 괘(八卦)로 질서 있게 확장된 우주 생성 원리를 기호화한 체계입니다.

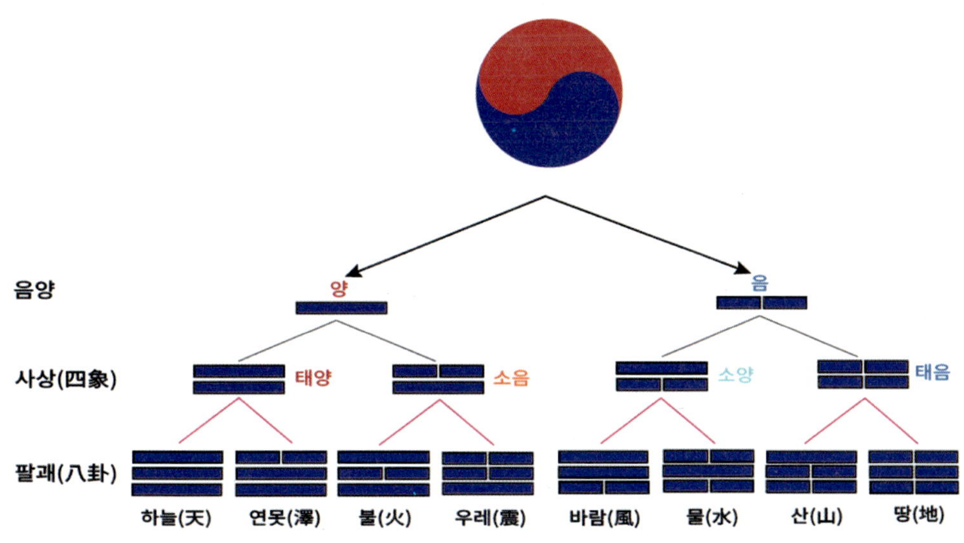

[팔괘의 성립 설명 그림 16]

(1) 태극(太極)

1. 모든 것이 하나로 통일된 궁극적인 하나입니다.

2. 아직 음양으로 분화되지 않은 혼돈 상태입니다.

(2) 양의 두 상태(兩儀, 양의 분화)

태극에서 음(陰)과 양(陽)이 두 가지 기운(◐)으로 나닙니다.

양(陽)은 빛, 하늘, 활동, 남성적 원리 등을 상징합니다.

음(陰)은 어둠, 땅, 정적, 여성적 원리 등을 상징합니다.

(3) 사상(四象, 네 가지 기운)

음과 양 각각이 나시 음과 양으로 나뉘어 태양, 소음, 태음, 소양의 네 가지 상태가 됩니다.

태양(太陽): ⚌ (양+양)   강건하고 웅강한 기운

소음(少陰): ⚎ (음+양)– 부드러운 가운데 강함이 있는 기운

소양(少陽): ⚎ (양+음)– 강한 가운데 부드러움이 있는 기운

태음(太陰): ⚏ (음+음)– 부드럽고 유연한 기운

이는 사계절, 낮과 밤, 성장과 수렴과 같은 자연의 네 가지 변화를 나타냅니다.

(4) 팔괘(八卦, 여덟 기호의 탄생)

사상(四象)에 다시 음효 또는 양효를 하나 더 얹어 세효(三爻)로 이루어진 여덟 가지 괘를 완성합니다.

이 여덟 기호(건, 태, 리, 진, 손, 감, 간, 곤)는 팔괘를 이루며, 자연의 근본 요소와 변화 원리를 상징합니다.

하단에 양효(—)를 추가할 때

- 태양(⚌) + 양효(—) = 건(乾) ☰ (하늘)

- 소음(⚎) + 양효(—) = 태(兌) ☱ (연못)

- 소양(⚎) + 양효(—) = 리(離) ☲ (불)

- 태음(⚏) + 양효(—) = 진(震) ☳ (우레)

하단에 음효(- -)를 추가할 때

- 태양(⚌) + 음효(- -) = 손(巽) ☴ (바람)

- 소음(⚎) + 음효(- -) = 감(坎) ☵ (물)

- 소양(⚎) + 음효(- -) = 간(艮) ☶ (산)

- 태음(⚏) + 음효(- -) = 곤(坤) ☷ (땅)

이렇게 여덟 가지 괘, 즉 팔괘가 생성됩니다. 각 괘는 세 개의 효(爻)로 이루어져 있으므로 소성괘(小成卦)라고도 불립니다.

이렇게 만들어진 8개의 괘는 특정한 자연 현상, 가족 관계, 인체 부위, 성격, 감정, 사물 등 우주의 다양한 측면을 비추는 거울과 같습니다. 이 여덟 개의 거울을 통해 우리는 혼돈 속에서 질서를 발견하고, 미세한 변화 속에서 거대한 우주의 이치를 읽어낼 수 있습니다. 간단하게 그 뜻을 살펴보면,

1. 건(乾) ☰ : 하늘, 강건함, 아버지— 만물의 근원적 힘

- 본질적 특징: 세 개의 양효(— — —)로 이루어져 순수하고 강건한 양의 기운을 상징합니다. 하늘의 움직임처럼 쉬지 않고, 만물을 생성하고 주재하는 근원적인 힘을 나타냅니다.

  자연적 상징: 하늘, 태양, 우주

  인간관계: 아버지, 군주, 가장, 지도자

  신체 부위: 머리, 얼굴, 뼈, 폐

  성격/특성: 강건함, 창조적, 적극적, 추진력, 권위, 리더십, 자존심 강함, 고독.

  해석: 건괘는 만물의 시작이자 방향성입니다. 모든 가능성을 품고 있으며, 강력한 의지와 변함없는 원칙을 상징합니다. 마치 세상의 모든 것을 포용하는 하늘처럼 포용력과 동시에 엄격함을 지니고 있습니다. 지나치면 독단적이 될 수 있으나, 그 자체로 완벽한 순수함과 최고 경지를 나타냅니다.

2. 태(兌) ☱ : 연못, 기쁨, 소녀— 유연함 속의 즐거움

- 본질적 특징: 상효가 음효(--)로 뚫려 있고, 하효가 양효(— —)인 형태입니다. 연못이 위로 뻥 뚫려 물을 담고 기뻐하는 모습과 같습니다. 부드러움과 수용성 속에 즐거움과 소통의 기운을 담고 있습니다.

  자연적 상징: 연못, 호수, 습기, 이슬

  인간관계: 소녀, 막내딸, 기생, 말하는 사람

  신체 부위: 입, 혀, 폐, 목구멍

성격/특성: 유쾌함, 즐거움, 언변, 소통, 친화력, 설득력, 변덕스러움, 불완전함

해석: 태괘는 기쁨과 소통을 핵심으로 합니다. 연못이 만물을 비추고 담아내듯이, 태괘는 타인의 말을 경청하고 공감하며 소통을 통해 기쁨을 나눕니다.

그러나 윗부분이 뚫려 있어 외부의 영향을 받기 쉽고, 때로는 경솔하거나 가벼워 보일 수 있습니다. 부드러움과 유연성으로 난관을 헤쳐 나가는 지혜를 상징합니다.

3. 이(離) ☲ : 불, 밝음, 딸(중녀) – 빛과 분리의 지혜

– 본질적 특징: 가운데 효가 음효(--)로 비어 있고 양효(— —)가 밖을 둘러싼 형태입니다. 불꽃이 겉은 밝지만 속은 비어 있는 모습과 같습니다. 밝음, 분리, 의존성을 상징합니다.

자연적 상징: 불, 태양, 번개, 전기

인간관계: 딸(중녀), 학자, 군인, 미인

신체 부위: 눈, 심장, 유방, 대장

성격/특성: 명료함, 아름다움, 지혜, 예의, 문명, 의존성, 겉치레, 쉽게 흥분함

해석: 이괘는 밝음과 분리의 속성을 가집니다. 불이 어둠을 밝히고 사물을 분리하여 명확하게 보여주듯이, 이괘는 통찰력과 지혜를 통해 진실을 드러냅니다.

그러나 불은 홀로 존재할 수 없고 나무와 같은 의지할 곳이 필요하듯이, 이 괘는 본질적으로 의존적이며, 겉모습에 치중하거나 쉽게 감정에 휩쓸릴 수 있습니다. 문명과 지성의 발전을 의미하기도 합니다.

4. 진(震) ☳ : 우레, 움직임, 장남– 돌발적인 변화와 시작

– 본질적 특징: 초효만 양효(—)이고, 위 두 효는 음효(-- --)인 형태입니다. 땅속에서 갑자기 솟아오르는 우레의 기운과 같습니다. 돌발적인 움직임, 진동, 그리고 새로운 시작을 상징합니다.

자연적 상징: 우레, 번개, 지진, 용솟음

인간관계: 장남, 운동선수, 무사, 성급한 사람

신체 부위: 발, 다리, 간, 쓸개

성격/특성: 활발함, 용감함, 충동적, 급진적, 결단력, 진취적, 흥분하기 쉬움

해석: 진괘는 움직임과 시작의 상징입니다. 천둥이 울려 만물을 놀라게 하듯이, 진괘는 갑작스러운 변화와 예기치 않은 사건을 일으킵니다. 이는 때로는 위협적일 수 있지만, 새로운 생명을 깨우고 정체된 상황을 타파하는 강력한 원동력이 됩니다. 시작은 좋으나 마무리가 약할 수 있습니다.

5. 손(巽) ☴ : 바람, 나무, 장녀 – 부드러운 침투와 순응

– 본질적 특징: 초효가 음효(--)이고 위 두 효가 양효(— —)인 형태입니다. 바람이 만물 사이로 부드럽게 스며들거나 나무가 땅속에 뿌리를 내리는 모습과 같습니다.

부드러움, 침투, 순응, 확산을 상징합니다.

자연적 상징: 바람, 나무, 풀, 줄기

인간관계: 장녀, 상인, 승려, 아첨하는 사람

신체 부위: 허벅지, 엉덩이, 기관지, 머리카락

성격/특성: 부드러움, 순응적, 침투력, 은밀함, 결단력 부족, 반복, 소심함

해석: 손괘는 침투와 순응의 지혜를 가르칩니다. 바람이 어디든 스며들고 만물을 움직이게 하듯이, 손괘는 부드러움을 통해 강함을 이기고 목표를 달성합니다. 끈질기고 은밀한 영향력을 행사하며, 유연하게 변화에 적응합니다. 그러나 지나치면 주관이 없거나 우유부단하게 보일 수 있습니다. 반복적인 시도를 통해 성공에 이르는 경향이 있습니다.

6. 감(坎) ☵ : 물, 위험, 아들(중남)– 험난함 속의 지혜

– 본질적 특징: 양효(—)가 가운데 끼어 있고 음효(– –)가 밖을 둘러싼 형태입니다.
물이 위험한 구덩이에 빠진 모습과 같습니다. 위험, 험난함, 지혜, 어두움을 상징합니다.
자연적 상징: 물, 강, 구덩이, 함정, 밤, 비
인간관계: 아들(중남), 도적, 불량배, 지혜로운 사람
신체 부위: 귀, 신장, 방광, 혈액
성격/특성: 위험에 처함, 고난, 지혜로움, 은밀함, 고뇌, 유연함, 끈기
해석: 감괘는 위험과 지혜의 상징입니다. 물이 어떤 그릇에도 담기고 어떤 장애물도
돌아가며 결국은 길을 찾아내듯이, 감괘는 고난 속에서 지혜를 발휘하여 헤쳐나가는
힘을 의미합니다. 때로는 고독하고 외롭지만, 내면의 깊은 통찰력과 인내심으로 위기
를 극복합니다. 겉은 어두워 보일 수 있으나, 속으로는 밝은 지혜를 품고 있습니다.

7. 간(艮) ☶ : 산, 멈춤, 소남– 정지와 성찰의 힘

– 본질적 특징: 상효만 양효(—)이고 하효가 음효(– –)인 형태입니다. 산이 우뚝 솟
아 만물의 움직임을 멈추게 하는 모습과 같습니다. 멈춤, 고요함, 안정, 응축을 상징
합니다.
자연적 상징: 산, 바위, 언덕, 문, 손
인간관계: 아들(소남), 수행자, 늙은이, 고집 센 사람
신체 부위: 손, 등, 코, 무릎
성격/특성: 고요함, 안정적, 보수적, 인내심, 고집, 정지, 변화 거부
해석: 간괘는 멈춤과 정지의 미학을 가르칩니다. 산이 굳건히 서서 모든 것을 지켜보
듯이, 간괘는 내면의 성찰과 휴식을 통해 에너지를 축적하고 새로운 시작을 준비합니
다. 변화를 싫어하고 고집이 셀 수 있으나, 그만큼 흔들리지 않는 굳건함과 신뢰를 줍
니다. 인내심을 가지고 한 우물을 파는 성향이 강합니다.

8. 곤(坤) ☷ : 땅, 유순함, 어머니- 만물을 포용하는 대지

– 본질적 특징: 세 개의 음효(-- -- --)로 이루어져 순수하고 유순한 음의 기운을 상징합니다. 땅이 만물을 싣고 포용하는 모습과 같습니다. 만물을 품고 기르는 수용성, 순종, 어머니의 덕을 나타냅니다.

자연적 상징: 땅, 대지, 들판, 흙, 어둠

인간관계: 어머니, 아내, 백성, 순종적인 사람

신체 부위: 배, 위, 비장, 여성 생식기

성격/특성: 온순함, 인내심, 수용적, 헌신적, 근면함, 포용력, 고집

해석: 곤괘는 수용과 포용의 상징입니다. 대지가 만물을 길러내고 모든 것을 품듯이, 곤괘는 겸손하고 순종적인 태도로 만물을 받아들입니다. 남의 의견을 잘 수용하고 협력히며, 끈기 있게 목표를 달성합니다. 때로는 소극적이거나 주관이 약해 보일 수 있으나, 그 내면에는 무한한 생산력과 끈질긴 생명력이 숨어 있습니나.

팔괘, 우주를 읽는 나침반

팔괘의 생성 과정은 단순히 외워야 할 규칙이 아닙니다. 그것은 고대인들이 우주의 복잡성을 단순한 기호로 압축하고, 그 안에 담긴 변화의 원리를 이해하고자 했던 심오한 철학직 딤구의 결괴입니다. 음양의 이분법에서 시삭하여 삼효를 민들고, 이를 결합하어 팔괘를 완성하는 과정은 매우 논리적이고 체계적입니다.

필괘는 자언의 변화를 읽고 인가의 길흉화복을 예측하며, 더 나아가 삶의 방향을 제시하는 우주를 읽는 나침반이사 인생의 지혜를 담은 프로그래밍 언어입니다. 이 팔괘의 원리를 이해함으로써 우리는 육효의 깊은 세계로 들어갈 수 있는 견고한 기반을 다질 수 있습니다.

팔괘와 그 상징

괘 명	괘 상	자연 상징	성 질	가족 관계
건 (乾)	☰	하늘	강건(剛健)	아버지
태 (兌)	☱	연못	기쁨(喜悅)	소녀
리 (離)	☲	불	밝음(光明)	중녀
진 (震)	☳	우레	움직임(震動)	장남
손 (巽)	☴	바람	들어감(入)	장녀
감 (坎)	☵	물	험함(險陷)	중남
간 (艮)	☶	산	그침(止)	소남
곤 (坤)	☷	땅	유순(柔順)	어머니

Tip. 각 괘의 모양을 보고 그 의미와 연결하여 암기하는 방법입니다.

– 건(☰): 건삼련(乾三連) 또는 일건천. 건괘는 세 개가 모두 이어지고, 세 개의

  굳건한 양효가 하늘을 향해 뻗어나가는 모습(하늘, 굳셈)

– 태(☱): 태상절(兌上絶) 또는 이태택. 태괘는 위가 끊어지고, 위에 끊어진 음효가

  있어 기쁨으로 입을 벌려 웃는 모습(우물, 기쁨)

– 리(☲): 리허중(離虛中) 또는 삼리화, 이괘는 중간이 비어 있고, 가운데 비어 있

  는 음효가 있어 불의 밝음과 빛을 내는 모습 (불, 밝음)

- 진(☳): 진하련(震下連) 또는 사진뢰. 진괘는 밑이 이어지고, 아래 끊어진 양효가 있어 땅속에서 솟아나는 우레의 모습(우레, 움직임)

- 손(☴): 손하절(巽下絕) 또는 오손풍. 손괘는 밑이 끊어지고, 아래 끊어진 음효가 바람이 땅에 스며들어 부드럽게 움직이는 모습(바람, 스며듦)

- 감(☵): 감중연(坎中連) 또는 육감수. 감괘는 중간이 이어지고, 가운데 채워진 양효가 험한 물이 갇혀 흐르는 모습(물, 험함)

- 간(☶): 간상련(艮上連) 또는 칠간산. 간괘는 위가 이어지고, 위에 끊어진 양효가 산이 솟아 움직임을 멈춘 모습(산, 멈춤)

- 곤(☷): 곤삼절(坤三絕) 또는 팔곤지. 곤괘는 세개가 모두 끊어져 있고 세 개의 끊어진 음효가 땅의 부드러움과 순응하는 모습(땅, 순응)

근심이 많을 때는 마음을 고요히 하고
다시 생각과 방향을 잡아나가도록 합니다.

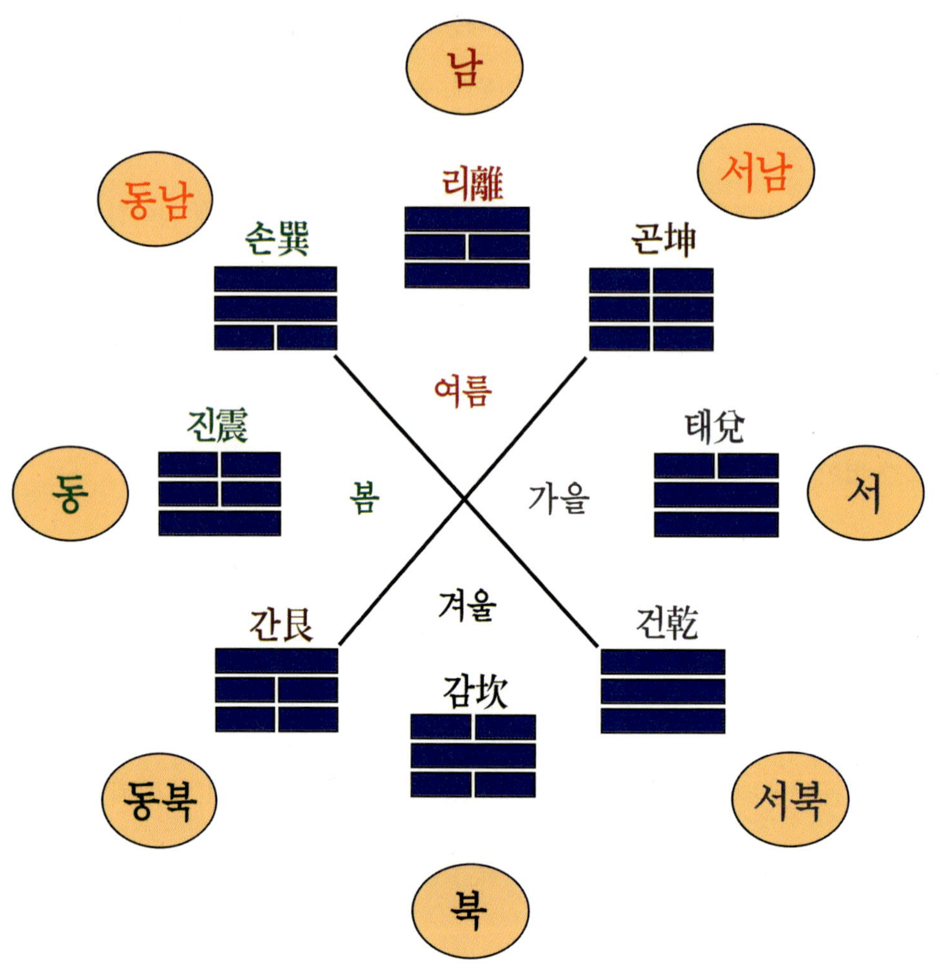

[후천팔괘 그림 17]

4) 유연함과 소속의 미학, 수괘(首卦)와 소속괘(所屬卦)

(1) 수괘(首卦)의 형성: 동일한 팔괘의 중첩

앞서 3개의 효로 이루어진 소성괘에 관해서 설명해 드렸습니다. 소성괘 2개가 겹쳐서 6효가 되는 것을 대성괘라고 합니다. 수괘는 본궁괘(本宮卦)라고도 불리며, 팔괘 각각이 자기 자신과 중첩되어 이루어진 8개의 괘를 말합니다. 이는 괘의 가장 순수한 형태이자, 해당 궁의 오행적 성질과 본질적인 특징을 온전히 담고 있는 괘입니다.

- 형성 원리: 팔괘(소성괘)가 상괘와 하괘로 동일하게 중첩되어 육효괘(대성괘)를 이룹니다.

중천건(重天乾) ☰☰: 건괘(☰) + 건괘(☰) = 건금궁(乾金宮)의 수괘 (金 오행)

중태태(重澤兌) ☱☱: 태괘(☱) + 태괘(☱) = 태금궁(兌金宮)의 수괘 (金 오행)

중화리(重火離) ☲☲: 이괘(☲) + 이괘(☲) = 이화궁(離火宮)의 수괘 (火 오행)

중뢰진(重雷震) ☳☳: 진괘(☳) + 진괘(☳) = 진목궁(震木宮)의 수괘 (木 오행)

중풍손(重風巽) ☴☴: 손괘(☴) + 손괘(☴) = 손목궁(巽木宮)의 수괘 (木 오행)

중수감(重水坎) ☵☵: 감괘(☵) + 감괘(☵) = 감수궁(坎水宮)의 수괘 (水 오행)

중산간 (重山艮) ☶☶: 간괘(☶) + 간괘(☶) = 간토궁(艮土宮)의 수괘 (土 오행)

중지곤 (重地坤) ☷☷: 곤괘(☷) + 곤괘(☷) = 곤토궁(坤土宮)의 수괘 (土 오행)

수괘는 해당 팔괘의 오행적 기운을 가장 순수하고 강력하게 대표합니다. 이 8개의 수괘는 64괘가 배열되는 '8개의 집(궁)'의 미리 역할을 하며, 각 궁에 속한 모든 괘의 오행적 속성을 결정하는 기준점이 됩니다.

(2) 수괘에서 파생되는 64괘

수괘에서부터 시작하여 각 궁에 속하는 나머지 7개의 괘들은 괘변(卦變)이라는 일정한 규칙에 따라 효(爻)의 변화를 통해 파생합니다. 이 괘변의 순서는 육친(六親)과 세응(世應)의 배정에도 영향을 미치며, 괘의 변화를 가져옵니다.

이 괘변의 과정은 자연의 순환적 변화와 인간 삶의 역동성을 상징합니다. 처음의 순수한 형태(수괘)에서 시작하여 점차 변화하고, 심지어 본질에서 벗어나 방황하다가(유혼괘), 결국은 근본으로 돌아오는(귀혼괘) 과정을 보여줍니다. 이는 삶의 시작, 변화, 혼란, 그리고 회귀라는 보편적인 흐름을 반영합니다.

대성괘는 팔괘가 상하로 두 번 중첩되어 이루어지는 것으로, 위에 있는 괘(상괘 또는 외괘)와 아래에 있는 괘(하괘 또는 내괘)가 만나 8×8=64가지의 다양한 조합을 만들어냅니다. 각 괘는 6개의 효(爻)로 구성되어 육효(六爻)라고 불립니다.

아래 표는 건(乾)괘를 상효로 하괘의 8괘가 순차적으로 만나 대성괘가 이루어지는 과정을 예로 들어 만든 것입니다. 이런 방식으로 8괘와 8괘가 만나 대성괘 64개가 만들어집니다.

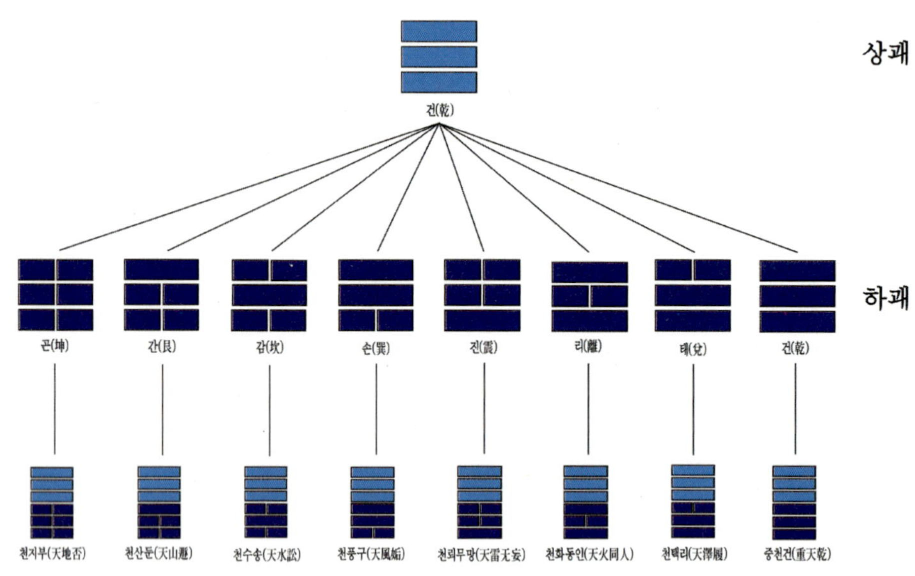

[대성괘가 이루어지는 과정 그림 18]

64괘는 우주 만물의 다양한 상황과 변화의 패턴을 상징합니다. 팔괘(八卦)를 중심으로 한 매우 체계적인 질서 속에 배열되어 있습니다. 이 질서를 이해하는 핵심 개념이 바로 소속궁과 소속괘입니다.

(3) 소속궁(所屬宮)의 개념: 괘의 본가(本家)

육효의 64괘는 여덟 개의 '궁(宮)'으로 나뉘며, 각 궁은 팔괘 중 하나를 본궁(本宮)으로 삼습니다. 쉽게 말해, 각 팔괘가 가문의 수장이 되어 자신의 가문(궁)을 이루고, 그 가문 안에 8개의 괘가 속하게 되는 것입니다.

- 팔궁(八宮): 건궁(乾宮), 태궁(兌宮), 리궁(離宮), 진궁(震宮), 손궁(巽宮), 감궁(坎宮),

  간궁(艮宮), 곤궁(坤宮)

- 구성: 각 궁은 8개의 괘를 포함하므로, 총 8×8=64개의 괘가 형성됩니다.

(4) 소속괘(所屬卦)의 개념: 괘의 혈통과 변화 과정

소속괘는 특정 괘가 어느 궁에 속하는지를 나타냅니다. 각 궁에 속한 8개의 괘는 해당 궁의 본궁괘[(本宮卦 또는 팔순괘(八純卦)]에서부터 일정한 규칙에 따라 효(爻)가 변화하여 생성됩니다. 이는 마치 유전적 혈통을 이어받아 다양한 형질이 나타나는 것과 유사합니다.

소속괘를 형성하는 8단계 변화 법칙

각 궁의 8개 괘는 다음과 같은 순서로 효가 변화하며 생성됩니다. 본궁괘를 제외한 7개 괘는 변화괘라고 할 수 있습니다.

1. 본궁괘(八純卦): 상괘와 하괘가 동일한 괘. 해당 궁의 근본 성질을 나타냅니다.

   (예: 중천건重天乾 – 건궁의 본궁괘) 모든 본궁괘(수괘)의 세는 6효에 위치합니다.

   - 특징: 모든 효가 본궁의 기운을 그대로 담고 있습니다.

2. 일세괘(一世卦): 본궁괘의 초효가 변한 괘. 초효에 세가 위치하여 일세괘라고 합니다.

(예: 중천건重天乾(☰☰)의 초효 변화 → 천풍구天風姤 (☰☴))

3. 이세괘(二世卦): 본궁괘의 이효가 변한 괘. 이효에 세가 위치.

(예: 중천건重天乾(☰☰)의 이효 변화 → 천산돈天山豚(☰☶))

4. 삼세괘(三世卦): 본궁괘의 삼효가 변한 괘. 삼효에 세가 위치.

(예: 중천건重天乾(☰☰)의 삼효 변화 → 천지비天地否(☰☷))

5. 사세괘(四世卦): 본궁괘의 사효가 변한 괘. 사효에 세가 위치.

(예: 중천건重天乾(☰☰)의 사효 변화 → 풍지관風地觀(☴☷))

6. 오세괘(五世卦): 본궁괘의 오효가 변한 괘(다섯 번째 효가 변함). 오효에 세가 위치.

(예: 중천건重天乾(☰☰)의 오효 변화 → 산지박山地剝(☶☷))

7. 유혼괘(遊魂卦): 오세괘에서 사효가 변하여 생성되는 괘. 사효에 세가 위치.

– 특징: 유혼은 괘의 성질이 본궁으로부터 멀리 떨어져 방황하는 듯한 의미를 가

집니다. 마치 영혼이 잠시 육체를 벗어난 것처럼, 괘의 본래 성질에서 크게

벗어나 독자적인 의미를 갖게 되는 변화를 상징합니다.

(예: 산지박山地剝(☶☷)에서 상괘(☶)만 변함 → 화지진火地晉(☲☷))

8. 귀혼괘(歸魂卦): 유혼괘에서 하괘 전체(초효, 이효, 삼효)가 다시 본궁의 하괘(혹은 본궁

하괘의 반대)로 변하여 본궁으로 돌아오려는 괘. 삼효에 세가 위치.

– 특징: 귀혼은 변화의 극한에 다다랐다가 다시 본래의 뿌리(궁)로 돌아오려는 성질을

나타냅니다. 변화의 종착점이자 새로운 시작을 의미합니다. 마치 떠돌던 영혼이 제자리를 찾아 돌아오는 것처럼, 괘의 에너지가 본궁의 영향권으로 회귀하려는 경향을 보입니다.

(예: 화지진火地晉(☲☷)에서 하괘(☷)가 본궁 건괘(☰)의 하괘(☰)로 변함 → 화천대유 火天大有(☲☰))

(5) 유혼괘와 귀혼괘: 떠도는 넋과 돌아온 넋의 이야기

소속궁의 7번째와 8번째는 유혼괘(遊魂卦)와 귀혼괘(歸魂卦)라는 독특한 이름의 괘들을 만나게 됩니다. 이름에서부터 마치 영혼과 관련된 듯한 느낌을 주는데, 실제로 이 괘들은 역(易)의 심오한 이치를 담고 있으며, 특정 상황에서 나타나는 변화의 양상을 상징합니다. 동번에 중요한 부분이라 다시 한번 설명해 드리겠습니다.

유혼괘(遊魂卦)

유혼괘는 마치 떠도는 넋처럼, 현재의 자리나 상황에 안정적으로 정착하지 못하고 방황하거나 변화하려는 기운이 강할 때 나타나는 괘입니다. 유혼괘는 본래의 괘에서 넷째 효 (四爻)가 변하여(동효하여) 다른 괘가 되었을 때, 그리고 그 변한 괘가 본래의 괘와 완전히 다른 성질을 가질 때를 일컫습니다.

이는 어떤 일이든 한곳에 머물지 못하고 자꾸만 움직이려 하거나, 마음이 정처 없이 흔들려 갈피를 잡지 못하는 상황에 비유할 수 있습니다. 예를 들어, 직장을 자주 옮기거나 거주지를 빈번하게 바꾸는 사람, 혹은 마음속에 늘 불안감이나 변화에 대한 욕구가 강한 경우에 유혼괘가 나타날 수 있습니다. 점을 쳤을 때 유혼괘가 나온다면, 현재 상황이 불안정하고 변화의 조짐이 많으므로 신중하게 대처해야 함을 암시합니다.

귀혼괘(歸魂卦)

귀혼괘는 유혼괘와 반대로, 떠돌던 넋이 제자리로 돌아오듯 안정과 귀속을 추구하며 원래의 자리로 돌아오려는 기운이 강할 때 나타나는 괘입니다. 귀혼괘는 본래 괘의 성질을 다시금 회복하거나 본연의 모습으로 돌아가는 형태가 될 때를 의미합니다.

이는 오랜 방황 끝에 안정을 찾거나, 떠나갔던 것이 다시 돌아오고, 흩어졌던 것이 모여들며, 본래의 상태나 근원으로 회귀하려는 움직임을 나타냅니다. 마치 오랫동안 타지에서 고생하던 사람이 고향으로 돌아오거나, 잃어버렸던 소중한 것을 다시 찾게 되는 상황에 비유할 수 있습니다. 점을 쳤을 때 귀혼괘가 나온다면, 혼란스러웠던 상황이 정리되고 안정을 찾아가거나, 소원했던 일이 순조롭게 이루어질 가능성이 높음을 시사합니다.

요컨대, 유혼괘가 방황과 변화를 상징한다면, 귀혼괘는 안정과 회귀를 상징한다고 할 수 있습니다. 두 괘는 육효의 심오한 변화의 원리를 담고 있으며, 우리가 삶에서 마주하는 다양한 상황들을 이해하는 데 도움을 줍니다.

지나친 것은 부족함만 못합니다.

64괘 속궁표

		건금궁 (乾金宮)	태금궁 (兌金宮)	리화궁 (離火宮)	진목궁 (震木宮)	손목궁 (巽木宮)	감수궁 (坎水宮)	간토궁 (艮土宮)	곤토궁 (坤土宮)
수괘 首卦	상효 世	중천건	중택태	중화리	중뢰진	중풍손	중수감	중산간	중지곤
초효 바뀜	초효 世	천풍구	택수곤	화산려	뇌지예	풍천소축	수택절	산화비	지뢰복
이효 바뀜	이효 世	천산둔	택지췌	화풍정	뇌수해	풍화가인	수뢰둔	산천대축	지택림
삼효 바뀜	삼효 世	천지부	택산함	화수미제	뇌풍항	풍뢰익	수화기제	산택손	지천태
사효 바뀜	사효 世	풍지관	수산건	산수몽	지풍승	천뢰무망	택화혁	화택규	뇌천대장
오효 바뀜	오효 世	산지박	지산겸	풍수환	수풍정	화뢰서합	뇌화풍	천택리	택천쾌
사효 유혼	사효 世	화지신	뇌산소과	천수송	택풍대과	산뢰이	지화명이	풍택중부	수천수
하괘 귀혼	삼효 世	화천대유	뇌택귀매	천화동인	택뢰수	산풍고	지수사	풍산점	수지비

[64괘 속궁표 그림 19]

소속괘를 형성하는 8난계 변화 법직은 단순히 효를 바꾸는 것을 넘어, 괘의 에너지가 어떻게 생성되고, 발현되며, 번킬되고, 변화의 극힌에 도달했다가 다시 본질로 회귀하는시를 보여주는 우주의 변화 사이클을 상징합니다. 각 단계는 괘의 의미에 미묘하면서도 결정적인 영향을 미칩니다. 특히 유혼과 귀혼은 괘가 그 본질에서 멀어졌다가 다시 돌아오려는 순환적 원리를 보여주는 핵심적인 부분입니다.

수괘와 소속괘의 형성과정과 세의 위치 (예:건궁)

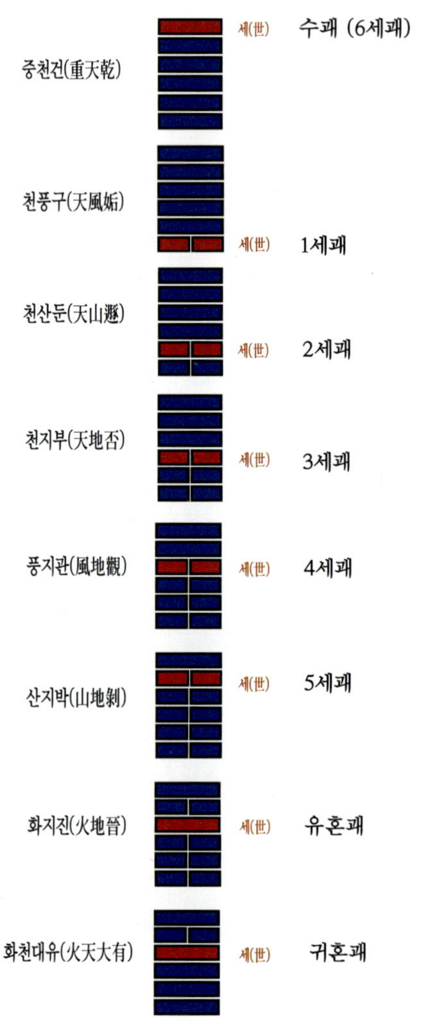

[소속괘의 세의 위치 그림 20]

(6) 수괘와 소속괘

8궁(八宮)은 하나의 순수한 괘(純卦)인 수괘(首卦)를 중심으로 시작하여, 위에서 언급한 7개의 규칙에 따라 효(爻)를 변화시켜 파생되는 7개의 괘를 포함하여 총 8개의 괘로 구성됩니다. 각 궁에 속한 8개의 괘를 순서대로 나열하면 다음과 같습니다.

1. 건궁(乾宮)(수괘: 중천건(重天乾))

- 중천건(重天乾)

- 천풍구(天風姤)

- 천산돈(天山遯)

- 천지부(天地否)

- 풍지관(風地觀)

- 산지박(山地剝)

- 화지진(火地晉)

- 화천대유(火天大有)

2. 태궁(兌宮)(수괘: 중택태(重澤兌))

- 중택태(重澤兌)

- 택수곤(澤水困)

- 택지췌(澤地萃)

- 택산함(澤山咸)

- 수산건(水山蹇)

  지산겸(地山謙)

- 뇌산소과(雷山小過)

- 뇌택귀매(雷澤歸妹)

3. 이궁(離宮) [수괘: 중화리(重火離)]

 – 중화리(重火離)

 – 화산려(火山旅)

 – 화풍정(火風鼎)

 – 화수미제(火水未濟)

 – 산수몽(山水蒙)

 – 풍수환(風水渙)

 – 천수송(天水訟)

 – 천화동인(天火同人)

4. 진궁(震宮)(수괘: 중뢰진(重雷震))

 – 중뢰진(重雷震)

 – 뇌지예(雷地豫)

 – 뇌수해(雷水解)

 – 뇌풍항(雷風恒)

 – 지풍승(地風升)

 – 수풍정(水風井)

 – 택풍대과(澤風大過)

 – 택뢰수(澤雷隨)

5. 손궁(巽宮)(수괘: 중풍손(重風巽))

 – 중풍손(重風巽)

 – 풍천소축(風天小畜)

 – 풍화가인(風火家人)

- 풍뢰익(風雷益)

- 천뢰무망(天雷无妄)

- 화뢰서합(火雷噬嗑)

- 산뢰이(山雷頤)

- 산풍고(山風蠱)

6. 감궁(坎宮)(수괘: 중수감(重水坎))

- 중수감(重水坎)

- 수택절(水澤節)

- 수뢰둔(水雷屯)

- 수화기제(水火旣濟)

- 택화혁(澤火革)

- 뇌화풍(雷火豊)

- 지화명이(地火明夷)

- 지수사(地水師)

7. 간궁(艮宮)(수괘: 중산간(重山艮))

- 중산간(重山艮)

- 산화비(山火賁)

- 산천대축(山天大畜)

- 산택손(山澤損)

- 화택규(火澤睽)

- 천택리(天澤履)

- 풍택중부(風澤中孚)

– 풍산점(風山漸)

8. 곤궁(坤宮)(수괘: 중지곤(重地坤))

– 중지곤(重地坤)

– 지뢰복(地雷復)

– 지택림(地澤臨)

– 지천태(地天泰)

– 뇌천대장(雷天大壯)

– 택천쾌(澤天夬)

– 수천수(水天需)

– 수지비(水地比)

육효의 64괘는 음양이라는 가장 기본적인 두 가지 원리에서 시작하여 팔괘로 확장되고, 이 팔괘의 중첩을 통해 64가지의 무궁무진한 변화를 담아내는 체계입니다. 이 64괘의 이름과 뜻에 익숙해지길 바랍니다. 육효학자중에는 64괘의 뜻을 차용하지 않고, 오행의 생극제화로만 해석을 하는 경우들이 종종 있습니다. 이는 무엇이 옳다라는 논쟁의 문제가 아니라, 실제 점사에 적용했을 때 어떻게 64효의 괘사가 활용되는지 직접 경험해 보고 사용의 유무를 결정하는 것이 옳다라는 생각을 하게 됩니다. 육효 점사 판단에서 가장 중요한 것은 누가 뭐라고 해도 오행의 생극제화이며, 괘사의 해석은 마지막 단계에서 주변 상황이나 문점자의 환경을 이해하는데 필요한 부분으로 적용할 수 있고, 그 괘상을 이해하게 되면 깊이 있는 해석으로 통변할 수 있어서 편리하고 유용한 도구가 될 수 있습니다. 그래서 저의 경우에는 64괘의 괘사를 차용해서 육효에 적용하고 있음을 말씀드립니다.

5) 시간과 공간의 점술, 납갑법

납갑법은 '납(納)'은 넣다, '갑(甲)'은 10천긴의 (천간: 甲·乙·丙·丁·戊·己·庚·辛·壬·癸) 첫 번째를 뜻합니다. 즉, 납갑은 10천간과 12지지를 괘·효 속에 넣고(배속하고), 이를 바탕으로 효별 오행, 간지, 신살 등을 분석합니다. 납갑법의 기본 원리는 천지인 삼재(天地人三才)가 하나가 되어 작용한다는 동양철학의 우주관에 근거합니다. 여기서 납갑(納甲)이라는 용어는 '사람인 팔괘가 하늘인 천간에 들어간다'는 의미를 또한 담고 있습니다. 괘의 여섯 효(爻)에 십이지지와 천간을 배속하여 괘의 길흉을 추단하는 기법으로 각 효에 배속된 지지를 비신이라 부르며, 이를 통해 괘의 해석과 길흉 판단을 진행합니다. 이를 운천갑자(運天甲子) 또는 지지기법(地支寄法)이라고도 불립니다.

납갑은 주역과 육효의 차이를 나타내는 가장 큰 특징입니다. 주역의 음양 철학에 납갑을 배속하므로써 현실적이 도구로 활용할 수 있게 만들었기 때문입니다. 그레서 많은 육효힉자들이 납갑법을 창시한 중국의 경방 선생님을 칭송하는 이유입니다.

동양철학의 기본이 되는 음양 원리에 따라 각각 양괘 4개와 음괘 4개로 구분되어 배치됩니다.

(1) 납갑 붙이는 기본 원칙

납갑법에서는 모든 괘의 효에 지지를 배속할 때 초효에서부터 상효를 향해 순서대로 배치합니다. 그러나 양괘와 음괘에 따라 배속 방식이 다릅니다

1. 양괘(陽卦): 子寅辰午申戌의 순행하는 순서로 배속
2. 음괘(陰卦): 丑亥酉未巳卯의 역행하는 순서로 배속

(2) 양괘(陽卦)의 납갑 방법

양괘는 乾(건), 坎(감), 艮(간), 震(진) 네 개의 괘로 구성되며, 각각 아버지, 중남, 소남, 장남을 상징합니다. 천간으로는 甲, 戊, 丙, 庚(壬)이 양괘에 속합니다.

1. 건괘(乾卦): 가장의 자리로 子에서 시작하여 子寅辰午申戌 순서로 배속
2. 진괘(震卦): 장남의 자리로 역시 子에서 시작하여 子寅辰午申戌 순서로 배속
3. 감괘(坎卦): 중남의 자리로 寅에서 시작하여 寅辰午申戌子 순서로 배속
4. 간괘(艮卦): 소남의 자리로 辰에서 시작하여 辰午申戌子寅 순서로 배속

(3) 음괘(陰卦)의 납갑 방법

음괘는 巽(손), 離(이), 坤(곤), 兌(태) 네 개의 괘로 구성되며, 각각 장녀, 중녀, 어머니, 소녀를 상징합니다. 천간으로는 辛, 己, 乙, 丁(癸)이 음괘에 속합니다.

1. 곤괘(坤卦): 어머니의 자리로 未에서 시작하여 未巳卯丑亥酉 순서로 배속
2. 손괘(巽卦): 장녀의 자리로 丑에서 시작하여 丑亥酉未巳卯 순서로 배속
3. 이괘(離卦): 중녀의 자리로 卯에서 시작하여 卯丑亥酉未巳 순서로 배속
4. 태괘(兌卦): 소녀의 자리로 巳에서 시작하여 巳卯丑亥酉未 순서로 배속

구 분	양				음			
괘	건(乾)	진(震)	감(坎)	간(艮)	태(兌)	리(離)	손(巽)	곤(坤)
천 간	甲 壬	庚	戊	丙	丁	己	辛	乙 癸
초효비신	子	子	寅	辰	巳	卯	丑	未

(4) 천간 배속 방법

천간을 배속하는 방법도 있으나, 육효학에서는 주로 지지의 납갑만이 사용되며 천간의 납갑은 거의 사용되지 않습니다. 예를 들어 건괘의 경우, 하괘(내괘)의 1, 2, 3효에는 甲을, 상괘(외괘)의 4, 5, 6효에는 壬을 배속합니다. 실제적으로 천간은 육효에서 사용하지 않고 있으니 원리만 참고하시면 됩니다.

괘	8 괘	중천건 (乾)	중택태 (兌)	중화리 (離)	중뢰진 (震)	중풍손 (巽)	중수감 (坎)	중산간 (艮)	중지곤 (坤)
	궁	金(양)	金(음)	火	木(양)	木(음)	水	土(양)	土(음)
외 괘	상효	戌	未	巳	戌	卯	子	寅	酉
	5효	申	酉	未	申	巳	戌	子	亥
	4효	午	亥	酉	午	未	申	戌	丑
내 괘	3효	辰	丑	亥	辰	酉	午	申	卯
	2효	寅	卯	丑	寅	亥	辰	午	巳
	초효	子	巳	卯	子	丑	寅	辰	未
천간		내 외 甲 壬 子 午	내 외 丁 丁 巳 亥	내 외 己 己 卯 酉	내 외 庚 庚 子 午	내 외 辛 辛 丑 未	내 외 戊 戊 寅 申	내 외 丙 丙 辰 戌	내 외 乙 癸 未 丑

6) 신명배대법(身命配對法): 입체적 분석과 통찰의 통변

육효에서 세(世)와 응(應)을 비신에 필수적으로 표시하고, 신(身)효와 명(命)효도 부수적으로 표시하게 되는데, 신과 명에 대한 해석은 다음과 같이 할 수 있습니다. 신(身)은 문점자의 몸이며, 세효의 형제이고, 명(命)은 문점자의 운명이며 상대방의 그림자를 의미합니다.

신(身)효와 명(命)효의 의미와 해석

신(身)효는 몸 '신' 자의 한자에서 알 수 있듯이, 문점자의 현재 상태나 역량을 나타냅니다. 신(身)효가 양효인지 음효인지, 동효인지, 정효인지에 따라 다각도로 해석할 수 있습니다.

명(命)효는 문점자의 운명이나 앞으로의 방향을 상징하며, 명(命)효의 상태는 문점 내용의 결과나 미래 상황을 예측하는데 활용됩니다.

신효와 명효의 관계(육친관계, 상생상극 관계 등)는 문점 내용의 성패를 판단하는 지표가 되며, 서로 상생하면 길하고, 상극하면 흉한 것으로 해석합니다.

육효에서 신(身)효와 명(命)효를 배속하는 방법은 다음과 같습니다.

세효의 지지에 따라 신효와 명효가 다음과 같이 결정됩니다.

– 세효가 子午중 하나이면

　　　　身(신효)는 초효

　　　　命(명효)는 4효

– 세효가 丑未중 하나이면

　　　　身(신효)는 2효

　　　　命(명효)는 5효

– 세효가 寅申중 하나이면

　　　　身(신효)는 3효

　　　　命(명효)는 6효

– 세효가 卯酉중 하나이면

　　　　身(신효)는 4효

命(명효)는 초효

- 세효가 辰戌중 하나이면

  身(신효)는 5효

  命(명효)는 2효

- 세효가 巳亥중 하나이면

  身(신효)는 6효

  命(명효)는 3효

지세(世)	신(身)효 위치	명(命)효 위치
子 午	1	4
丑 未	2	5
寅 申	3	6
卯 酉	4	1
辰 戌	5	2
巳 亥	6	3

7) 세(世)의 숨은 힘을 읽는 괘신

괘신 개념은 주역의 상(象), 수(數), 사(辭) 중 특히 수(數)의 측면과 관련이 깊으며, 상수학파에서 중요하게 다루는 개념입니다. 이를 통해 주역은 단순한 철학적 사유를 넘어 구체적인 현실 상황에 적용할 수 있는 실질적 지혜의 체계로 발전했습니다. 괘신은 월괘신(月卦神), 세건(世建)이라고 하는데, 괘의 신(身)처럼 괘 전체에 미치는 기운을 말합니다. 괘의 체(體)이자 일의 주체로 세효를 겸하는 용도가 있습니다. 괘 전체의 힘과 안정성을 판단하는 수단으로 쓰이며, 해석에는 크게 영향을 미치지는 않습니다. 즉, 일의 방향성, 세효의 마음 상태를 파악하는 용도로 주로 활용됩니다.

괘신(卦神)을 배속하는 방법은 아래와 같습니다.

괘신은 세효의 위치와 음양에 의해서 결정됩니다. 세효가 양효이면 子,丑,寅,卯,辰,巳의 월건이 지배하고, 세효가 음이면 午,未,申,酉,戌,亥의 월건이 지배한다고 봅니다.

즉, 세효가 양효이면 초효부터 子를 세어 위로 올라가다가 세효의 위치에 해당하는 지지가 괘신이 되고, 음효이면 午부터 세어 올라가다 세효의 위치에 해당하는 지지가 괘신이 됩니다.

예) 세효가 양효이고 4효의 위치에 있다면 子丑寅卯辰巳의 네 번째인 卯가 괘신이 됩니다.

괘신표출도

세효의 위치	세효(양)	세효(음)
6	巳	亥
5	辰	戌
4	卯	酉
3	寅	申
2	丑	未
1	子	午

8) 운을 읽는 여섯 가지 신령한 동물, 육수(六獸)

육수(六獸)는 육효점에서 사용되는 여섯 가지 신령한 동물을 의미하며, 섬괘의 각 효에 배속되어 점괘 해석에 깊이를 더해주는 중요한 요소입니다. 육수는 육신(六神)이라고도 불리며, 오행의 상대적 작용력을 동물의 형상으로 상징화한 체계입니다. 육수는 청룡(靑龍), 주작(朱雀), 구진(句陳), 등사(螣蛇), 백호(白虎), 현무(玄武)로 구성되며, 각각 특정한 기운과 상징을 지닙니다.

(1) 육수의 의미와 쓰임

육수는 점괘의 각 효에 배속되며, 각각 특정한 기운과 의미를 지닙니다.

1. 청룡(靑龍)− 목(木) 기운을 담당하며, 길신(吉神)으로 작용합니다. 용신에 붙으면 길하고, 기신에 붙으면 음주가무나 방탕한 성향을 나타낼 수 있습니다.

2. 주작(朱雀)− 화(火) 기운을 담당하며, 시비구설, 문서, 소식, 화술 등을 관장합니다. 소식점에서는 길신으로 작용하며, 언론이나 방송 관련 직업과 연관이 깊습니다.

3. 구진(句陳)− 토(土) 기운을 담당하며, 느림, 막힘, 더딤 등을 상징합니다. 토지 매매점에서는 매매가 빠르게 이루어지는 길신으로 작용할 수 있습니다.

4. 등사(螣蛇)− 토(土) 기운을 담당하며, 놀람, 괴이한 일, 마음의 불안 등을 나타냅니다. 꿈과도 연관이 깊어 해몽할 때 중요한 기준이 됩니다.

5. 백호(白虎)− 금(金) 기운을 담당하며, 피를 부르는 흉광지신으로서 질병, 송사, 투쟁 등을 주관합니다. 백호가 붙은 효가 동하면 흉한 일이 생길 가능성이 큽니다.

6. 현무(玄武)– 수(水) 기운을 담당하며, 도적, 실물, 사기, 손재, 음란 등을 관장합니다. 물이 휩쓸고 간 자리에는 아무것도 남아 있지 않다는 점에서 손실과 관련이 깊습니다.

이해하기 쉽게 표로 정리하면 다음과 같습니다.

육 수	오 행	의 미	길 신	흉 신	쓰 임
청 룡	甲乙 (木)	성장과 발전	재물, 명예, 학문 등의 발전 및 성장	방탕한 생활과 지나친 낭비	학업, 사업, 승진운
주 작	丙丁 (火)	언변과 소식	언어 소통과 문서에 긍정적 작용	시비구설, 소송, 논쟁	소송, 계약, 언론 및 방송 관련 직업운
구 진	戊 (土)	안정과 지속성	토지매매와 지속적인 성장	변화에 느려 정체성과 막힘	부동산, 장기적인 사업운
등 사	己 (土)	신비로움과 불안정성	예지력, 숨겨진 진실 파악	불안정한 기운과 혼란	꿈 해석, 직관력과 예지력을 활용하는 점괘
백 호	庚辛 (金)	강한 결단력과 사고	결단력과 추진력, 빠른 대응전략	지나친 공격성과 사고, 질병, 법적인 문제	법적 문제, 건강, 경쟁과 투쟁이 필요한 상황
현 무	壬癸 (水)	분실과 사기	유연성과 적응력에 강함	지나친 유동성으로 인한 불안정성과 도둑, 사기, 손실	금전, 사기 예방, 손실 방지와 관련된 점괘

(2) 일간을 기준으로 정하는 육수 배속 방법

육수는 점을 치는 날의 일간(日干)을 기준으로 초효부터 상효까지 차례대로 배속됩니다. 각 일간에 따라 육수가 적용되는 방식은 다음과 같습니다.

효	일 간	육수 배속 순서(초효~상효순)
1	갑(甲), 을(乙)	청룡 → 주작 → 구진 → 등사 → 백호 → 현무
6	병(丙), 정(丁)	주작 → 구진 → 등사 → 백호 → 현무 → 청룡
5	무(戊)	구진 → 등사 → 백호 → 현무 → 청룡 → 주작
4	기(己)	등사 → 백호 → 현무 → 청룡 → 주작 → 구진
3	경(庚), 신(辛)	백호 → 현무 → 청룡 → 주작 → 구진 → 등사
2	임(壬), 계(癸)	현무 → 청룡 → 주작 → 구진 → 등사 → 백호

이렇게 일간을 기준으로 육수가 배속되며, 각 효의 성질과 조합에 따라 점괘의 해석이 달라집니다. 예를 들어, 일간이 갑자(甲子)일일 경우 초효에는 청룡이 배속되고, 상효에는 현무가 배속됩니다. 효의 순서는 [1 → 2 → 3 → 4 → 5 → 6]의 순서로 [청룡 → 주작 → 구진 → 등사 → 백호 → 현무]가 배속됩니다. 기사(己巳)일일 경우를 예를 다시 들어보면, 己는 4효에서 시작하므로, 효의 순서는 [4 → 5 → 6 → 1 → 2 → 3]이 순서로 4효에 청룡 → 5효에 주작 → 상효(6효에) 구진 → 초효(1효) 에 등사 →2효에 백호 → 3효에 현무가 배속됩니다. 이를 통해 점괘의 흐름을 파악하고 더욱 정밀한 해석이 가능합니다.

9) 하늘에 뜻을 구하다, 득괘법

득괘법(得卦法)은 점을 칠 때 괘(卦)를 얻는 방법을 의미하며, 다양한 방식이 존재합니다. 각 방법은 점을 치는 목적과 상황에 따라 선택됩니다. 육효에서 득괘법을 통해 괘를 얻은 후, 그것을 해석하고 통변해야 하기 때문에 득괘법은 매우 중요한 절차입니다. 득괘에서 가장 중요한 부분은 간절함과 명료한 질문, 그리고 신뢰입니다. 하늘에 운명을 물을 때는 목욕 재개는 못하더라도 경건한 마음과 간절함이 있어야 합니다. 하늘에 그 간절함이 통해야 확실한 답변을 받을 수 있기 때문입니다. 문점을 할 때는 명료하고 정확하게 질문해야 합니다. AI를 이용할 때 프롬프트를 정확하고 구체적으로 작성해야 원하는 답변을 얻을 수 있는 것처럼 육효에서 질문은 매우 중요한 부분입니다. 왜냐하면 질문하는 목적에 따라 용신(用神)이 정해지기 때문입니다. 육효는 문점의 목적에 따라 그 효를 찾아서 관계를 해석하는 것이기 때문에 명료한 질문이 요구됩니다. 또한 한 가지 사항에 대해서는 한 번만 묻는 것을 원칙으로 합니다. 같은 질문을 또 해야 할 때는 상황이 변해 변수가 생겼거나 좀 더 세부적으로 물어야 하는 상황이 생길 때 분점해서 물을 수 있습니다. 득괘에서 또 하나 중요한 것은 바로 믿음과 신뢰입니다. 하늘을 의심하거나, 자신을 의심하지 말고, 믿음을 바탕으로 문점 했을 때 정확한 답을 얻을 수 있습니다.

육효의 득괘를 위해 여러 가지 방법으로 사용하더라도 괘를 구할 때는 하늘에 고하며 문점을 하게 되는데, 그 주문은 다음과 같습니다.

"천하언지시시리(天下焉知是時리)이며, 지하언지시시리(地下焉知是時리)이까, ○○○○년생 ○월○일 ○시생 건(곤)명 ○○○, 하늘에 엎드려 지혜를 구하노니 그 지혜를 알려주시기 바랍니다. (알고 싶은 내용을 명료하게 질문 후) 물비조시(勿祕兆時), 물비조시(勿祕兆時)"라고 주문을 외우면 됩니다. 꼭 틀에 맞춰야 되는 것은 아니지만, 이러한 예시로 하늘에 예를 갖추고 물어보는 것을 기본으로 합니다.

"천하언지시시리, 지하언지시시리"는 "하늘 아래(천하)에서 어느 때가 있겠는가, 땅 아래(지하)에서 어느 때가 있겠는가?"의 뜻으로, 자연의 이치와 진리를 찾으려는 의미를 담고 있습니다. 생년월일과 건(乾-남자)명, 곤(坤-여자)명 이름을 밝힌 후에 명료한 질문을 합니다. '물비조시(勿祈兆時)'란 "점을 얻는(兆) 그 순간(時)을 인위적으로 기원(祈)하지 말라(勿)."는 뜻입니다. 점괘를 얻는 순간의 마음이 흐트러지면, 점사의 영험함이 약해질 수 있고 자신의 욕심이나 두려움이 점괘에 영향을 줄 수 있기 때문에, 점을 치는 사람이 점괘를 뽑는 그 순간에 "내가 원하는 결과가 나오길 바란다."는 마음을 먹지 말라는 뜻으로, 이는 나의 뜻이 아닌 하늘의 뜻이 되도록 해 달라는 의미의 육효점의 기본 원칙을 의미하는 말입니다.

득괘법은 여러 종류가 있으며, 그 쓰임과 편의에 따라 적용해서 사용하시면 됩니다.

(1) 산대법

산대법은 육효에서 괘를 뽑는 여러 방법 중 가장 많이 사용되는 것으로, 전통적인 본서법보다 간소화된 방식입니다. 산대법의 가장 큰 특징은 8개의 산대만을 사용한다는 점입니다. 이 방법에서는 일건천(乾)에서 팔곤지(坤)까지의 8개 기본괘를 나타내는 산대만을 활용합니다.

산대법의 진행 과정은 다음과 같습니다

1. 사통에 8개의 산대에 아래쪽에 (건☰, 태☱, 리☲, 진☳, 손☴, 감☵, 진☶, 곤☷)을 써서 넣어 둡니다.

2. 산통을 주문과 함께 흔들고 난 후, 하나만 뽑아 내괘(하괘)로 정합니다.

3. 뽑은 산대를 다시 산통에 넣습니다

4. 다시 같은 방법으로 외괘(상괘)를 뽑습니다.

5. 같은 방법으로 마지막 동효를 뽑습니다. 여섯 효만 농효가 있을 수 있으니, 건(1), 태(2), 리(3), 진(4), 손(5), 감(6)은 각 숫자에 해당하는 효에 동효로 간(7)은 6을 뺀 나머지는 1효동을 곤(8)은 6을 뺀 2효동을 동효로 적용합니다.

6. 하괘 - 상괘 - 동효의 순으로 뽑고, 읽을 때는 위에서 아래로 읽습니다.

7. 산대법은 동효가 하나로 정해져서 해석하기 쉽고, 초보자들이 학습하기에도 적합합니다. 다만, 여러개의 동효로 다양하게 해석하는 것이 제한된다는 면에서 아쉬움은 있지만, 가장 대중적이고 대표적으로 사용하는 작괘법입니다.

(2) 본서법(本筮法)

본서법은 50개의 산대를 사용하는 더 복잡한 전통적인 방식입니다.

본서법의 진행 과정은 다음과 같습니다.

1. 50개의 서죽 중 1개를 제외하고 49개를 사용합니다. (1은 태극을 의미)

2. 이를 두 묶음으로 나누고(2는 음,양을 의미), 왼쪽 묶음을 천(天), 오른쪽 묶음을 지(地)를 의미하며 오른쪽 묶음에서 1개(人을 의미)를 뽑아 왼손 4~5번째 손가락 사이에 끼웁니다. 이를 괘(掛)라고 합니다.

3. 왼쪽 묶음에서 4개씩 덜어내며, 마지막 남은 개수를 왼손 3~4 손가락 사이에 끼워 놓습니다.

4. 오른쪽 묶음에서도 4개씩 덜어내며 남은 개수를 왼손 2~3 손가락 사이에 끼워 놓습니다. 왼손에 끼워 놓은 서죽을 한묶음으로 만들어 한쪽에 잘 놓아 둡니다. 이렇게 한 과정을 1변이라고 합니다.

5. 1변의 서죽을 제외하고 나머지 서죽으로 같은 과정을 2번 더하여 3변을 해야 비로소 하나의 효(爻)를 얻을 수 있습니다.

6. 이렇게 3변을 해서 얻은 서죽의 수가 5, 8, 4라고 하면, 첫 번째 변에서 1을 뺀 나머지를 각 변에 4로 다시 나눠서 음과 양으로 만듭니다.

    1변   5-1=4, 4 나누기 4는 1- 양

    2변   8 나누기 4는 2- 음

    3변   4 나누기 4는 1- 양

양, 음, 양이 되므로 1변은 음이 됩니다.

※ 양양양– 양동, 음음음–음동, 양2개 음1개–음, 음2개 양1개–양

7. 하나의 효를 얻기 위해서는 3번의 변을 가셔야 하고 6효를 얻기 위해서는 18번의 과정을 거쳐야 6효가 되는 대성괘(大成卦)를 완성합니다.

본서법에서는 이러한 과정을 18번 반복하여 6효로 구성된 하나의 괘를 완성합니다. 이는 매우 정교하고 신중한 방법으로 점을 칠 때 깊은 집중과 정성이 필요합니다. 본서법은 주로 주역점에 이용되는 작괘법으로, 산대법보다 훨씬 복잡하고 시간이 많이 소요되는 방식이라 육효에서는 잘 사용되고 있지는 않지만, 이러한 방법이 있다는 것만 알아두시면 될 것 같습니다.

(3) 척전(擲錢) 득괘법

동전 3개를 사용하여 점을 치는 방법입니다.

1. 동전 3개를 흔들어 던집니다.

2. 앞면(숫자)이 나오면 양(陽), 뒷면(글자)이 나오면 음(陰)으로 설정합니다.

3. 3개의 동전 조합에 따라 효(爻)를 결정합니다.

> 100, 100, 100→ 노양(老陽) [동효]
>
> 백, 백, 백→ 노음(老陰) [동효]
>
> 100, 100, 백→ 소양[少陽)
>
> 백, 백, 100→ 소음[少陰]

4. 이 과정을 6번 반복하여 괘를 완성합니다.

간단하고 빠르게 점을 칠 수 있으며, 실전에서 많이 사용됩니다. 동효가 0~6까지 나올 수 있으며, 너무 많은 동효가 나오면 해석과 통변에 어려움이 있을 수 있습니다. 그래서 고급 이상의 실력을 가진 분들에게 적합합니다. 특히, 육효점에서 손쉽게 활용되기에 많이 사용되는 작괘법 중의 하나입니다.

(4) 주사위(骰子) 득괘법

8면의 주사위 2개와 6면의 주사위 1개를 사용하여 괘를 얻는 방법입니다. 8면의 주사위 하나는 색을 넣고, 다른 하나는 색이 없게 해서 구분을 합니다.

1. 8면 주사위를 사용하여 색이 있는 주사위는 상괘(上卦)로 색이 없는 주사위는 하괘(下卦)로 정합니다.

2. 6면 주사위를 사용하여 동효(動爻)를 결정합니다.

   주문을 외우고 던져서 한 번에 괘를 얻는 방법입니다. 간단하고 직관적인 방법으로, 빠르게 점을 칠 수 있어서 매우 편리한 방법입니다. 동효가 하나로 한정되어 있어 해석하기는 쉽고 편하지만, 다양한 통변에는 아쉬움이 있습니다. 요즘에는 쉽게 구할 수 있고, 휴대하기 편리해서 많이 사용되고 있는 육효 작괘법 중 하나입니다.

(5) 시간(時間) 득괘법

현재 시각을 활용하여 괘를 얻는 방법입니다.

1. 현재 시각을 확인합니다.

2. 시침을 상괘(上卦), 분침을 하괘(下卦)로 설정합니다.

3. 동효(動爻)는 시간과 분을 합한 숫자를 6으로 나눈 나머지로 결정합니다.

간편하며, 특정한 순간의 기운을 반영하는 점법입니다. 육효에서는 6효를 사용해서 동효는 6으로 나눈 후 나머지 수를, 상하괘는 8을 나눈 후 나머지 수로 정합니다.

예) 11시 23분이면, 11 나누기 8은 1…나머지 3- 상괘 리괘,

23 나누기 8은 2…나머지 7- 하괘 간괘

11+23=34, 34 나누기 6은 5…나머지 4- 동효 4효동

어떤 기구도 없이 시간만 알면 점을 칠 수 있으니 편리하고 그 시간의 기운을 읽을 수 있어 좋습니다. 다만 연달아서 2번 3번은 치기 힘들다는 단점이 있습니다.

(6) 숫자(數字) 득괘법

전화번호, 차량번호, 주소 등의 숫자를 활용하여 괘를 얻는 방법입니다.

1. 특정 숫자를 선택합니다.
2. 숫자를 8로 나누어 상괘(上卦)와 하괘(下卦)를 결정합니다.
3. 숫자를 6으로 나누어 동효(動爻)를 결정합니다.

개인적인 숫자를 활용하여 점을 칠 수 있어 실용적입니다.

예) 전화번호 471-6917이라고 하면

　　471의 합은 12이고 나누기 8을 하면 1…나머지 4- 상괘 진괘

　　6917의 합은 23이고 나누기 8을 하면 2…나머지 7-하괘 간괘

　　12+23=35 나누기 6을 하면 5…나머지 5- 동효 5효동

(7) 대정수 득괘법

대정수란 사주의 천간과 지지를 선천수, 후천수로 전환 후 일정한 법칙으로 산출한 수의 합을 말합니다. 대정수의 종류에는 선천, 후천, 평생, 대운, 세운 대정수가 있습니다. 계산 방법은 종류에 따라 다르게 적용되기 때문에 각각이 대정수를 구하는 방법을 설명하겠습니다.

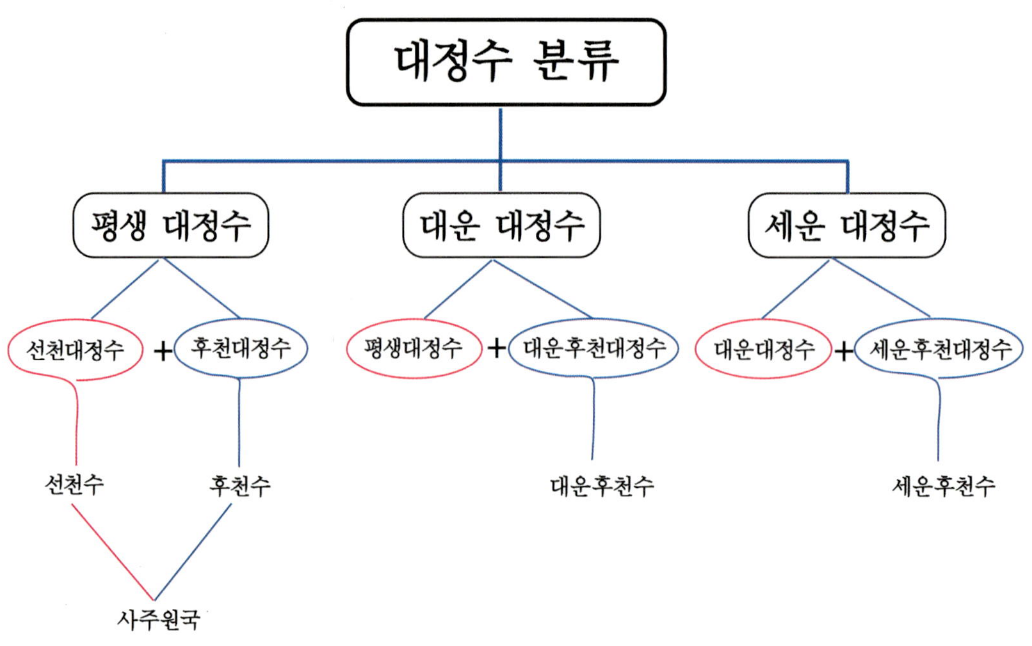

[대정수의 분류표 그림 21]평생 대정수

1. 평생대정수 = 선천대정수(선천수) + 후천대정수(후천수)

2. 대운대정수 = 평생대정수 + 대운후천대정수(대운후천수)

3. 세운대정수 = 대운대정수 + 세운후천대정수(세운후천수)

평생운을 보기 위한 기본수로, 사주원국에서 산출합니다. 사주원국의 선천 대정수와 후천 대정수를 더하여 구합니다.

선천 대정수

대정수를 구하기 위해서는 선천수를 선천 대정수로 전환하여야 합니다. 사주의 선천수를 대입하여 일정한 법칙으로 수를 구한 후, 월, 일, 시의 수를 모두 합산하면 선천 대정수가 됩니다.

선천수(先天數) 산출

천 간(합의 원리)	지 지(충의 원리)	수(数)
갑(甲), 기(己)	자(子), 오(午)	9
을(乙), 경(庚)	축(丑), 미(未)	8
병(丙), 신(辛)	인(寅), 신(申)	7
정(丁), 임(壬)	묘(卯), 유(酉)	6
무(戊), 계(癸)	진(辰), 술(戌)	5
	사(巳) 해(亥)	4

선천수를 선천 대정수로 전환하는 법

1. 연주는 계산에 넣지 않습니다.

2. 월주는 선천수를 그대로 적용합니다.

3. 일주는 선천수에 10을 곱합니다.

4. 시주는 선천수에 100을 곱합니다.

예시) 선천대정수

사주원국이 경진년 무자월 정사일 을사시일 경우,

	시x100	일x10	월x1	년 (적용안함)	합 계
천 간	乙	丁	戊	庚	865
	8	6	5	8	
천간합계	800	60	5	0	
지 지	巳	巳	子	辰	449
	4	4	9	5	
지지합계	400	40	9	0	
총합계	1,200	100	14	0	1,314

후천 대정수

대정수를 구하기 위해서는 후천수를 후천 대정수로 전환하여야 합니다. 사주의 후천수를 대입하여 일정한 법칙으로 수를 구한 후 년, 월, 일, 시의 수를 모두 합산하면 후천 대정수가 됩니다. 단, 근토는 어느 자리에 있건 100으로 계산한다는 예외의 법칙이 있습니다.

후천수(後天數) 산출

오 행	천간(합의 원리)	수(数)	지지(충의 원리)	수(数)
木	갑(甲), 인(寅)	3	을(乙), 묘(卯)	8
火	병(丙),오(午)	7	정(丁), 사(巳)	2
土	무(戊)	5	기(己)	100
土	진(辰), 술(戌)	5	축(丑), 미(未)	10
金	신(辛),유(酉)	4	경(庚), 신(申)	9
水	임(壬), 자(子)	1	계(癸), 해(亥)	6

후천수를 후천 대정수로 전환하는 법

1. 천간 계산— 천간의 후천수를 10을 곱합니다.

2. 지지 계산— 지지의 후천수는 그대로 사용합니다.

3. 일진— 년, 월, 일, 시의 수를 모두 더합니다.

4. 근토의 경우 어느 자리에 있건 그 값을 100으로 계산합니다.

** 대운수, 세운수 모두 동일한 방법으로 구하면 됩니다.

예시) 후천대정수

사주원국이 경진년 무자월 정사일 을사시일 경우,

	시	일	월	년	합 계
천 간	乙 8 x10	丁 2 x10	戊 5 x10	庚 9 x10	240
천간합계	80	20	50	90	
지 지	巳 2 x1	巳 2 x1	子 1 x1	辰 5 x1	10
지지합계	2	2	1	5	
총합계	82	22	51	95	250

평생 대정수는 선천 대정수와 후천 대정수를 합하여 산출합니다.

예시) 평생 대정수

사주원국이 경진년 무자월 정사일 을사시일 경우,

	시	일	월	년	합 계
천 간	乙	丁	戊	庚	
지 지	巳	巳	子	辰	
선천대정수	1,200	100	14	0	1,314
후천대정수	82	22	51	95	250
평생대정수	1282	122	65	95	1,564

대운대정수

평생대정수에 후천대정수의 방법으로 대운의 간지를 천간은 x10을 하고, 지지는 x1을 해서 그 수를 평생대정수에 더하면 됩니다.

예시) 대운 대정수

	시	일	월	년	대운수		
천 간	乙	丁	戊	庚	丙	7x10	
지 지	巳	巳	子	辰	戌	5x1	1,639
합 계	평생대정수 1,564				75		

세운 대정수

대운 대정수 + 세운수를 더해서 만듭니다. 세운수는 해당 연도의 간지 후천수를 이용해서 계산하는 것인데, 대운수와 마찬가지로 세운의 간지를 천간은 x10을 하고, 지지는 x1을 해서 그 수를 평생 대정수+대운수를 한 것에 마지막으로 세운수를 더하면 됩니다.

예시) 세운대정수

	시	일	월	년	대운수		세운수		세운대정수
천 간	乙	丁	戊	庚	丙	7x10	乙	8x10	
지 지	巳	巳	子	辰	戌	5x1	巳	2x1	1,721
합 계	평생대정수 1,564				75		82		

위에서 평생 대정수와 대운 대정수 그리고 세운 대정수까지 구해 보았습니다. 그러면 이것을 어떻게 육효의 괘에 적용하는지 설명하겠습니다.

평생 대정수 1564의 숫자에서 맨 처음과 맨 마지막 수를 제하고 가운데 두 숫자만 사용하여 상괘와 하괘를 만듭니다. 즉 1, 5, 6, 4 중 첫 1과 마지막 4는 제하고, 5, 6을 사용하며 5는 상괘, 6은 하괘가 됩니다. 그리고 동효는 각 4자리 숫자를 모두 더한 뒤 6을 나누어서 나머지를 동효로 만듭니다. 즉 1+5+6+4=16을 6으로 나누면 나머지는 4가 되어 4효농이 됩니다.

화관법(化觀法)

– 평생 대운수의 가운데 2개의 숫자를 다른 수로 변환해서 사용하는 것

후천수	1	2	3	4	5	6	7	8	9
변(変)	⇓	⇓	⇓	⇓	⇓	⇓	⇓	⇓	⇓
卦숫자	7	2	6	3	4	5	7	8	1

1564의 평생 대정수에서 상괘 –5, 하괘 –6, 동효 –4효동이 나왔습니다. 이는 화관법을 적용해서 상괘 5는 4로, 하괘 6은 5로 동효는 계산한 그대로 4효동으로 적용합니다. 그래서 최종적으로 나온 괘는, 즉 뇌풍항(雷風恒)의 4효동이 됩니다.

그럼 같은 방법으로 대운 대정수로 득괘를 해 보겠습니다. 대운 대정수는 1639이니, 1과 9를 제하고, 6은 상괘 3은 하괘로 하고 1639 나누기 6의 나머지인 1이 동효가 됩니다. 여기서 화관법에 따라 6은 5로, 3은 6이므로, 상괘는 3, 하괘는 6이 됩니다. 따라서 대운 대정수로 뽑은 육효작괘는 풍수환(風水渙)의 초효동이 됩니다.

이러한 방식으로 세운 대정수의 숫자를 적용해서 육효의 괘와 동효를 만들어 그 변화를 살펴볼 수 있습니다.

제3절
육효의 꽃, 용신(用神)

육효에서 용신의 개념

명리학에서 용신(用神)은 연월일시의 여덟 글자를 분석하여 오행의 균형을 맞추는 중요한 키의 역할을 하고, 사주에 과다한 병이 있다면 그 병을 치료하는 약으로 쓰이는 오행을 의미합니다. 그러나, 육효에서 말하는 용신(用神)은 점을 치는 목적 또는 결과가 되는 것입니다. 용신을 도와주는 것이 원신(희신: 명리학)이라고 하고, 용신과 함께 원신의 향방도 잘 살피는 것이 중요합니다. 명리학의 용신과는 그 쓰임과 의미가 다르므로 이 부분은 확실히 알고 있어야 육효에서 길흉을 판단할 수 있습니다. 육효에서 용신(用神)은 점사에서 반드시 얻거나 해결하고 싶은 문제의 핵심이 되는 것이고, 그 문제의 핵심이 되는 용신을 육친(六親)의 효(爻)로 찾아냅니다.

예를 들어, 재물에 관한 점을 치면 재효(財爻)가 용신, 승진의 문제라면 관효(官爻)가 용신이 됩니다. 자기 자신에 대한 문제(예: 건강, 운세)는 세효(世爻)를 용신으로 삼으면 됩니다.

1) 용신의 종류와 발동시 의미

용신은 육친(六親)의 효(爻)로 구분할 수 있습니다.

(1) 용신의 종류와 의미

육 친	나타내는 인물	물 상	사 상
형(兄)	형제, 동서, 친구, 동업자, 동료, 경쟁자,	웅덩이, 우방국, 감기	시비, 구설, 실물, 싸움, 도박, 활동력
손(孫)	자손, 사위, 손아래 사람, 학생, 제자, 병고치는 사람, 승려	약, 가축, 병원, 절, 음식	출산, 식도락, 연애, 유흥, 송사취하
재(財)	처첩, 처남, 처제, 처형, 고용인, 친구의 처, 형수	재물, 귀중품, 음식, 부동산	매매, 물가, 경영, 역량
관(官)	남편, 시숙, 남자, 정부측 사람, 상사, 도둑	관청, 직장, 사당, 교회, 시체	승진, 공명, 당선, 관재, 구설, 재앙, 질병, 귀신, 불안
부(父)	부모, 조상, 스승, 대통령, 주인, 손 위 사람	집, 차, 배, 옷, 가구, 문구, 학교	계약, 소식, 시험, 학업, 문서, 상심

위의 표에서 문점 하는 내용에 맞춰 육친으로 용신을 사용하면 됩니다. 예를 들어 직장에 대한 문점을 하고 싶다면 관(官)이 용신이 되고, 매매나 계약에 대한 문점은 부(父)가 용신이 됩니다.

(2) 육친의 발동 시 작용과 해석

각 육친이 발동했을 때의 일반적인 해석은 다음과 같습니다.

1. 형제(兄弟)

- 의미: 동료, 친구, 형제자매, 경쟁자, 손재, 파재, 분탈 등을 나타냅니다.

- 발동 시: 형제자매나 친구, 동료와의 관계 변화, 경쟁적인 상황 발생, 금전적인
  손실이나 지출, 물건을 빼앗기거나 나누는 상황 등을 암시할 수 있습니다.
  길하게 발동하면 협력이나 도움을 얻을 수도 있습니다. 형이 동하면 금전적인
  문제에서는 가장 안 좋으며, 파재를 의미합니다.

2. 자손(子孫)

- 의미: 자녀, 후배, 부하, 즐거움, 오락, 활동, 소망, 질병 치료, 걱정 해소 등을
  나타냅니다.

- 발동 시: 자녀나 후배, 부하와 관련된 일의 변화, 새로운 아이디어의 발상,
  활동적인 움직임, 걱정이나 질병의 호전 또는 발생, 소망의 실현 가능성 등을
  암시할 수 있습니다. 흉하게 발동하면 손실이나 다툼, 애정사의 문제가 발생될
  수도 있습니다.

3. 처재(妻財)

- 의미: 재물, 이익, 여성(남성의 경우), 배우자, 사업, 경제 활동 등을 나타냅니다.

- 발동 시: 재물의 증감 변동, 사업의 확장 또는 어려움, 이성과의 관계 변화(결혼,
  연애, 이별 등), 경제적인 문제 발생 또는 해결 등을 암시할 수 있습니다. 흉하
  게 발동하면 건강 악화나 손실을 나타낼 수도 있습니다.

4. 관귀(官鬼)

- 의미: 직업, 명예, 권력, 남편(여성의 경우), 질병, 재난, 소송, 관재구설 등을 나타
  냅니다.

- 발동 시: 직업 변동, 명예 상승 또는 실추, 권력이나 지위의 변화, 질병 발생
  또는 악화, 법적인 문제나 송사, 구설 시비 발생 등을 암시할 수 있습니다.
  길하게 발동하면 명예나 발전을 의미할 수도 있습니다.

5. 부모(父母)

- 의미: 계약, 문서, 학문, 지식, 명예, 직위, 부동산, 윗사람, 부모, 스승 등을 나
  타냅니다.

- 발동 시: 계약이나 문서 관련 일의 변화, 학업이나 연구의 진전 또는 어려움, 명예나
  직위에 변동, 부동산 문제 발생 또는 해결, 윗사람이나 부모님과의 관계 변화 등을
  암시할 수 있습니다. 흉하게 발동하면 건강 문제나 손해를 나타낼 수도 있습니다.

효가 발동한다는 것은 효가 동한다는 뜻인데, 육친의 발동 외에, 용신이 동할 때가 있습니다. 용신이 동한다는 것은 좋은 징조이고, 월, 일의 힘을 받아 강하면 성사되는 것으로 보고, 비록 힘이 없더라도 힘을 받을 때 이루어질 수 있다고 해석하면 됩니다. 또한 원신이 동할 때가 있는데, 원신은 용신을 돕는 희신의 역할을 하는 중요한 인자입니다. 원신이 동하고 힘이 강하면 일이 성사될 수 있도록 끊임없이 지원을 받는 격이라 길상으로 해석하고, 용신이 힘이 없어도 성취할 수 있게 원하는 결과를 가져다줍니다. 반대로 기신과 구신이 동하게 되면 움직이지 말고 조용히 있어야 하는 효들이 움직이면서 하고자 하는 일에 장애가 생겨 목적을 이루기 힘들다고 해석합니다. 이처럼 동하는 효의 해석으로 사건과 결과를 통변할 수 있고, 예측할 수 있습니다.

(3) 용신다현(用神多現)

1. 용신다현(用神多現): 점괘 내에 용신이 2개 이상 중복되거나 여러 자리에 나타나는 현상을 의미합니다. 용신양현(用神兩現)은 괘 내에 용신이 두개가 있는 것을 말합니다.

2. 용신다현의 일반적 해석과 문제점: 점괘에서 용신이 여러 개 나타나면 각 효의 작용력이 분산되어, 용신으로서의 명확한 역할과 힘이 약해지거나 오히려 무용지물(用神無用)이 된다고 봅니다. 용신이 너무 많으면 방향이나 결론이 모호해지고, 실질적 효험이 줄어들 수 있습니다.

3. 진용신(眞用神)을 선정

용신다현의 경우

여러 효 가운데 점사의 질문 목적에 가장 부합하는 효를 진용신(가장 핵심적인 용신)으로 선정히어 집중적으로 해석합니다. 진용신을 잡는 순서는 아래와 같습니다.

– 동한 효의 용신을 최우선으로 합니다(동효 우선).

– 공망, 월파, 입묘, 충, 합 등 문제가 있는 효를 우선으로 취합니다.

– 세(世)나 응(鷹)에 임한 효를 취합니다.

– 본괘나 변효에도 용신이 없고, 월건이나 일진에 용신이 임하면 이를 취용합니다.

– 위의 모든 경우에도 용신이 나타나지 않으면 본괘의 수괘에서 복신(伏神)으로

  용신을 찾습니다.

(4) 용신의 해석과 활용

점괘가 구성되면 용신의 상태가 전체 해석의 중심이 됩니다.

주요 판난 요소는 나음과 같습니다.

1. 용신의 앙상휴수시(旺相休囚死): 용신이 왕성(旺相)하면 힘이 강(旺)하기에 소망이 이루어질 확률이 높고, 휴수사(休囚死)하면 힘이 쇠(衰)하여 목적을 이루는 데 어려움이 많습니다.

2. 세효와의 관계: 세효(자신)와 용신의 생극합충(生剋合沖) 관계가 길흉(해결 여부)을 좌우합니다.

   - 용신이 세효를 생(生) 하거나 합(合) 하면 유리, 극(剋) 하거나 충(沖) 하면 불리합니다.

   - 극(剋): 용신이 세효나 타효, 특히 월건, 일진 등 주요 환경요소로부터 극을 당하면 그 힘이 약해져 성취가 어렵거나 장애가 많아짐을 뜻합니다.

   - 충(沖): 용신이 다른 효나 월건, 일진 등으로부터 충을 받으면 그 효의 작용력이 파괴되거나 단절됩니다.

     충은 흔히 파괴, 끊어짐, 큰 변화, 관계 단절 등 부정적 변화를 의미합니다.

3. 월건, 일진(月建, 日辰)과의 관계: 월건과 일진이 용신을 생하거나 극이나 충을 하는지도 판단의 기준입니다. 왕상한 힘을 받아야 원하는 결과를 얻을 수 있습니다.

4. 동효·변효 등 괘의 변화: 용신이 동효(動爻)로 변화하거나 변효로 이동하는 상황도 해석에 적극 반영됩니다.

참고 사항

   - 발동한 효가 어떤 육친에 해당하는지, 그리고 그 효가 속한 괘의 위치(내괘 또는 외괘), 다른 효들과의 관계(생극충합), 발동하여 변한 효(변효)의 육친과 상태 등을 종합적으로 고려하여 해석해야 합니다.

   - 길흉의 판단은 발동한 육친 자체의 의미뿐만 아니라 점의 내용과 상황에 따라 달라질 수 있습니다.

육효에서 용신은 전사의 방향성과 해석의 뼈대를 잡아주는 중심축입니다. 실무에시는 점사의 대상과 목적에 따라 용신을 정확히 선정하고, 그 상태와 변화, 주변 요소와의 관계를 치밀하게 분석하는 것이 육효점의 깊이를 결정하게 됩니다.

순리에 따라 때를 기다렸다가 움직이는 것도
또 하나의 지혜입니다.

제3장

육효 통변술

다음은 작괘로 얻어진 육효의 괘입니다. 하나하나 이름을 확인하며 익숙해질 수 있도록 합니다.

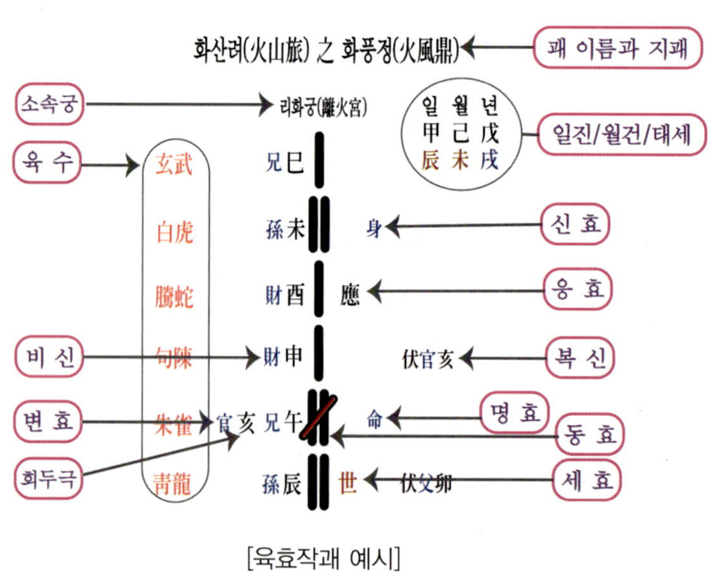

[육효작괘 예시]

육효를 통변하는 순서는 학파나 개인의 해석 방식에 따라 약간의 차이가 있을 수 있지만, 일반적으로 다음과 같은 순서를 따릅니다. 우선순위대로 보고 괘를 통변하는 연습을 해야 나중에도 빠르게 괘를 읽고 통변할 수 있으니 잘 인지해 두길 바랍니다.

괘를 읽는 순서

1) 괘의 이해 (기초)

– 1단계: 용신(用神) 확인점의 목적에 집중해서 그 용신을 찾아서 살펴봐야 합니다. 길흉의 최종 판단의 지표가 되는 것은 용신이므로 용신을 찾는 것은 통변의 핵심이 됩니다.

– 2단계: 세(世)와 응(應) 확인
  · 세(世)– 괘 내에서 자기 자신, 즉 점친 사람이나 주체를 나타내는 세효는 일의 가능성이나 성공 여부를 뒷받침해 줄 수 있는 원동력이 됩니다.
  · 응(應)– 세효와 대칭되는 위치에 있는 효로 점친 대상, 환경 등을 나타냅니다. 세와 응의 관계는 점친 상황의 상호작용을 파악하는 데 중요합니다.

– 3단계: 본괘(本卦) 파악– 얻어진 6개의 효로 이루어진 원래의 괘의 구성을 확인합니다. 이는 점친 상황의 현재 상태를 나타냅니다.

– 4단계: 오행(五行) 및 육친(六親) 확인– 각 효에 해당하는 오행(목화토금수)과 육친(부모, 형제, 관귀, 재성, 자손)을 확인합니다. 그 오행과 육친이 용신과 이떻게 관계하고 있는지, 세와 응에 어떻게 영향을 수고 있는지를 파악합니다. 이는 괘의 내용과 점친 상황을 구체적으로 나타냅니다.

2) 동효(動爻) 및 변괘 이해(초급 ~ 중급)

- 5단계: 동효(動爻) 확인과 의미 파악- 얻은 괘에서 동효가 어디에 있는지 확인하고 동효의 위치, 오행, 육친의 의미를 종합적으로 고려하여 해석합니다. 동효는 상황의 변화나 발전 방향을 나타냅니다. 동한 효는 움직이고 진화하는 과정이라 다른 효를 생하거나 극 하는 힘을 발휘하여 문점 한 내용의 결과를 도출하기 위한 관계와 상황을 나타내므로 매우 중요한 통변의 핵심이 됩니다.

- 6단계: 일진(日辰) 및 월건(月建)의 파악- 점을 친 날짜(일진)와 달(월건)의 지지(地支)를 분석하여 괘의 각 효에 미치는 영향을 파악합니다. 일진과 월건은 효의 왕상휴수사(旺相休囚死)를 판단하는 중요한 기준이 됩니다. 이러한 기준으로 성패의 결과를 예측할 수 있고, 성사 시기 또한 예측할 수 있습니다.

- 7단계: 육수(六獸)와 신살(神煞) 적용- 일진에 따라 붙여지는 육수에 따라 동효나 세와 응 또는 용신에 붙은 육수를 육친과 함께 해석합니다. 필요에 따라 괘의 각 효에 해당하는 신살(예: 도화, 화개, 역마 등)을 적용하여 의미를 더 풍부하게 해석합니다.

- 8단계: 비신(飛神) 및 복신(伏神) 분석
    · 비신(飛神)- 각 본괘 효 아래에 숨겨진 괘(伏卦)의 효를 의미합니다.
    · 복신(伏神)- 본괘에 나타나지 않고 숨겨진 효를 의미하며, 본괘의 부족한 부분을 보충하거나 숨겨진 의미를 나타냅니다. 용신이 복신 되면 당장 이루어지기는 힘듭니다. 복신이 비로소 나올 수 있을 때를 기다려야 합니다.
    · 비신과 복신의 관계, 생극제화를 분석하여 점친 내용의 깊은 의미를 파악합니다.

- 9단계: 공망(空亡), 입묘(入墓), 삼합(三合), 방합(方合) 등 기타 관계 분석- 필요에
  따라 괘 내 효들 간의 삼합, 방합, 공망(空亡), 입묘(入墓), 충(沖), 합(合), 형(刑)
  등의 관계를 분석하여 상황의 변화와 복잡성을 이해합니다.

- 10단계: 변괘(變卦) 파악- 동효가 변화하여 나타나는 새로운 괘를 확인합니다.
  변괘는 점친 상황의 미래, 결과, 또는 변화된 상태를 의미합니다.

- 11단계: 각 효의 효사(爻辭) 해석- 본괘 각 효의 의미를 담고 있는 효사를 이해
  하고, 점친 상황, 해당 효의 위치, 오행, 육친 등을 고려하여 해석합니다. 특히
  동효의 효사는 중요하게 해석합니다.

3) 종합적인 판단 및 통변(고급)

- 12단계: 세(世)와 응(應)의 관계 분석- 세효와 응효의 생극비화(生剋比和) 관계를 분석
  하여 점친 주체와 대상 간의 관계, 상황의 발전 가능성 등을 판단합니다.

- 13단계: 용신(用神) 설정 및 분석- 점치고자 하는 내용에 따라 가장 중요한 효인 용신(
  예: 재물-재성, 관직-관귀, 시험-문서 등)을 설정하고, 용신의 상태(왕상휴수사), 위치,
  동정(動靜), 다른 효와의 관계 등을 종합적으로 분석합니다.

- 14단계: 원신(原神), 기신(忌神), 구신(仇神) 분석 용신을 돕는 원신(元神), 용신을
  극 하는 기신(忌神), 원신을 극 하는 구신(仇神) 등을 파악하여 점친 상황이 길흉화복
  을 판단합니다.

- 15단계: 괘의 전체적인 흐름 및 균형 판단- 괘 전체의 효들의 배열, 강약, 음양의
  조화 등을 종합적으로 고려하여 현재 상황과 미래 전망을 판단합니다.

- 16단계: 최종적인 통변- 위에서 분석한 모든 내용을 종합하여 점친 내용에 대한
  결론을 내리고, 질문에 대한 답을 명확하게 제시합니다. 이때는 논리적이고 객관적인
  근거를 바탕으로 설명하되, 때로는 직관적인 통찰력도 필요합니다.

- 17단계: 조언 및 활용 방안 제시- 점친 결과에 따라 필요한 조언이나 상황을 개선하
  기 위한 활용 방안 등을 제시하여 점을 통해 얻은 통찰을 실제 삶에 적용하여 보다
  나은 미래와 현명한 판단을 할 수 있도록 돕습니다.

이 순서는 육효 통변의 기본적인 틀을 제공하며, 숙련될수록 더 깊고 다각적인 해석이
가능해질 수 있습니다.

하늘에 뜻을 묻다 - 항목별 문점 분류

육효로 문점하는 내용은 규제나 제한이 없으며 진실되고 나쁜 의도만 없다면 하늘에서 답을 얻을 수 있습니다. 소소한 개인적인 감정부터 나라의 국운이나 세계의 경제 흐름까지도 예측할 수 있기 때문에 그 범위가 넓어서 효용가치가 큰 학문입니다. 또한 육효는 생년월일을 몰라도 세와 응의 심리부터 환경, 앞으로의 방향성까지 예측이 가능하므로, 간혹 자신의 생일을 모르시는 분들에게 신수나 운을 읽을 수 있는 좋은 도구가 되기도 합니다. 좋은 도구는 사용자가 어떻게 이용하느냐에 따라 그 효용성이 달라지기 때문에, 큰 힘과 위력을 가진 육효라는 도구로 나를 구하고, 사람들을 이롭게 하고, 도움을 줄 수 있는 용도로만 사용하시기를 당부드립니다. 개인정보가 엄중한 요즘, 상대의 동의를 구하지 않고 함부로 타인의 개인 문점을 하거나 이용한다면 응당한 대가를 받을 수 있으니, 신중하고 조심스럽게 사용해야 합니다.

문점을 하는 방식은 자신이 직접 자신의 점괘를 얻는 방법인 자점(自占)과 자신이 타인을 대신하여 그 사람인 것처럼 해서 하늘에 고하는 대점(代占)으로 두 가지 방식이 있습니다. 자점과 대점 모두 위에서 배운 대로 세 또는 용신이 주체가 되어 해석합니다. 다만 예를 들어, 자식점을 대점으로 친다면 손(孫)의 향방을 읽는 것이 아니라, 내가 되어서 세(世)의 향방과 용신의 왕상으로 결과를 예측하는 것입니다.

문점의 범위가 넓으니 이해하고 통변하기 쉽게 항목별로 나눠서 설명을 하겠습니다.

1) 한 해 운의 흐름을 읽는 신수점

신수점이란 한 해(또는 일정 기간) 동안 점을 친 사람 본인의 운세 전반에 대해 길흉화복을 예측하는 점법입니다. 전통적으로 음력 섣달 또는 정월 무렵, 일 년의 흐름을 점치기 위해 많이 사용되었습니다. 한 해가 가고 새로운 해가 시작하는 기간에 주로 많이 보고 있으며, 명리와 함께 보면 그 정확도를 높일 수 있어서 명리가 읽지 못하는 세부적인 기운의 흐름을 읽을 수 있어 신수점은 가장 많이 보는 점입니다.

(1) 용신 선정

신수점에서는 본인(문점자)의 한 해 흐름을 보는 것이기 때문에 세효가 용신이 되며 왕상휴수사에 중점을 두어 해석합니다. 세효가 생을 받는 달은 길하고 극이나 충이 되는 달은 흉하게 됩니다. 이때 동효의 움직임으로 그 해에 있을 이슈들을 예측하며, 지혜롭게 그해를 보낼 수 있는 전략을 준비할 수 있게 알려줍니다. 여러분들도 신수점을 볼 때는 단순히 길흉만을 읽지 말고, 변화의 흐름을 읽어서 그때그때 필요한 전략으로 좀 더 지혜롭게 한 해를 보낼 수 있도록 활용하면 많은 도움이 될 것입니다.

(2) 신수점 길흉 해석

모든 괘의 해석은 조건이 모두 다르므로 보편적으로 해석하는 기준으로 설명해 드리겠습니다. 절대적이지 않으며 왕상휴수사와 합충형파해 그리고 신살의 작용, 무엇보다 동효의 향방이 미치는 영향이 크므로 이러한 인자들을 꼭 함께 해석해야 함을 잊지 마시기 바랍니다.

1. 세효가 왕상 하면 길하고 휴수사하고 극, 충, 공망되면 흉할 가능성이 커집니다.

2. 세효에 위치한 육친(부모, 형제, 자식, 재물 등)을 중점 있게 해석합니다. 세효에 손효가 위치하면 '손지세(孫持世) 또는 손세(孫世)'라고 말합니다.

- 손세(孫世) 하면 일 년간 기쁨이 있고, 편안하며, 자식도 잘되는 해가 됩니다.

- 재세(財世) 하면 재물에 관련된 좋은 일이 있습니다.

- 관세(官世) 하면 놀라는 일이 있고, 재앙과 건강의 위험이 있을 수 있습니다. 다만 취업을 준비하는 사람들에게는 입사의 기쁜 소식이 있을 수 있습니다.

- 부세(父世) 하면 걱정거리가 많고, 마음적인 고생을 할 수 있습니다. 다만 공부하는 학생이라면 우수한 성적을 올릴 수 있는 해가 될 수 있습니다.

- 형세(兄世) 하면 돈이 모이지 않고 생각지 못한 지출이 생기며 손실이 있을 수 있습니다.

- 손효나 재효가 왕상 하면 길하고, 형효나 관효가 왕상 하면 흉하다고 해석합니다.

3. 동효를 세밀히 해석합니다. 동효는 한 해의 이슈가 되거나 사건의 발단이자 결과가 될 수 있으니, 동효가 힘이 있는지 없는지를 살펴서 해석합니다.

4. 세와 응이 육합의 관계를 육합괘라고 하며, 이는 한 해 마음 맞는 사람을 만나서 순조롭게 풀려나가는 것을 암시하고 있습니다.

5. 세와 응이 육충되는 관계를 육충괘라고 하며 이는 상대방과 마음이 맞지 않고 에너지를 낭비하는 상으로, 일이 순조롭지 못하고 실패할 가능성이 크다는 것을 의미하기도 합니다.

6. 형은 재성을 극하는 육친으로, 형이 동하면 손재, 파재, 구설이 있습니다.

7. 손은 관성을 극하는 육친으로, 손이 동하면 남편이나, 직장에 문제가 발생할 수 있습니다.

8. 재는 인성(父)을 극하는 육친으로, 재가 동하면 재물을 얻기 쉬우나, 가옥이나 부모, 문서의 문제가 생길 수 있습니다.

9. 관은 형을 극하는 육친으로, 관이 동하면 병이 들거나 깊어지고 관재, 구설, 사고가 생길 수 있습니다. 건강과 신변에 위협이 되는 것이 바로 관이 동하는 것입니다.

10. 부는 식상(孫)을 극하는 육친으로, 부가 동하면 상심하는 일이 있고, 자손의 근심이 생길 수 있습니다.

11. 재가 동하여 세와 합을 하면 재수가 좋은 일이 생깁니다.

12. 재가 손으로 변하거나, 손이 재로 변하면 재수가 대통할 수 있습니다.

13. 동효와 부효가 합을 이루면 문서도 취하고 돈도 취하게 되는 행운이 있습니다.

14. 가택효(2효를 지칭함)가 동하여 세를 생하면 근년에 이사를 하게 됩니다.

15. 가택효가 동하여 회두극이 되면 이사를 할 생각은 있으나, 상황이 여의치 않아서 불가능하게 됩니다. 이사를 안 하는 것이 좋습니다.

16. 가택효나 부효가 퇴신 또는 반음, 복음이 되면 이사를 하기 어렵고, 어렵게라도 이사를 하게 된다면 곧 또 이사를 하게 되는 일이 생길 수도 있습니다.

17. 가택효에 관이 지세 하고 왕상하면 그 집에는 이사하면 안 됩니다.

18. 이효가 동하여 오효를 극하면 이동할 수 있습니다.

19. 오효가 동하여 이효를 극하면 가택이 불안해질 수 있습니다.

20. 주작 형이 지세 하면 구설, 논쟁사가 생깁니다.

21. 주작 관이 지세 하거나 동하여 세를 극하면 구설과 문서 사건이 생길 수 있습니다.

22. 구진 형이 지세 하거나 동하면 식구들이 흩어지는 일이 생길 수 있습니다.

23. 구진 형이 동하여 세효를 극하면 시비, 구설, 논쟁사가 있을 수 있습니다.

24. 등사 형이 지세 하여 극을 받거나 세효를 극하면 놀라고 시끄러운 일이 생길 수 있습니다.

25. 등사 재가 휴수되면 돈이 없어지고 통장이 비게 됩니다.

26. 등사 관이 역마를 띠고 발동하면 교통사고가 날 수 있습니다.

27. 백호 형이 지세 하면 파산할 수 있고, 동하여 극하면 우환이 겹칠 수 있습니다.

28. 백호 손이 관을 회 출히기니 백호 손이 공망되고 또 극을 받으면 자손의 문제가 있을 수 있습니다.

29. 백호 재가 형, 충 되면 손재수가 있습니다.

30. 현무 형이 지세 하면 사기나 배신을 당할 수 있고, 동하여 세를 극하면 물건을 잃어버리는 수가 있을 수 있습니다.

31. 현무 재가 도화살을 띠면 부인의 음행(淫行)이 있을 수 있습니다.

32. 현무 재가 은복(隱伏)하면 실물하고 도적이 들 수 있습니다.

33. 청룡 형이 동하여 세효를 생하면 형제나 친구 또는 동료의 도움이 있을 수 있습니다.

34. 청룡 손이 지세하여 생왕하거나 동하여 세를 생하여 주면 자손의 경사와 수하의 도움이 있고, 재수대통하며 기쁜 일이 연달아 생길 수 있습니다.

35. 청룡 관이 지세 하여 생왕 하거나 동하여 세를 생하면 승진을 하거나 공명하게 됩니다.

36. 청룡 손이 3효에 놓여 왕상하면 집안에 기쁜 일이 생깁니다.

(3) 실전 통변 예시(서술 방법)

– 관효가 일월의 생을 받고 세효와 합 관계일 때

"승진이나 직책 상승의 기회가 다가옵니다. 상사와의 관계도 원만하며, 중요한 프로젝트 참여나 새로운 업무 도전에 적극적으로 임하시면 좋은 성과를 거둘 수 있습니다."

– 자손효가 왕성하며 관효를 극할 때

"직장에 대한 불만이 극에 달해서 사표를 던지고 싶은 마음이 간절해 보입니다. 그래서 기존의 안정적 직장과의 갈등 요소가 있으니, 대책 없이 그만두지 마시고, 미래를 위해 먼저 부업이나 사이드 프로젝트로 시작하여 점진적으로 확장하는 것이 안전합니다."

– 재효가 월건의 생을 받고 세효와 육합일 때

"배우자와의 관계가 매우 화목해지는 시기입니다. 부부간 소통이 원활해지고 상호 이해가 깊어지며, 가정 내 경제적 안정도도 향상될 것으로 보입니다. 재물운도 좋아서 한해 내내 재물이 들어오는 길한 상황이 벌어질 것입니다."

– 형효가 동하여 세효를 극하고 공망 될 경우

"형제자매나 친구 관계에서 오해니 갈등이 생길 수 있습니다. 금전 거래나 공동 사업은 피하시고, 개인적 문제에 과도하게 개입하지 않는 것이 좋겠습니다. 주변 상황에 휘둘리지 말고 내실을 기할 수 있는 한 해로 만드시길 바랍니다."

– 부효가 왕상하며 손효를 극할 때

"자녀 교육이나 진로 문제로 고민이 많아지는 시기입니다. 지나친 간섭보다는 자율성을 존중하되, 중요한 선택의 순간에는 현명한 조언자 역할에 충실하시기 바랍니다. 또는 문서에 관련된 일은 길하나 그 문서를 너무 쫓다가 삶의 즐거움과 여유를 잃고 우울한 한 해를 보낼 수 있으니 자신을 잘 챙기며 움직이는 한 해가 될 수 있도록 하시길 바랍니다. "

수택절(水澤節) 之 수천수(水天需)

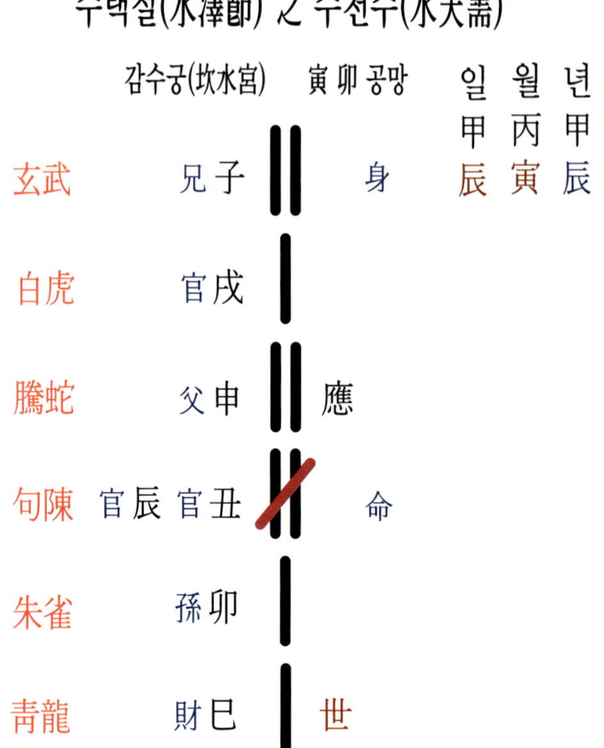

괘상: 수택절에서 수천수로 변했습니다. 수택절은 절제, 마디, 규범, 조절, 넘치지 않고 적절히 조절하고 절제해야 함을 강조합니다. 어떠한 말에도 넘어가지 않고 자신의 신념을 지켜야 한다는 것을 의미합니다. 수천수는 기다림, 준비, 때를 기다림, 신뢰, 때가 올 때까지 충분한 준비를 하고 인내심을 가지고 기다려야 한다는 의미입니다. 하늘에 구름이 가득 끼어 있지만 아직 비를 내리지 못하는 상입니다. 비가 곧 내린다는 확신과 신념을 갖고 때를 기다리는 것을 나타냅니다.

점사: 1년의 운을 읽는 신수점입니다. 신수점에서 용신은 세효가 됩니다. 세효는 초효에 위치하고 있고, 재효에 임해 있습니다. 월건의 생을 받아 왕하고 응효와는 육합으로 육합

괘를 만났습니다. 부효가 임한 응효는 월건과 충이 되어 암동 되었고, 일진의 힘을 받아 활발히 움직이고 있습니다. 3효의 관효가 동해서 진신이 되었습니다. 동효와 변효는 일진의 생을 받아 왕상합니다. 자세히 보니, 월건, 세효, 응효가 인사신 삼형이 되었습니다. 괘 내의 현상을 보면 가장 문제가 되는 것이 바로 관의 움직임입니다. 인사신에 포함은 안 되지만 막강한 관이 진신까지 되어 문제의 발생을 예측할 수 있습니다. 관이 동하는 것은 취업이나 명예점이 아닌 이상은 불길한 징조로 해석하며, 신수점에서는 직업의 변동 또는 건강의 문제로 해석할 수 있습니다. 건강을 의미하는 손효는 2효에 위치해 있으며 공망에 놓였습니다. 직장으로 인한 극심한 스트레스를 유추할 수 있습니다. 다행히 재효인 세효에 청룡이 임하고 힘이 있으니, 먹고사는 데는 큰 문제는 없어 보입니다.

종합적으로 판단해 보면, 직장의 극심한 스트레스가 있으니, 직장을 계속 다니면 건강도 멘탈도 나갈 수 있는 상황에 처할 수 있습니다. 직장을 그만두고, 본인이 할 수 있는 소일거리를 하면서 좀 휴식을 취하는 것이 좋을 것 같고, 소일거리라도 먹고 사는 데는 문제가 없으니, 적게 벌더라도 본인의 건강을 위하여 휴식을 취하기를 권유했습니다. 회사에 문제가 생길 수 있으며 법적인 문제나 송사에 휘말릴 수 있으니, 그러기 전에 먼저 나오면 문제없이 좋은 관계로 퇴사할 수 있으니, 퇴직을 권유했습니다. 점사를 한 달이 2월이니 5월(巳) 전에 나오는 것이 좋겠다고 말씀드렸습니다.

결과: 문점자는 직장의 스트레스로 잠도 잘 못 자고 힘들어하는 상황이었고, 회사가 합병되면서 자신의 위치도 위태한 상태였다고 합니다. 상담 내용에 용기를 얻어 퇴사를 준비했고, 진신이 된 4월(辰)에 퇴사하였습니다. 회사도 미안해하면서 퇴직금과 실업수당을 받을 수 있게 조치해 주었으며 좋은 마음으로 퇴사를 할 수 있었다고 합니다. 그 후 세효가 위치한 5월(巳)에 부산 1달 살기를 실천했고, 자신에게 처음으로 휴식기를 갖게 되었다고 합니다. 1달 살면서 새로운 계획을 하게 되었고, 1달로 계획했던 부산 살기는 3개월로 연장했고, 다시 또 1년으로 연장하면서 행복한 부산 살기를 아직도 하고 있다고 합니다. 부산에서 사는 동안 온라인으로

일도 시작해서 직장 다닐 때만큼 돈도 벌고 있어서 행복한 근황을 보내왔습니다. 그 회사는 그 이후 정리 해고를 하면서 법적인 일에 휘말려 혼란스러운 시간을 보내고 있다고 했습니다.

이렇듯 신수점은 1년의 중요한 이슈가 동효로 알려주는 경우가 많이 있습니다. 진행을 알고 예측한다면 그것을 더 좋게 운을 운용하고, 개운할 수 있는 방향을 읽을 수 있어야 진정으로 육효를 정복했다고 할 수 있습니다.

2) 인생을 통틀어 엿보는 신명점

(1) 용신 선정

신명점이란 하나의 육효점괘에서 한 사람의 인생을 모두 읽을 수 있는 점법으로 그 사람의 성격, 재물, 외모, 수명, 직업, 신분, 수명, 육친 등의 인생에 걸친 모든 인자들을 읽어 낼 수 있는 점입니다. 간단하고 쉽게 풀리는 다른 목적점들과 달리 총괄적으로 해석하는 신명점은 명리에서 한 사람의 인생을 풀어 나가는 것처럼 세효를 중심으로 주변의 모든 육친과 합충형, 육수, 신살 등을 모두 해석하는 것이 특징입니다. 자신 일생의 운명을 점을 치는 것이니 용신은 세효가 됩니다.

(2) 신명팔요(身命八要) 이야기

신명팔요(身命八要)는 육효학에서 신명점(身命占)을 해석할 때 점사자의 인생 전반을 종합적으로 판단하기 위해 반드시 검토해야 할 여덟 가지 핵심 항목을 말합니다. 이는 단순히 효의 강약만 보는 것이 아니라, 문점자의 성격, 신분, 직업, 가족, 재물, 건강, 자식, 명예 등 다방면의 운세를 입체적으로 분석하기 위한 분석 틀입니다.

신명팔요(身命八要)

1. 지위의 높고 낮음은 세효(世爻)와 응효의 위치로 파악합니다.

2. 조상이나 선대의 상황은 괘상(卦象)으로 파악합니다.

3. 성품의 강하고 유함은 효의 음양으로 파악합니다.

4. 육친의 관계는 세와의 관계로 파악합니다.

5. 귀천과 빈부는 신살로 파악합니다.

6. 재앙이나 복은 육수로 파악합니다.

7. 길함과 흉함은 삼전(三傳)으로 파악합니다.

8. 용신이 발동함은 유년의 태세로 파악합니다.

위의 신명팔요의 내용을 숙지하고 신명점을 읽으면 쉽게 해석할 수 있습니다.

(3) 신명점 길흉 해석

1. 응효로 배우자를 보고 세와 합이 되면 길하고 사이가 좋으며, 충하면 흉하고 헤어질 가능성이 큽니다.

2. 응(應)효를 배우자로 보고 세와 응이 합이니 생의 관계면 사이가 좋고 길한 관계로 읽고, 충이나 극의 관계이며 불화가 있다고 봅니다.

3. 육합괘가 육충괘로 변하면 먼저 성공을 이루고 후에 패하고, 육충괘가 육합괘로 변하면 먼저 고생하고 후에 편안하다고 해석합니다.

4. 세효의 위치에 따라 신분을 유추할 수 있습니다. 초효, 2효는 낮은 신분으로 5효는 최고의 위치로, 상효는 세속을 떠난 신분으로 해석합니다.

5. 신명점에서는 세효, 괘신효, 본명효(태어난 해)가 괘상에 나타나며 상생상합 되면 의식주가 안정되고 형통하다고 해석합니다.

6. 효의 음양으로 남녀를 예측하고 육친의 왕상휴수사로 능력과 건강을 가늠합니다.

7. 육친이 나타나지 않거나, 공망, 일월진 파가 되어 무기력하게 되면 해당하는 육친이 없거나, 영향력이 없다고 해석합니다.

8. 세효가 연월일의 도움을 받아 왕성하면 귀인의 도움이 있다고 해석하고, 일생 형통하며, 강건한 가정을 이룰 수 있는 힘이 있다고 해석합니다.

9. 세효가 연월일의 도움이 없고 동효의 생부만 있으면, 그래도 가정은 이룰 수 있는 능력이 있다고 해석합니다.

10. 세효가 연월일의 도움을 받지 못하고 동하여 회두생이 되거나 진신이 되어 스스로 왕성해지면 자수성가할 수 있는 운이 강하다고 해석합니다.

11. 상효에 지세 하면 조업을 물려받기보다는 자수성가로 성공할 확률이 높습니다.

12. 세효를 생하는 효로 수명을 가늠할 수 있습니다. 또한 일진이 세효를 생해도 월파가 되면 장수는 하지 못합니다.

13. 세효와 신명(身命)이 관효에 있고 일진에 입묘되면 일생에 거쳐 질병이 있고, 세효를 강한 관효가 극하면 병이 자주 걸리고 단명할 수 있습니다.

14. 신(身)효의 왕상휴수사로 빈부를 알 수 있습니다.

15. 세신(世身)이 묘절, 공망되면 일이 원하는 대로 풀리지 않고, 휴수, 입묘되면 허송세월을 보내고 목표 없이 방황하는 삶을 살 수가 있습니다.

16. 태세가 세효를 생하면 직장운이 좋고, 관효와 부효가 같이 앙성히면 글로씨 출세힐 수가 있습니다.

17. 세효가 극을 받고 손효가 사, 묘, 절, 공망이 되면 타인에게 의존하는 경우가 있을 수 있습니다.

18. 손과 재가 왕성하면 길하고, 형이나 관이 왕성하면 재앙과 변고가 많을 수 있습니다.

19. 여자의 경우, 관효가 공망이 되면 남편과 해로하기 어렵고, 관효에 구진이 놓여 쇠약한데 관을 생하는 부의 힘까지 없다면 남편이 부족한 사람이라고 해석합니다.

20. 남자의 경우, 정룡이 재효에 있거나 청룡이 재효를 생하면 부인이 인자히고 덕이 있습니다.

21. 남자의 경우, 내괘와 외괘에 재가 나타나 왕상 하면 애인이 있다고 보고, 괘중에 재효가 중출하면 응효의 재를 본처로 보고 다른 재는 애인으로 해석합니다.

22. 세나 응에 재효가 위치하고 육충이 되면 부부는 이별수가 있다고 해석합니다.

23. 백호 형이 동하여 재효를 극하면 부인을 상처(喪妻) 하기 쉽고 백호 손이 동하여 관을 극하면 상부(喪夫) 할 수 있습니다.

24. 등사 관이 세와 합을 하거나 양현 된 관이 세와 합을 하면 부정한 여자로 해석합니다.

25. 등사 재가 세와 합을 하거나 두 개의 재가 세와 합을 하면 남자가 바람이 날 수 있습니다.

26. 구진이 현무 재를 손상 하면 여자에게 흉한 일들이 발생할 수 있습니다.

27. 현무 재가 동하여 응효와 합을 하면 부인의 음행이 발생할 수 있습니다.

28. 재효가 백호에 위치해 있으면 부인이 음흉할 수 있습니다.

29. 자손이 암동하여 세를 생하면 멀리 나갔던 자식이 돌아오게 됩니다.

30. 관이 오행의 화(火)를 띠고 동하거나 수(水), 화(火) 현무가 동하면 부인의 성질이 악하고 강한 성향을 띨 수 있습니다.

31. 관이 왕상 하고 세효도 왕상 한데 재, 관, 부효가 귀인을 대(帶)하여 세효와 생합 하면 고관으로 출세를 할 수 있습니다.

32. 일진 관이 지세 하고 귀인을 띠고 발동 하면 영전할 수 있으나, 충파 되면 반대로 좌천할 수도 있습니다.

33. 사고(四庫: 丑, 辰, 未, 戌)가 재에 임하고 왕상 하면 큰 부자가 될 수 있습니다.

34. 수(水) 재가 지세 하고 역마가 놓여 왕상 하면 해외무역과 관련이 깊습니다.

35. 재성이 지세 하고 휴수 되면 소상공인일 가능성이 크고, 등사 형효에 복음 된 재성이 휴수 되면 비털털이가 될 가능성이 있습니다.

36. 손이 왕한 세효를 형충 하면 주색으로 병을 얻고, 청룡을 띤 세효가 쇠약하면 주색으로 망신을 당할 수 있으며, 손이 동해서 관이 되어 세를 극하면 주색으로 송사에 휘말릴 수 있습니다.

37. 현무가 도화살을 띠면 남녀 모두 주색에 빠질 수 있습니다.

38. 연월이 세를 생하면 조상의 덕이 있고, 일시가 세를 생하면 아랫사람의 덕을 볼 수 있습니다.

39. 형이 시세 하여 새를 극하면 재물을 모으지 못하고, 손이 지세 하고 왕상 하면 의식주가 풍족하고 평생 관재를 당하지 않는다고 해석합니다.

40. 재가 지세 하면 돈복은 있으나 부모를 극할 수 있고, 관이 지세 하면 관직은 길하나 질병과 사고에 노출될 수 있습니다.

41. 부가 지세 하면 학문과 문장에는 뛰어나나 자식을 극하고 고생할 수 있습니다.

42. 청룡 관이 지세 하여 천을귀인을 띠고 왕상 하면 출세의 길이 열리고, 고위직까지도 올라갈 수 있습니다.

43. 관이 지세 하고 휴수 되면 소관말직일 가능성이 큽니다.

44. 청룡 재가 지세 하여 왕상 하면 거부실업가이고, 형이 지세 하여 쇠약하면 가난하다고 해석합니다.

45. 현무 형이 지세 하면 소매치기의 형상이 있으며, 현무 관이 지세 하면 도적일 가능성이 큽니다.

46. 주작 손이 지세 하여 응효와 상합 하면 배우이거나 총명한 사람일 가능성이 큽니다.

47. 손이 지세 하여 청룡이 임하고 왕상 하면 부귀공명 하고 일월에 휴수 되어 무기 하면 춥고 배고픈 선비에 비유합니다.

48. 부효가 지세 하면 고생하여 돈을 벌고, 발동 하면 자손을 극하니 복록이 없다고 해석합니다.

49. 재와 손이 왕상 하면 성공, 발전의 기운이 강하고, 형이나 관이 왕상 하면 파산과 빈곤의 기운이 강하다고 해석합니다.

50. 오행 금(金: 申, 酉), 손이 지세 하여 백호를 만나면 군인, 경찰일 가능성이 있고, 오행 금(金: 申, 酉), 부가 지세 하여 백호를 만나면 정육점을 할 가능성이 있습니다.

51. 손이 지세 하여 형(刑)이 되면 의사일 가능성이 있고, 화개살을 만나면 승려나 종교, 철학 쪽의 일을 할 가능성이 있습니다.

52. 구진 부가 지세 하면 농부일 가능성이 있고, 응효의 현무 재가 타효와 합을 하고 세효와 형해(刑害)가 되면 화류계에 종사할 가능성이 있습니다.

53. 세효가 공파(空破) 되면 일생이 가난하고 공허할 수 있습니다.

54. 청룡이 지세 하면 키가 크고 주색을 탐할 수 있습니다.

55. 주작이 지세 하면 보통 키에 야무지고 언변에 소질이 있습니다.

56. 구진이 지세 하면 몸집이 크고 좀 굼뜰 수 있습니다.

57. 등사가 지세 하면 키가 작고 꾀가 많으며 간사할 수 있습니다.

58. 백호가 지세 하면 건강한 체격에 용삼하고 상한 성격을 가질 수 있습니다.

59. 현무가 지세 하면 비대하고 속을 알 수가 없으며 색을 밝힐 수 있습니다.

60. 육효가 모두 안정되고 형, 충, 파, 해가 없이 상생, 상합 되면 가정이 화복하고 일생을 잘살 수 있습니다.

61. 현무가 목욕살을 띠면 여자가 부정하고 장수도 힘들 수 있습니다.

62. 부효가 세효와 생합 하면 부모의 덕이 있고, 형제가 세효를 극하면 형제자매의 피해가 있을 수 있습니다.

63. 세와 응이 같이 동하면 자수성가의 상입니다.

64. 호괘(互卦)중 건(乾)이 많으면 관리, 교사, 정치가, 종교가가 많고

　　　　태(兌)가 많으면 배우, 예능, 학자

　　　　리(離)가 많으면 군인, 천문, 불에 관련된 사람

　　　　진(震)이 많으면 음악가, 예술가

　　　　손(巽)이 많으면 승려, 도사

　　　　감(坎)이 많으면 양조업, 물을 취급하는 사람

　　　　간(艮)이 많으면 상업, 산림, 어업

　　　　곤(坤)이 많으면 농업, 목축, 정치가, 교사 등이 많습니다.

65. 슬기롭고 어리석음과 부귀, 수명의 장단은 모두 세효의 왕쇠로 정해지게 됩니다.

(4) 실전 통변 예시(서술 방법)

– 손효가 동하여 세효를 생할 때

"자녀 복이 매우 좋은 명조입니다. 자녀를 통한 기쁨이 크고, 노년에 자녀로부터 받는 도움과 효도를 크게 받으실 수 있습니다. 다만 자녀에 대한 과도한 투자나 간섭은 피하시고, 자연스러운 성장을 도와주는 것이 좋겠습니다."

– 세효에 재가 임하고 일진의 생을 얻고 청룡이 붙을 때

"재물을 벌어들이는 능력이 뛰어난 명조입니다. 특히 안정적이고 지속적인 수입원을 확보하는 데 탁월한 재능을 보이며, 부동산이나 장기투자를 통한 자산 증식에 유리합니다. 다만 너무 보수적으로만 접근하지 마시고 적절한 시점에서는 과감한 투자 결정도 필요합니다."

– 재효가 월파 되고 동효가 공망일 때

"재물 관리에 특별한 주의가 필요합니다. 수입은 있지만 예상치 못한 지출이나 투자 실패로 인한 손실이 반복될 수 있습니다. 투기성 투자는 절대 피하시고, 가계부 작성을 통한 체계적인 재정 관리가 필수적입니다. 또는 부인의 자리가 불안정합니다. 관계가 소원해지지 않도록 서로 많은 노력을 해야 파국으로 치단지 않고 잘 살 수 있습니다."

– 부효가 월령의 생을 받고 청룡이 붙을 때

"부모의 덕이 있고, 문서를 다루거나 학위, 공부, 연구에 길한 작용을 하게 됩니다. 자격증이나 문서를 다루는 일을 했을 때 만족도가 높고 남들보다 빠르게 성장할 수 있습니다."

– 재효나 관효가 세효와 육합 할 때

"배우자와의 관계가 매우 화목하고 서로를 잘 이해하는 상입니다. 결혼 후 가정이 평
안하고 경제적으로도 안정될 가능성이 높습니다. 부부가 함께 사업을 하거나 공동 목
표를 추구할 때 더 큰 성과를 거둘 수 있습니다."

신명점 예시) 최소원의 신명점입니다.

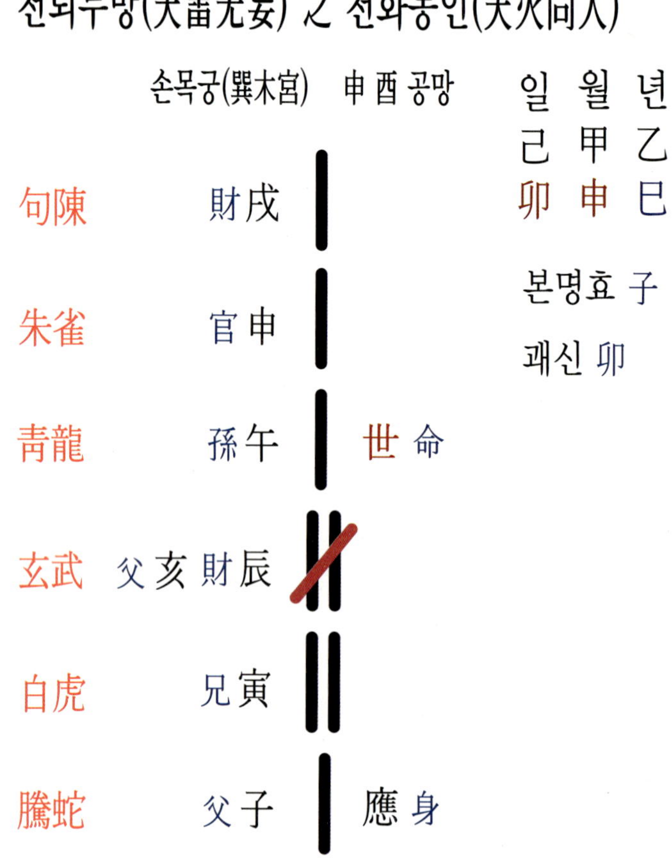

괘상: 천뢰무망에서 천화동인으로 변했습니다. 천뢰무망은 망령되지 않음, 진실, 성실,
속임수 없음. 억지로 꾸미지 않고 진실하고 순수한 마음으로 나아가야 길함을 나타냅니다.

건실하고 강건한 하늘의 도리에 맞게, 땅에서 진실하게 움직여야 함을 상징합니다. 현실에서 쓰임을 알아보면, 경거망동·탐욕·무리수·억지 추구를 경계하며, 바른 심성·성실함·명예를 지키는 데 쓰입니다. 조직·가정·사회에서 명예와 신뢰, 순리와 도리를 중시하는 모든 상황(부정직, 조급증, 꼼수 등을 경계하는 상황)에 적용됩니다. 천화동인은 화합, 동지, 공통된 목표, 단결. 모두가 한마음으로 뜻을 같이하여 목표를 향해 나아가야 하는 상황을 상징합니다. "서로 뜻을 모으고 협력하는 것이야말로 공동의 번영과 위기 극복의 근본이다. 집단의 단결·윤리·공정함이 중심에 있을 때, 대업·대동사회의 이상이 현실화된다."는 주역 최고의 협동·상생을 의미하는 괘입니다.

따라서 조직 리더, 가정의 어른, 사회적 네트워크 등 누구든 이 괘에서 "공공의 정신, 품격 있는 협동, 열린 마음, 윗사람과 아랫사람의 아름다운 하모니"를 실천해야 필연적으로 성공과 평안을 얻게 됨을 배우게 됩니다.

점사: 신명점은 세효를 중심으로 평생의 운을 보는 것이라서 모든 괘의 왕쇠와 관계를 활용하여 해석하기 때문에 모든 효가 하나하나 중요한 의미를 가지고 있습니다. 본명효는 子로 초효에 나타나 있고, 괘신은 卯로 괘 내에는 없고 일진에만 나타나 있습니다. 손효가 지세 하고 청룡이 임하고 있으며 태세와 일진의 생을 받아 왕상 하고 강해 보입니다. 자손효에 청룡이 임하고 왕상 하며 부귀공명 하고 일월에 휴수 되어 무기 하면 춥고 배고픈 선비에 비유된다고 했는데, 세의 상황은 아주 좋아 보입니다. 응은 본명효가 위치한 초효에 있고 월의 생을 받아 강합니다. 다만 세효와는 육충의 관계로 육충괘가 되었습니다. 육충괘는 배우자와 화합하기 힘든 것으로 해석하는데, 아마도 명리와 같은 도의 학문을 공부해서 그런지 남편과는 매우 잘 지내며, 서로에게 든든한 지원자이자 조언자가 되어 주고 있습니다. 5효의 관이 공망인데 월의 힘을 빌어 진공 되진 않았습니다. 5효의 관이 공망인 것은 아마도 평생을 프리랜서로 일하기 때문일 수도 있을 것 같습니다. 하지만 5효인 임금의 자리에 위치해 있어서 인지, 대표 또는 부사장, 사장으로 주로 일을 하고 있습니다. 3효

의 재효가 동하여 부효를 화출 해냈습니다. 태세가 세효를 생하면 직장운이 좋고, 관효와 부효가 같이 왕성하면 글로써 출세할 수가 있다고 하였는데, 부효가 강한데 또 부효를 화출 해서인지 10여 년 전에 책을 쓰고, 또 지금도 책을 쓰게 된 것 같습니다. 아마도 이 책을 계기로 앞으로 꾸준히 책을 내고 싶은 욕심도 생겼습니다. 인생의 후반기는 글을 많이 쓰게 될 것 같다는 생각이 많이 듭니다. 또한 부효는 부모를 나타내기도 하니, 부모님 모두 연세가 있으신데도 건강하시고 자애로우며, 도움을 받기보다는 늘 더 주려고 애쓰시는 훌륭한 부모님이십니다. 2효는 형효로 월건과 충으로 암동 되었고 일진의 힘을 받아 강합니다. 2남 2녀 중 셋째로 오빠, 언니, 남동생이 있으며 형제자매와는 매우 사이좋고 의좋게 지내며, 특히 언니와는 위층 아래층에 살며 많은 것을 공유하며 지내고 있습니다. 3효와 상효에 재물인 재효가 위치해 있는데, 남들에 비해 여유 있는 생활을 하고 있다고 생각합니다. 손효는 세에 임해 자식을 늘 우선으로 생각하는 제 마음이 나온 것 같고, 딸이 둘이 있는데, 저에게는 세상 제일 소중한 보물이라고 할 수 있습니다. 그래도 인생을 뒤돌아보고 생각해 보면, 결혼해서 예쁜 딸 둘을 낳은 것이 제 인생에서 가장 잘한 일인 것 같습니다. 이렇게 인생을 쭉 살피며 신명점을 풀어보니 지금의 제 인생과 많이 비슷하다는 생각이 듭니다. 앞으로 저의 목표는 명리와 육효를 보다 쉽게 전파하여 몽매한 사람들을 일깨워주는 것입니다. 그래서 인생을 보다 적극적이고 자신 있게 자신의 운을 리드하여 최선의 선택을 할 수 있게 도와주고 싶습니다. 그러기 위해서는 의식 있는 학자들의 단체를 만들어 주기적으로 연구발표를 통해 정제된 이론을 만드는 것입니다.

괘상에서 의미하는 것처럼 순수한 마음을 잃지 않고 도리에 맞는 행동으로 제 명예를 지키며 사회에 공헌할 수 있는 품격 있는 단체를 만들어 이끌어 나갈 수 있도록 더 정진하고 노력하겠습니다.

3) 문점의 대부분을 차지하는 끝없는 욕망, 재물점

육효로 문짐을 하는 내용의 80% 이상은 재물에 대한 것입니다. 세상을 살아가면서 꼭 필요한 항목 중의 하나이며, 많아도 걱정이고, 없어도 걱정인 것이 재물이 아닐까 생각합니다. 그래서 세계적으로 유명한 육효학자 왕호응 선생님은 『육효 경제예측학』이라는 책을 발간하셨는데, 전체 내용이 재물점에 관련된 것만 모아놓은 것입니다. 책의 서문에서 밝히셨듯이 가장 많은 비중을 차지하는 것이 바로 재물점이어서 이 부분만을 더 연구해서 육효 책을 출간하신 것을 보면 재물에 대한 욕망과 쟁취는 우리 삶의 가장 큰 관심사인 것 같습니다.

(1) 용신 선정

육효에서 재물점은 재물이 들어올지, 금전적 이득이 생길지, 특징한 재물 활동(매매, 대출, 투자, 돈 받을 일 등)에서 성취가 있을지를 물을 때 사용하는 점법입니다.

재물점에서 주로 보는 용신(用神)은 재성(財)으로, 이는 명리학의 재성 개념과 같으며, 점사자의 금전, 물질, 경제적 이득을 상징합니다. 용신을 재성으로 보고 재성의 왕상휴수사를 살피는 것이 기본이고, 용신인 재효를 생하고 도와주는 원신인 손의 향방도 중요하니 함께 확인해야 합니다. 또한 대출이나 문서를 기반으로 하는 취제의 문점에는 문시인 부의 향방도 중요하니 모두를 두루 살피는 것이 필요합니다.

(2) 재물점 길흉 해석

1. 재물점에서는 재효가 용신이 되고, 재효를 생해주는 손효를 원신으로 보고, 왕상 하기니 발동하면 길하게 해석하고, 상함이 있거나 휴수사 되면 물리하게 작용한다고 해석합니다.

2. 재물점에서 제일 흉한 것이 재를 극하는 형의 작용입니다. 그 다음 흉한 것은 재를 생하는 원신인 손을 극하는 부의 작용입니다. 형이나 부의 발동 또는 왕상은 재물을 취하는데 많은 걸림돌이 될 수 있어서 불길하게 해석합니다.

3. 재가 지세 또는 합세 하면 재물을 취할 수 있고, 재효가 세효를 극하면 이른 시일 내에 구재가 이루어진다고 해석합니다. 하지만 재효가 세효와 무관 하면 내가 재물을 구하는 상황을 나타내고, 이는 구재가 이루어지는 것과는 별개로 해석합니다.

4. 재가 세와 합을 이뤄서 좋은 형상인데, 세효가 공망이 되면 득재나 구재에 불리하게 해석합니다. 어떤 점에서든 세효가 공망 되면 그 뜻을 이루기 힘들다고 해석하면 됩니다.

5. 재가 세를 생하면 구재에 이로우나, 형이 동하여 재를 극하면 손재 할 수 있습니다.

6. 재가 동하여 손으로 변하면 득재 할 수 있고, 재수도 좋다고 해석합니다. 그러나 부나 형이 동하면 이 역시 손재 할 수 있다고 해석합니다.

7. 재가 동하여 진신이 되면 득재의 기운이고, 손이 동하여 재를 생하면 나의 능력으로 재물을 얻는 격이 되는 것이며, 재가 동하여 관으로 변하면 돈이 오히려 나가고 재앙이 생길 수 있으니 조심해야 합니다.

8. 손이 동하여 세를 생하면 득재의 기운이 있지만, 관과 형이 동하게 되면 손재, 구설이 있을 수 있습니다.

9. 재효와 동효가 상합 하면 득재의 기운이나 월과 일에서 다시 재를 보아야 득재가 이루어질 수 있습니다.

10. 일과 월에 생을 받은 왕상 한 재효이더라도 응효가 공망이면 득재 하는데 어려움이 있을 수 있습니다.

11. 재가 삼합국을 이뤄서 강해지면 득재의 기운이 강하나, 역시 응효가 공망이면 어려움이 있을 수 있습니다.

12. 재가 손과 합하여 국을 이루면 이익이 많이 나는 일이고, 재국이 세효와 생합 하면 돈줄이 끊이지 않는다고 해석합니다.

13. 재가 나타나지 않았는데 손이 있어 형이 동해 손을 생하게 되면 득재의 기운이 있다고 해석합니다. 이는 재가 나타나지 않아서 오히려 형의 극을 받지 않기 때문입니다.

14. 재는 있고 손이 없으면 구재 하기 쉽지 않고, 재와 손이 모두 없으면 전혀 가능성이 없다고 해석합니다.

15. 월건이 재가 되면 괘중에 재가 없더라도 일진이 재가 되는 날 득재 할 수 있습니다.

16. 재효가 왕상 하더라도 일진이 재효를 극하면 극하는 일월을 지나 다시 왕상 해질 때 득재 할 수 있습니다.

17. 재가 효중에 많이 나타나면 오히려 분산되어 득재 하기 어렵다고 해석합니다.

18. 재가 묘고에 지세 하게 되면 큰 이익을 얻는다고 해석합니다.

19. 형이 많아도 손이 동하면 생을 탐해 극을 하지 않으니, 길하다고 해석하고 이를 '탐생망극'이라고 합니다. 그러나 손이 안정하면 재가 파극 당하니 흉하다고 해석합니다.

20. 부가 변해 재가 되면 열심히 일한 대가로 재물을 얻는다고 해석합니다.

21. 형이 변해 재가 되면 돈이 먼저 나간 후에 재물을 얻게 된다고 해석합니다.

22. 관이 변해 재가 되면 관청이나 국가기관 또는 큰 단체에서 문서나 명예를 가지며 귀하게 된다고 해석합니다.

23. 재가 동하여 세효와 생합을 하면 재물을 취할 수 있으나, 일진과 합하면 타인이 취재 할 수 있습니다.

24. 재가 동하여 입묘하고, 합이 되면 묘고를 충하는 날에 득재 하고, 재가 동하여 절(絕)이 되면 생왕일에 득재 할 수 있습니다.

25. 세와 응이 모두 재가 되면 득재 할 수 있습니다만, 형이 동하지 말아야 합니다.

26. 일진과 세응이 삼합국을 이루면 재수가 대통 하다고 해석합니다.

27. 청룡에 수(水), 재가 왕하면 외국의 재물을 벌어들일 수 있습니다.

28. 세효가 응효를 극하면 재물이 없는 상태로 읽을 수 있습니다.

29. 형은 재물점에서 불길하지만, 자본을 투자하거나 동업을 할 때는 형효가 나쁘다고는 해석하지 않습니다.

(3) 실전 통변 예시(서술 방법)

– 재효가 일이나 월의 생을 받고, 동효와 세효가 생이나 합이 될 때

　"목표물 취득 동력이 충분합니다. 자금·계약금 준비도 잘 이루어져서 성사 유력하게 보입니다."

– 재효 왕성하고 동효가 회두생이 되었을 때

　"매출·현금흐름 개선 신호가 뚜렷합니다. 재투입보다 운영 최적화가 효율적입니다."

– 재효 힘을 못 얻고 관효 강하며 형효가 동할 경우

　"수익성 저하 구간입니다. 계획에 없던 비용의 지출이 예상되니 이럴 때는 긴축재정으로 나가는 손실을 최소화하는 것이 좋습니다."

깊은 지혜는 말보다는 행동에서 나타납니다.

화수미제(火水未濟) 之 산수몽(山水夢)

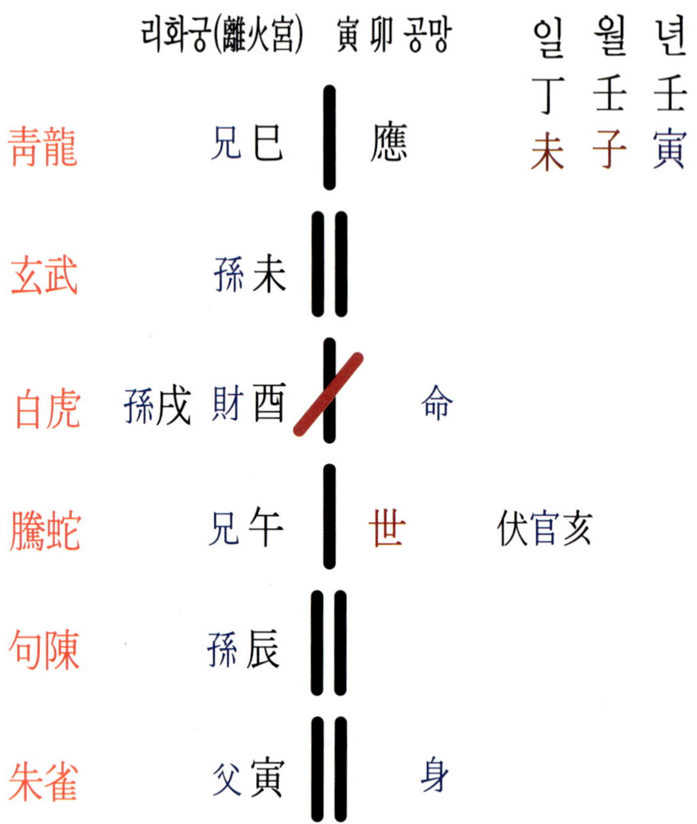

괘상: 화수미제에서 산수몽으로 변했습니다. 화수미제는 아직 건너지 못함, 미완성, 실패, 새로운 시작, 아직 강을 건너지 못하고 미완성된 상태를 나타내며, 이는 새로운 시작을 위한 준비의 시기이기도 합니다. 안은 험하나 밖으로 밝은 덕이 있으므로, 비록 모든 것이 미제 된 상태이나 마침내 다시 기제 되어 해결되는 뜻이 있습니다. 그리하여 희망을 품고 꾸준히 노력하면 목적을 달성한다는 의미를 담고 있습니다. 산수몽은 어리석음, 미숙함, 가르침, 계몽, 깨우침, 아직 미숙한 상태에서 올바른 가르침을 받아 성장해야 함을 상징합니다. 이는 어리고 몽매하여 안개 속에서 헤매는 형국을 나타내고 있습니다.

점사: 집안 가계 사정을 물어본 재물점으로 용신은 재효가 됩니다. 재효는 4효에 임해 있고 동하여 손의 변효가 되어 회두생이 되고 있습니다. 또한 일진에 생을 받아 힘이 강하게 있습니다. 세효는 일진과 육합을 이루고 있고, 응효외는 비화 되이 힘을 얻고 있어 재성을 취하기에 충분히 강해 보입니다. 다만 형이 세효에 임한 것이 불길합니다. 형은 재를 극하니, 돈을 모으기 힘들다는 것을 의미하기도 하기 때문입니다. 4효의 재효가 회두생이 되는 모습은 열심히 노력하고 자신의 재능으로 돈을 번다는 것을 의미하며 백호가 임해 빠른 성취, 빠르게 돈이 들어온다는 것을 의미하기도 합니다.

종합적으로 판단해 보면 본인의 능력으로 돈을 벌어 가계경제가 나아지겠으나, 나갈 곳이 많이 있어서 모으기는 힘들 수 있으니, 씀씀이를 줄이고 계획적인 소비를 할 수 있도록 패턴을 바꾸는 것을 권해드렸습니다. 12월에 뽑은 괘라 1월(丑)에 돈이 별안간 생길 수 있으며, 다음 달부터 돈은 풀리는 것으로 판단하였습니다.

결과: 문점자는 직장인이었으며 일을 잘해서 회사의 매출에 상당한 기여를 한 상태로, 사장님에게 인정을 받아 바로 다음 달인 1월(丑)부터 연봉이 파격적으로 올랐다고 합니다. 하지만 그동안의 대출과 이자로 연봉이 오른 만큼 나가는 것도 많아서 허덕이지만, 그래도 생활은 잘해나가고 있다고 하였습니다.

이처럼 힘을 받은 손효가 회두생이 되어 재효를 생 하는 모습은 매우 길하지만, 형이 세에 임하면 나가는 곳이 많아 모으기 힘들게 되어 재물점에서 가장 꺼리는 것이 형이라는 것을 꼭 알아두시기 바랍니다.

4) 최적의 타이밍을 읽는 매매점

육효의 매매점은 집, 토지, 자동차, 중요 물품 등 구체적 재화의 '팔림, 거래 성사' 여부를 점칠 때 활용합니다. 주로 부동산 등 고가·중요 자산의 매매 타이밍, 성공 가능성, 구체적 성사 시기 등을 분석할 때 쓰입니다.

(1) 용신 선정

육효 매매점에서 용신 선정은 점단의 핵심 기반입니다. 적절한 용신 판단이 되지 않으면 이후의 길흉 통변도 모두 흐려질 수 있기 때문입니다.

따라서 반드시 매매 목적과 대상의 본질을 명확히 파악하고, 해당 물건을 가장 정확하게 대표하는 육친효를 기준으로 용신을 선정하는 것이 육효 해석의 필수적 시작점임을 명심해야 합니다.

재물, 금전, 화물, 창고, 돈, 곡물, 상품 등 거래의 대상이 될 때는 재효(財爻)가 용신이 됩니다. 재효(財爻)는 매매의 대부분은 재물을 대상으로 하므로, 재성(財)이 기본적으로 용신의 역할을 합니다. 특수한 대상의 매매점, 즉 대상이 자녀, 동물, 가축, 종업원, 환자, 부하들인 경우에는 손효(孫爻)가 용신이 됩니다. 또한 부동산 문서, 계약서, 증서, 선박, 의복, 문방구 등의 거래가 주요 대상이 되면 부효(父爻)가 용신이 될 수 있습니다.

매매점에서 명확한 매매 목적을 점사 전에 정확히 파악해서 문점을 해야 하며, 그에 따라 매매 대상에 적합한 육친효의 용신을 찾아 해석해야 정확성을 높일 수 있습니다. 예를 들어, 아파트를 매매할 경우의 길흉을 문점 한다면, 우선 세효의 육친을 확인하고, 문서 계약이 차질 없이 되어야 하므로, 부효를 확인하고, 이것이 차후에 돈이 될 수 있는지 재효의 상태를 보는 것이 중요합니다. 매매점이라고 부효이든 재효이든 하나의 효의 상태를 보고 통변 하면 안 되고, 두루두루 모두 살펴서 괘상 전체의 흐름을 파악한 후 길흉을 판단해야 하는 것입니다.

(2) 매매점의 길흉 해석

1. 매매점에서 사는 사람이건 파는 사람이건 문점자가 세효가 되고, 문점자에 따라서 응효가 상대방이 됩니다.

2. 세와 응이 상생 되거나 생합이 되면 매매에 아주 길하고 순조롭게 진행될 수 있다고 보고, 용신이 왕한 일월에 성사될 확률이 높다고 해석합니다.

3. 반대로, 세와 응이 극하거나 충의 관계이면 용신이 힘을 받더라도 성사되기 힘들고, 어려움이 많다고 해석합니다.

4. 매매점에서 재효가 공망이 되거나 괘중에 나타나 있지 않으면 불길하게 해석합니다.

5. 재효는 매매할 물건이 되고 금액이 되며, 손효는 이익이 되니 손과 재가 모두 왕하면 물건도 좋고 이익도 좋다고 해석합니다. 반대로, 손과 재가 서로 극하거나 묘절 되면 불길하다고 해석합니다.

6. 외괘에 있는 재효가 세효를 생하면 타처, 즉 먼곳에서 팔게 되고, 재효가 내괘에 있으면 본지나 가까운 곳에서 팔게 될 수 있습니다.

7. 원신인 손효가 재효를 생하면 길하고 성사가 된다고 해석하고, 동한 재효가 세효를 극세하면 큰 이익을 보며 별안간에 이루어질 수 있다고 해석합니다. 다만, 이때 세효도 어느 정도의 힘을 가지고 감당할 수 있는 능력이 있어야만 받을 수 있다고 해석합니다.

8. 재효가 역마를 띠면 매매에 길하고, 재효가 동하면 물건의 변동이 있으며, 관이 동하면 재앙이 있을 수 있으니 조심해야 합니다.

9. 재가 왕하면 시세가 좋고 재가 휴수, 묘절 되면 시세가 없다고 해석합니다.

10. 재가 일월의 생을 받고, 응효와 동효의 생까지 받고 있다면 너무 왕성한 것으로 판단하고, 형 또는 인성이 원신과 용신을 생하여 줄 때 성사가 될 수 있다고 해석합니다.

11. 양효가 변해서 음효가 되면 하락하는 상이고, 음효가 변해서 양효가 되면 상승하는 상이라고 해석합니다.

12. 부가 변하여 관이 된 효가 세를 극하면 자연현상이나 외부의 영향으로 물품에 화를 입을 수 있습니다.

13. 가옥의 매매는 세와 응의 합 또는 부효가 왕성한 달에 성사될 가능성이 큽니다.

(3) 실전 통변 예시(서술 방법)

– 부(문서)효가 득세·동 하고, 변효가 생(회두생) 할 때

"문서 통로가 열렸습니다. 매수자 접촉이 늘고 계약 추진력이 강합니다."

– 부효가 공망·파·충일 때

"문서·등기·임차인 관련 하자가 걸림돌입니다. (공망해소 전까지) 지연 소지가 큽니다. (공망 해소) 이후 진행하시길 권합니다."

– 동효가 회두생이 될 때

"중간 변수에도 불구하고 최종적으로 성사될 것입니다. (변효를 월·일이 생 할 때)

급진전 가능성이 큽니다."

매매점 예시) ○○시 ○○동 ○○아파트 ○○동 ○○호를 매매하는 것이 길하겠습니까?

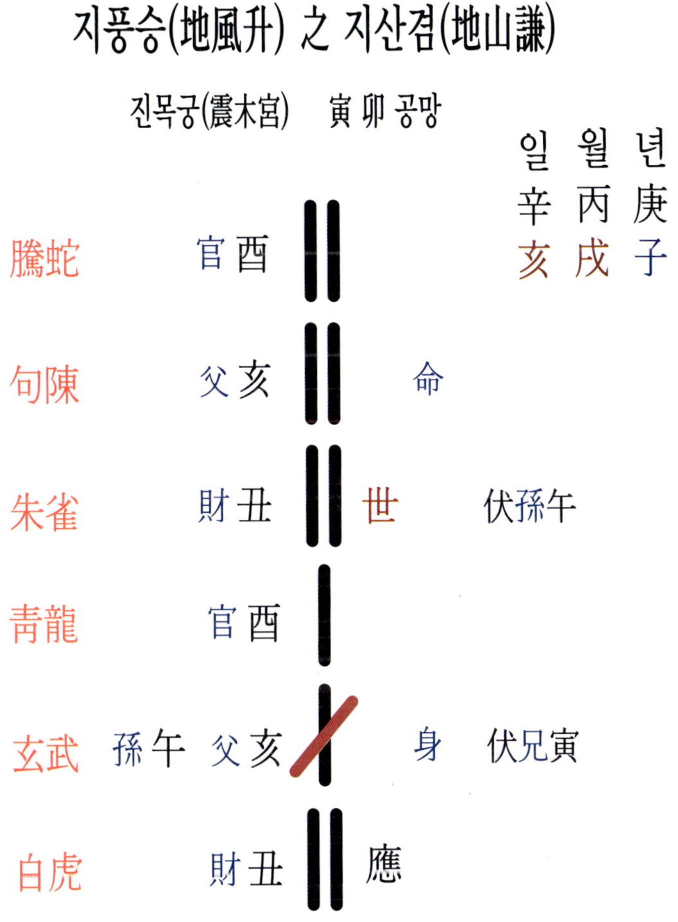

괘싱: 지풍승에서 지산겸으로 변했습니다. 지풍승은 오류, 상승, 발전, 승진, 차근차근
위로 올라가고 발전하는 것을 상징합니다. 땅속에 뿌려진 씨앗이 뿌리를 내리고 땅 밖으로

싹이 터 나오는 상으로 때가 와서 앞으로 승승장구하는 것을 의미합니다. 지산겸은 겸손, 낮춤, 겸양, 재능과 지위를 가졌음에도 자신을 낮추고 겸손함을 지켜야 함을 강조합니다. 즉, 상대방의 처지를 살피며 자신을 낮추는 것으로 자신의 능력과 덕을 내세우지 않고 남을 존중하는 것을 의미합니다.

점사: 매매점에서 용신은 부효가 됩니다. 부효는 2효와 5효에 복음되어 나타났고, 일진에도 부효가 나타나 있으며 2효인 택효에 나와 동하였습니다. 용신다현으로 용신은 동한 2효 택효를 취합니다. 부효가 동해 손으로 변효가 되었습니다. 부효 해수는 일진의 힘을 얻어 강해졌습니다. 택효 2효가 동했다는 것은 문서가 이미 움직이고 있다는 것으로 매매가 바로 이루어진다는 것을 의미합니다. 용신다현은 목적이 흐트러져서 좋지 않게 해석하지만, 이 경우의 용신다현은 이미 이 문점자가 여러 집을 보고 와서 고민한다는 것을 의미하기도 합니다. 세효는 4효에 위치하고 재성이 임해 있으며 응효도 같은 재성으로 비화 되어 힘을 얻었고 월건에도 힘을 얻어 강하게 자리 잡고 있습니다. 매매점에서 부효와 재효가 모두 힘을 얻었으니 매매점으로 길한 점괘라고 할 수 있습니다. 2효에 임한 현무는 나쁘게 작용할 때는 도둑이나 손재를 의미하지만 이렇게 힘을 받아 왕상 하고 현무는 수(水)의 오행을 가지고 있어 해수에서 안정되고 길한 기운을 발휘할 수 있습니다. 그래서 오히려 재물이 늘고 보호받는 것을 의미하게 됩니다.

종합적으로 판단해 보면, 이 아파트는 바로 매매를 할 것이고, 매매를 해도 재산이 불고 좋은 집으로 잘 샀다는 말을 듣게 될 것이므로 매매를 권해드렸습니다.

결과: 문점자는 여러 집을 보았고, 그 중에서 이 집이 제일 마음에 들어서 바로 계약을 하려다가 그래도 계약 전에 길흉을 묻고 싶어서 문점을 한 상황이었습니다. 저의 조언을 듣고 기뻐하셨으며 바로 계약을 진행하였습니다. 계약을 하고 6개월 후 주변에 부동산 호재가 발생하여 가격이 많이 올랐고, 예쁘게 리모델링을 하고 있는 도중에 월세 계약까지 이

루어져서 다른 집보다 비싸게 받고 있으며 꾸준히 월세가 들어와서 지금도 잘 샀다고 만족해하고 있습니다.

매매짐에서 부효의 힘도 중요하지만, 세효와 재효의 관계도 종합적으로 판단하면 앞으로의 재산의 가치 상승도 읽을 수 있으니 참고하시길 바랍니다.

5) 떠날 때와 머물 때를 가르는 가택점 및 이사점

이사점은 새로운 집(또는 사무실이나 점포 포함)으로 이동이 잘 성사될지, 새로운 환경이 안정적이며 길한지, 이사로 인한 문제나 손실이 없는지 등을 점치는 과정입니다. 이사점 질문을 구체적으로 분류해 보면, 이사가 가능한지(물리적, 행정적 장애 여부), 이사 후 길흉(새 집에서의 운세, 만족도, 재물운 등), 이사에 따른 손재·문제 유무, 이사 타이밍, 가족의 적응 등도 실전 질문 대상이 될 수 있습니다.

육효점에서 효의 위치에 따라 상징하는 것들이 있습니다. 초효는 안방, 가족의 가장 내밀한 공간을 나타내고, 2효는 부엌, 집의 내부, 가족의 일상생활 또는 집안 전반을 의미합니다. 3효는 정원, 대문, 집의 경계선을 의미하고, 4효는 집 앞 도로, 대문 밖, 이웃 또는 출입 통로를 의미합니다. 5효는 큰길, 대로, 집 외부, 사회와의 연결, 여행지를 의미하고, 상효는 먼 곳, 외부 세계를 의미합니다.

따라서 이사점에서 집의 핵심이 되는 2효는 매우 중요하게 해석해야 합니다. 2효가 상징하는 것은 집뿐만 아니라 집안 내부와 가족생활의 전반적인 일상, 건강, 식생활 이상을 나타내는 것이기에 2효가 길해야 가족이 화목하고, 평온하고 건강하다고 해석하기 때문에 이사점에서 2효는 꼭 살펴봐야 하는 효임을 잊어서는 안 됩니다. 그래서 2효를 가택효라고도 부릅니다. 또한 5효도 2효와 함께 봐야 하는 대칭궁으로, 이사 후의 사회적인 대인관계나 위치, 평판을 의미하기 때문에 5효도 함께 봐야 하는 이유입니다. 2효와 5효는 내괘, 외괘의 중앙에 위치해서 편중되지 않는 조화와 균형, 실질적인 기운의 안정을 나타내기도 합니다.

육효 가택점에서 2효와 5효의 중용적 역할은 집과 외부의 균형 및 가정의 내실과 사회적 평판의 상태를 입체적으로 판단하는 좌표입니다. 이를 통해 전체 괘의 흐름과 집의 길흉, 생활 환경의 조화 여부를 종합적으로 해석할 수 있습니다.

(1) 용신 선정

지금 살고 있는 집의 길흉을 문점 한다면 가택효인 2효가 용신이 되고, 세효의 육친으로 현재 상태를 통변할 수 있습니다. 이사를 문점 한다면 세효 내괘가 현 거주지이고, 응효와 외괘가 이사를 하여 살 곳을 의미하므로 응효와 5효를 용신으로 합니다. 이사 가서 편안하고 건강할지를 물어본다면 손효가 용신이 되어 세와 응과의 관계 및 2효와 5효의 상태를 파악합니다. 이사 간 곳에서 재물복이 있겠는지를 물어본다면 재효를 용신으로 잡지만 손효의 움직임이 더 중요하므로, 손효가 세를 생하는 구조로 되었을 때 편안하며 재물복도 있다고 해석할 수 있습니다.

이사는 역마와도 관계가 있으므로 역마가 작용할 때를 유심히 보는 것도 잊지 마시기 바랍니다.

(2) 가택 및 이사점의 길흉 해석

1. 세효와 내괘는 가정, 현거주지를 의미하고, 응효와 외괘는 사회와 이사할 곳을 의미합니다.

2. 2효와 5효가 상생, 비화, 합을 하면 편안하고 길하게 해석하고, 5효가 2효를 극하는 것도 가정이 편안하게 해석합니다. 그러나 2효가 동하여 5효를 극하면 집안에 우환이 있다고 해석합니다.

3. 2효 택효가 발동하거나 내괘에 부효가 동하면 이사를 하게 되고, 택효가 암동하게 되면 자의가 아닌 타의에 의해서 이사하게 되는 일이 생길 수 있다고 해석합니다.

4. 2효 택효가 동하여 세효를 생하면 근년에 이사를 하게 되고, 택효가 동하여 회두극이 되면 이사를 하고는 싶으나 상황이 여의치 않고, 만일 이사를 하더라도 고생을 할 수 있습니다.

5. 택효에 관효가 임하고 왕상 하면 관재, 송사, 재앙, 질병 등의 일이 발생할 수 있어서 그 집에서 이사를 나가는 것이 좋고, 만일 이사갈 집이라면 이사를 하지 말아야 합니다.

6. 택효나 부효가 퇴신 또는 반음, 복음이 되면 이사를 하기 어려운 상황임을 암시합니다. 그래도 이사를 했다면 또 이사를 하게 되는 일이 생길 수 있습니다.

7. 세효의 육친으로 가옥의 상태를 짐작할 수 있습니다. 형세는 살던 집, 손세면 새집, 재세면 좋은 집, 관세면 수리해야 할 집, 부세면 헌집이라고 해석합니다.

8. 외괘가 내괘를, 응효가 세효를 극하면 새로운 집으로 이사하는 것이 길하니, 이사를 권합니다.

9. 택효에 사, 오(巳, 午) 관이 주작이면 관재나 화재의 문제가 있을 수 있고, 백호이면 질병 사고가 발생할 수 있으며, 관이 현무이면 도적이나 관재를 당할 수 있다고 해석합니다. 또한 5효도 마찬가지로 해석할 수 있습니다.

10. 태효를 충하는 날에 집을 보러 올 수 있고, 세효이 충합 될 때니, 부효가 왕힌 일월에 집 계약이 성사될 수 있습니다.

11. 부가 재로 변하면 집을 팔고, 재가 부로 변하면 집을 사게 됩니다.

12. 재효가 동하여 부효를 극하면 집이 팔리고, 응효가 동하여 재로 변하면 계약이 해약
될 수 있습니다.

13. 택효가 충이 되면 집이 빨리 팔릴 수 있고, 택효가 회두생이 되면 집값을 많이 받고
팔 수 있습니다.

14. 택효에 관이 임하고 재효가 복신이 되면 집을 팔고자 하는 것이고, 택효를 삼합 재
국이 극하면 집을 팔게 됩니다. 초효와 택효에 부가 임하면 집을 팔거나 살 수 있습니다.

15. 세와 응이 상극이 되어도 중간의 효가 동해서 통관 상생시키면 중개인이 나서서 매
매를 성사시킬 수 있습니다.

16. 초효와 택효가 공망 되거나 입묘되면 저당잡힌 집이고, 부효가 공망이 되고 겁살을
띠어도 문서에 문제가 있거나 압류된 집일 가능성이 있습니다.

17. 부효를 많은 관이 생하면 담보로 인해 문서를 빼앗기고 법적 문제가 생길 수 있습니다.

18. 세효가 공망이면 아직 마음을 정하지 못한 것으로 해석하고, 응효가 공망이면 상대
방이 매매의 의사가 없는 것으로 해석합니다. 또한 세와 응이 모두 공망이 되면 서로 뜻이
없는 것이니 매매는 당연히 불가하게 됩니다.

19. 택효에 청룡이 부, 손, 재에 놓여 왕상 하면 기본적으로 좋은 집으로 해석합니다. 만일 집을 수리하고 싶다면, 택효 청룡 손이 동하면 신축에 길하고, 청룡 재가 왕성 하면 부엌을 고치고, 청룡 손이 왕성 하면 방을 고치고, 청룡 형이 왕성 하면 문, 담, 화장실을 고치면 좋다고 해석합니다.

20. 택효에 청룡 부효가 임하고 월파를 맞으면 집을 예쁘게 리모델링 할 수 있습니다.

21. 택효에 백호 부효가 임하고 월파를 맞으면 집을 완전히 부수고 재건축을 하게 될 수 있습니다.

22. 역마도 이사에는 길하게 작용해서 부효나 5효가 역마가 되면 이사를 해도 무난하다고 해석합니다.

(3) 실전 통변 예시(서술 방법)

- 택효에 손효 왕하고 세를 생합하고 있으며 관효가 무력할 때

   "거주 만족도와 생활 편의가 높습니다. 소음·민원·치안 측면에서도 무난합니다. 살기 좋은 조건을 모두 갖추고 있습니다."

- 손효가 공망에 생을 못 받고 있고 관효가 왕할 때

   "거주 만족도가 떨어지고 행정·관리 스트레스 지수가 높을 수 있습니다. 계속 이곳에 살게 되면 건강도 안 좋아질 수 있으니 이사를 권유드립니다."

- 변효가 회두생하여 손효를 생할 때

   "초기 적응의 어려움이 있어도 곧 안정됩니다. 입주 1~2개월 뒤 생활 리듬이 자리 잡습니다."

– 변효가 회두극하여 손효를 극할 때

"입주 후 예기치 않은 불편(공사, 누수, 소음) 가능성이 있습니다. 하자 점검과 특약을
   강화하십시오."

이사점 예시) ○○ 아파트로 이사를 가면 길하겠습니까?

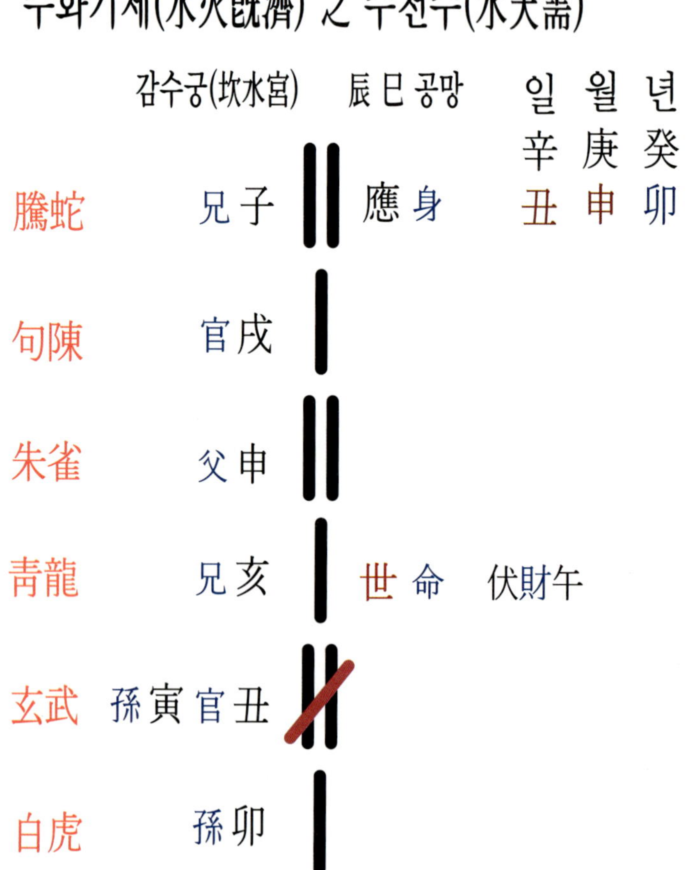

괘상: 수화기제에서 수천수로 변하였습니다. 수화기제는 이미 건넘, 완성, 완성된 목표,
성공, 이미 강을 건너 목표를 달성한 상태로, 모든 것이 순조롭게 완성되었음을 의미합니
다. 기제는 모든 효가 제자리를 바르게 얻어 완벽한 조화를 이룬 상이라 먼저는 밝고 뒤에

는 험난함이 생길 수 있으니 미리 단속해야 한다는 의미도 내포하고 있습니다. 수천수는 기다림, 준비, 때를 기다림, 신뢰, 때가 올 때까지 충분한 준비를 하고 인내심을 가지고 기다려야 힌다는 의미입니다. 하늘에 구름이 가득 끼어 있지만 아직 비를 내리지 못하는 상입니다. 비가 곧 내린다는 확신과 신념을 갖고 때를 기다리는 것을 나타냅니다.

점사: 현재의 집은 세효가 내괘에 있으니 택효인 2효를 보고, 이사 갈 집은 외괘의 응효와 5효를 편안함을 묻는다면 손효를 봐야 합니다. 2효인 택효가 동하여 세효를 생하면 근년에 이사를 하게 되고, 택효가 동하여 회두극이 되면 이사를 하고는 싶으나, 상황이 여의찮고 만일 이사를 하더라도 고생을 할 수 있다고 하였습니다. 또한 택효에 관효가 임하고 왕상 하면 관재, 송사, 재앙, 질병 등의 일이 발생할 수 있어서 그 집에서 이사를 나가는 것이 좋고, 만일 이사 갈 집이라면 이사를 하지 말아야 한다고 했습니다. 이 괘는 불길하게 2효와 5효에 모두 관이 임하고 있고, 2효인 택효기 동해 손의 변효를 넣있습니다. 손효가 된 것은 너무 좋은 징조이나, 월건과 충 하여 월파 되고 일진의 힘도 못 얻어 무력하기만 합니다. 반대로, 관효는 일진의 힘을 받아 강하며 현무가 임해 어둡고 음산함을 느낄 수 있습니다. 그러나 이사할 곳도 관효에 일진의 힘을 받아 강하여 지금 있는 곳이나 이사 갈 곳이나 둘 다 안 좋아 보입니다. 특히 택효가 회두극이 되고 세효를 극하고 있어 이사를 하고 싶어도 못하고, 마땅한 곳을 찾기두 힘든 상황으로 보여집니다.

종합적으로 판단해 보면, 지금 이사할 방향이나 지역을 잘못 선정하고 있는 것 같습니다. 지금의 집이 음산하고 안좋아 이사를 가고 싶은 것인데, 이사를 가도 마찬가지가 될 수 있으니, 지금의 방향을 완전히 바꿔서 동쪽에 위치한 곳으로 다시 알아보는 것이 좋을 것 같고 지금은 이사를 하면 안 되는 상황이라 좀 더 찾아보고, 고민해 보고, 좋은 곳이 나타날 때끼지 기디릴 깃을 밀씀드렸습니다.

결과: 문점자는 지금 집에서 10년을 넘게 살았는데, 이 집에 와서 너무 안좋은 일이 많

앉고, 음산하여 밝고 좋은 곳으로 무조건 가고 싶어 근처에 나온 해가 잘 드는 곳을 보고 온 상태로 그 집을 계약하고 싶어 했습니다. 그러나 저의 만류에도 그 집을 계약하려고 부동산에 약속을 잡아 갔더니, 주인이 갑자기 마음이 바뀌어서 집을 내놓지 않겠다고 별안간 통보했다고 합니다. 그래서 하는 수 없이 다른 방향으로 알아보고 나중에 동쪽의 좋은 곳으로 이사를 하였습니다. 이사 후 너무 만족해하고 있으며, 많이 밝아지고 가족들도 좋게 바뀌었다는 소식을 전해 주셨습니다.

이처럼 택효의 관이 지세 하는 것은 안 좋으며, 손이 힘이 없어서 그 관을 제압하지 못하면 흉하게 되는 것입니다. 집은 좋은 기운을 줘야 하는 일도 잘되고 건강도 잘 지킬 수 있습니다. 개운 중에 가장 큰 개운의 힘은 풍수를 기반으로 한 이사입니다. 적절한 시기에 기운에 맞는 좋은 곳으로 이사를 하면 안 좋은 운도 거뜬히 넘기는 것을 여러 번 경험하였습니다. 풍수가 어려워서 접근하기 힘들다면 육효로 집안의 기운을 재고 날짜를 잡아도 웬만한 풍수 전문가가 잡은 것만큼 놀라운 적중률을 나타내는 것 또한 육효의 매력이라고 할 수 있습니다.

6) 운도 실력이 되는 합격의 문을 여는 시험점

육효에서 시험점은 시험(학교, 자격증, 승진, 입사, 공무원 시험 등) 합격 여부와 성적 향상, 공부 결과, 노력의 결실 등을 점치는 실전 방법입니다. 문점의 핵심은 "시험에 합격할 수 있는가?", "공부가 성과를 내는가?"에 초점을 둡니다.

(1) 용신 선정

시험점에서는 부(父)가 용신이 되고, 관(官)이 원신이 되며, 재(財)는 기신이고, 손(孫)은 구신이 됩니다. 또한 세와 응의 관계와 생조 여부도 살펴봐야 합니다. 시험점에서는 학교

시험이건 자격증 시험이건 주체자인 관(官)의 도움이 필요하므로, 관과 부가 모두 형, 충, 공망 되지 않아야 합니다. 시험점에서 세효는 질문의 주체자로 시험을 보는 본인이 되고 응효는 경쟁자, 시험관, 평가자 등을 의미하기도 하니 세도 힘을 가지고 있어야 길하게 해석합니다.

자식의 시험점을 묻는다면 손(孫)이 용신이 될 수 있으니, 이럴 때는 대점으로 자식을 대신해서 점치는 것이 상황을 복합적으로 통변하기가 편할 수 있습니다.

육효 해석의 핵심은 각 효(爻)의 구조적 의미와 내포된 기운(氣)을 명확히 읽는 것이며,

시험점 역시 관과 부 그리고 세효의 입체적 관계를 통해 논리적으로 분석하는 것이라는 학술적 관점을 반드시 잊지 마시기 바랍니다.

(2) 시험점의 길흉 해석

1. 시험점에서 관, 부, 세효가 삼합국으로 관이나 부가 되면 반드시 합격하고 세효가 발동해서 삼합국을 이뤄도 시험점에 길하다고 해석합니다.

2. 삼합국으로 손이 되면 불합격하며 대흉하다고 해석합니다.

3. 세효가 힘이 있고 관효를 일, 월이 생하거나 세효나 용신인 부효가 년, 월, 일에 생합이 되면 뛰어난 성적으로 합격을 한다고 해석합니다.

4. 부가 동하여 진신하면 우수한 성적으로 합격하고, 부가 퇴신하면 낮은 성적으로 합격은 하게 된나고 해석합니다.

5. 형효가 동하거나 일월이 형이 있으녀 불합격할 가능성이 크고, 부가 왕상 하더라도 관이 휴수, 묘절, 공망, 파 되면 불합격하게 된다고 해석합니다.

6. 관이 세에 임하고 왕상 하면 길하게 해석하고, 손이 세에 임하면 불길하게 해석합니다.

7. 관, 부가 같이 동하면 길하고, 손, 재가 같이 동하면 흉하게 해석합니다.

8. 관이 부효로 변하거나 부가 관으로 변하면 합격의 상이고, 관이 손으로 변하고 부가 재로 변하면 불합격의 상이 됩니다.

9. 세효가 휴수 하고 공망이어도 일진이 부를 생하면 벗의 도움으로 득명하고 부효가 공망이 되어도 재가 동하여 관을 생하면 다행히 목표를 이룰 수 있다고 해석합니다.

10. 응효가 동하여 세와 생합을 하면 추천으로 합격하게 된다고 해석합니다.

11. 부와 관이 무력하지만 일진이 형, 손, 재효를 극하여 주면 관, 부 양효가 왕상 할 때 성취할 수 있다고 해석합니다.

12. 청룡이나 백호 관이 동하여 세효를 생하면 특선으로 뽑히고 태세의 관이 세효를 생하면 높이 올라갈 수 있다고 해석합니다.

13. 세효가 관을 극하거나 충하면 노력에 비해 결과가 부족하거나 사고, 실수, 방해 요인이 발생할 수 있다고 해석합니다.

14. 변효는 시험 환경의 변화, 경쟁구도 등의 변화가 있을 수 있음을 짐작하고 동효가 생하는 것이, 관, 부, 세효 일때 좋은 영향을 받을 수 있다고 해석합니다.

15. 세가 동하여 관으로 변해 회두극이 되면 불길하게 해석합니다.

16. 간효(세효와 응효 사이의 2개의 효)에 부가 동하여 세를 생하면 합격할 수 있다고 해석합니다.

17. 방효(세효와 응효 밖의 2개의 효)에 부가 동하여 세를 생하면 문점한 시험이 아닌 다른 시험에 더 유리할 수 있다고 해석합니다.

18. 육합괘는 시험에 길하고 육충괘는 불길하다고 해석합니다.

19. 관, 부가 복신되면 불길하게 해석합니다.

20. 관은 합을 좋아하고 충을 꺼리며 극을 당하면 득명 하기 어렵다고 해석합니다.

(3) 실전 통변 예시(서술 방법)

- 관성 효가 왕성하고, 세효와 소통(합·생)하면

  "시험 합격 가능성이 매우 높습니다. 준비한 만큼 결과로 연결될 것입니다."

- 관성 효가 허약하고, 세효와 극·충 관계, 또는 효의 쇠/공망

  "노력에 비해 결과가 따르기 어려운 시기입니다. 추가 공부나 준비가 필요합니다."

- 변효가 극변하거나 공망 발생

  "뜻하지 않은 조건 변화 또는 실수, 환경 변화에 유의하십시오."

중천건(重天乾) 之 천풍구(天風姤)

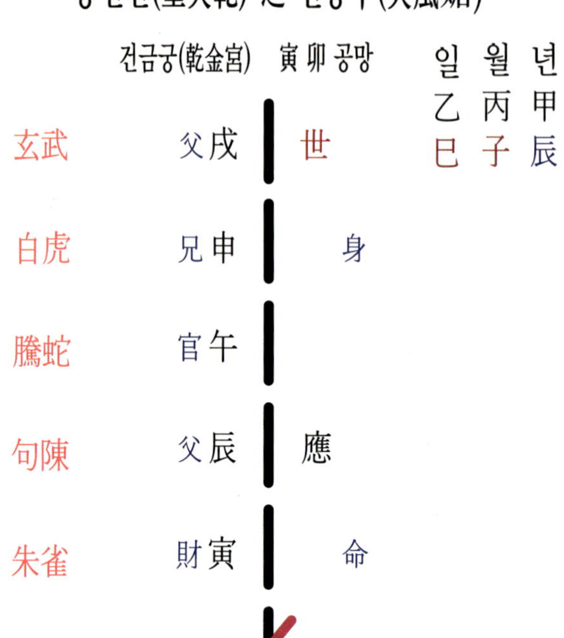

괘상: 중천건에서 천풍구로 변했습니다. 중천건은 대장, 창조, 힘, 아버지, 하늘, 강건함, 끝없이 변화하는 만물의 근본이자, 모든 것을 시작하는 위대한 힘을 상징합니다. 최고의 위치에 오르기 위한 태도, 위험관리, 끝없는 자기혁신의 원칙을 설명하고 있으며 지나친 자신감과 거만함은 금물임을 강조하고 있습니다. 천풍구는 만남, 우연한 만남, 교합. 생각지 못한 우연한 만남이 이루어지는 것을 상징합니다. 하늘은 건(乾)으로 순수한 질서와 강력한 원칙, 바람(巽)은 민첩함·유연함·작은 변화입니다. 이 둘의 만남(姤)은 사회, 조직, 인간관계, 운명에서 새로운 변수, 기회 또는 위기가 갑자기 출현하는 순간을 상징합니다.

점사: 합격점의 용신은 부효와 관효이고 세효의 힘도 봐야 합니다. 용신인 부효가 상효에 있고 세효에 임해 있어서 본인도 간절한 합격을 원하고 있음을 알 수 있습니다. 또한 일

진의 생을 받고 있고, 응효와는 충으로 육충괘가 되었습니다. 관효는 4효에 위치하고 있고, 월건과 충이 되어 암동이 되었고 일진의 힘을 얻어 세효를 생해 주기에 충분한 조건을 가졌습니다. 초효동으로 손효가 동해서 부효를 낳았습니다. 합격점에서 손효와 재효가 동하는 것을 가장 꺼리는데, 손효가 동해서 안 좋게 보이지만, 다행히 부효 변효가 회두극을 하고 있어 관효를 극 하는 것을 제지하고 있습니다. 또한 변효는 청룡이 임하고 일진의 힘을 받아 왕 합니다. 좋은 소식을 암시하고 있습니다.

종합적으로 판단해 보면, 일진의 힘을 받은 부효인 세효는 암동된 관효의 생을 받고 있고 동효도 부효를 산출해 내니, 합격의 상이라고 말할 수 있습니다.

결과: 문점자는 우리나라 최고 중 하나인 특목고등학교를 지원한 상태로 이 괘를 뽑았습니다. 다들 합격하기 힘들다는 말을 듣고 실의에 차서 있었는데, 저한테 합격하겠다는 말을 듣고 눈물을 흘렸었습니다. 며칠 후 오전 10시에 전화벨이 울렸고, 저는 합격을 이미 감지하고 전화를 받았습니다. 아이도, 엄마도 모두 울면서 감사의 말을 전했고, 저도 너무 기뻐서 눈물을 흘리며 함께 축하해 주었습니다.

이 괘를 얼핏 보면 불합격이라고 읽기 쉽습니다. 손이 동하고 육충괘라 바로 그렇게 판단할 수도 있습니다. 이 괘의 핵심은 4효의 관효가 암동을 해서 세를 생해줄 수 있다는 것입니다. 만일 관효가 암동이 안 되고 힘이 없었다면 불합격의 상이 맞지만, 관이 암동 되고 일진의 힘을 얻어 동효의 힘만큼 세를 생하고 도와줄 수 있는 구조로 아름답게 관인생이 된 경우입니다.

7) 삶의 중요한 선택의 문, 취업점

구관점과 취업점은 사회적 지위, 직업, 합격 및 승시과 관련된 문제, 즉 개인의 사회 진출 및 관직 획득의 길흉을 점치는 실전 점법입니다. 주로 "관직을 얻을 수 있는가?", "취업이 될 수 있는가?", "진급은 가능한가?", "이직이 가능한가?"와 같은 질문이 해당합니다.

요즘처럼 구직난이 심각한 때 많이 쓰이게 되는데, 구직을 하고 싶어서, 구직을 한 분은 직장을 이동하고 싶어서, 직장에 만족하고 다니시는 분은 승진이 될지를 알고 싶어서 문점하게 되는 대표적인 육효점이기도 합니다.

(1) 용신 선정

관성은 사회적 직함, 관직, 지위, 공식적 합격, 취업처(회사 등)를 대표하므로 취업점에서는 관(官)이 용신이 됩니다. 따라서 재는 원신이 되므로 재, 관 그리고 세와 응의 흐름을 잘 읽고 통변하면 됩니다. 손이 기신이고 형이 구신이 되니, 둘 중 하나라도 발동하거나 생왕하면 용신과 희신이 상하게 되므로 크게 꺼리며 흉하게 읽습니다. 또한 세효(世爻)는 점사자 본인(취업자, 구직자)이고, 응효(應爻)는 경쟁자, 사장, 인사 담당자 등 목표와 관련된 사회 속 타인 또는 외부 환경을 나타냅니다.

대통령, 국회의원, 도지사, 시장 또는 전교 임원이나 학급 임원은 선거에 의한 관직으로 보고 관을 용신으로 합니다. 그러나 장관, 수석, 단체장과 같이 임명장을 받는 경우는 부를 용신으로 합니다.

관성 효가 왕(旺) 하다면 목표한 자리, 관직, 취업처에 강한 실체가 있고, 그 얻음(獲得)이 열려 있음을 의미합니다. 쇠(衰), 공망(空亡), 충파(沖破) 등 약한 상태는 취업처 또는 관직의 실제성이 약하여 "더 준비가 필요함" 또는 "성립 가능성이 낮음"으로 해석합니다. 응효가 강하고 세효와 대립/충돌 관계라면 "경쟁 상황이 치열"하거나, "외부 환경 변화로 인한 불리함"을 나타낸다고 해석합니다.

(2) 취업점의 길흉 해석

1. 관이 왕상 하면 고관직이고, 휴, 수, 사, 절 되면 하급직이라고 해석합니다.

2. 취업점에서는 원신인 재의 발동을 기뻐하며, 이는 연봉이 오르고 진급하는 것을 의미하게 됩니다. 반대로, 재가 휴, 수, 공망, 파 되거나 동하여 충파 되면 좌천되고 감봉된다고 해석합니다.

3. 부가 공망이 되어도 재가 동하여 세에 임하는 관을 생조하게 되면 공명을 이룰 수 있다고 해석합니다.

4. 괘중에 관이 없는데 손이 관으로 변하여 세를 생합하고, 부가 힘이 있으면 공명은 있으나 귀하기는 어렵다고 해석합니다.

5. 재 또는 관이 동하여 일과 월에 생부되고 왕상 하면 영전을 하거나 승진이 된다고 해석합니다.

6. 관이 무기하나 재가 동하여 관을 생하면 하는 바가 성취되고 승진도 가능하다고 해석합니다.

7. 일월이 재효를 충파 하고 세효와 관효가 형, 해(刑, 害) 되면 정직처분을 받게 되거나 파면될 수 있습니다.

8. 관이 세에 임하여 왕상 하면 승진을 할 수 있고, 손이 세에 임하여 왕상 하면 흉하다고 해석합니다.

9. 재와 관이 모두 왕상 하면 승진의 상이고 형가 손이 함께 동하면 파면된다고 해석합니다.

10. 관이 재로 변하면 승진하고 관이 손으로 변하면 흉하다고 해석합니다.

11. 관이 진신 되면 승진하고 손이 동하고 재가 복장 되면 파직하게 된다고 해석합니다.

12. 관이 세효와 생합이 되면 승진하고, 세효가 손에 임하고 형이 동하면 감봉될 수 있다고 해석합니다.

13. 태세(太歲)는 군주(君主)이고, 월령(月令)은 집정관(執政官)이니 세와 생합을 이루면 계급이 오른다고 하였습니다.

14. 육효가 모두 정(靜)하고 (동효가 없을때를 의미) 세효가 공망이 되었으나, 상하지 않으면 정직(停職) 된다고 해석합니다.

15. 손이 동하면 감봉은 면하나, 형이 지세 하면 불리할 수 있습니다.

16. 괘중에 삼합이 관국이면 관직에 빨리 승진하고, 삼합이 부가 되는 것도 길하다고 해석합니다.

17. 세가 강하지 않아도 관이나 부가 월이나 일의 생을 받아 왕상 하고 응이 동하여 세를 생하면 추천으로 관직을 얻는 격이라고 해석합니다.

18. 관이 형으로 변하고 세효를 충극하면 동료와 불화 하고 모략이 있으며, 응효를 충극하면 내가 동료를 모략하는 것이라고 해석합니다.

19. 백호가 관에 임하고 형(刑)을 띠고, 왕상 하면 대장(大將)의 직을 가질 수 있다고 해석합니다.

20. 청룡 관이 동하여 세와 생합 하면 공명을 이룰 뿐만 아니라 좋은 일이 있는데, 만일 동효가 공망이 되면 출공 되는 월과 일에 기쁨이 있다고 했습니다.

21. 청룡이나 백호 관이 동하여 세를 생하면 특수하게 선발될 수 있습니다.

(3) 실전 통변 예시(서술 방법)

– 관성 효가 왕하고, 세효와 상생·합이 될 때

  "현재 취업(또는 관직 진출)의 운이 활발히 열려 있습니다.

  치밀하게 준비하시면 단기간 내에 합격 혹은 입사의 성과가 기대됩니다."

– 관성 효가 쇠하거나 세효가 약할 때

  "당분간은 직업 구하기에 여건이 불리하니,

  실력 향상과 자기 발전에 좀 더 시간을 투자하시기 바랍니다."

– 응효가 강하고 세효가 약할 때

  "경쟁자나 외부 요인이 만만치 않으므로,

  특별한 전략 또는 차별화된 역량 준비가 요구됩니다."

– 변효에서 긍정적 변화가 있을 때

  "예상외의 기회 또는 도움을 통해 최종적으로 좋은 결과를 얻을 수 있습니다."

택풍대과(澤風大過) 之 택천쾌(澤天夬)

진목궁(震木宮) 寅 卯 공망

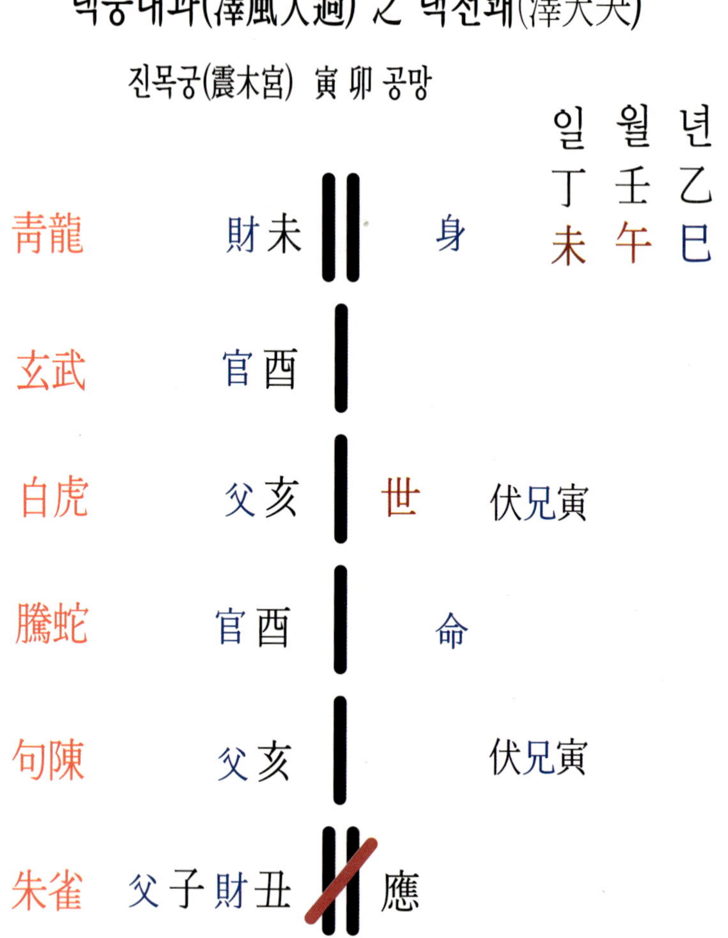

괘상: 택풍대과에서 택천쾌로 변했습니다. 택풍대과는 지나침, 과도함, 위험, 기둥. 모든 것이 도를 지나쳐 위태로운 상황을 나타내며, 이때는 과감한 결단이 필요함을 뜻합니다. 위기에 처한 상황에서 두려워하지 말고 용기를 내어 극복하는 것으로, 좀 뒤로 물러나는 것도 해롭지 않다는 의미를 지닙니다. 택천쾌는 결단, 결심, 분별, 제거, 옳고 그름을 명확히 분별하여 과감하게 결단하고 나아가야 함을 의미합니다. 부당한 지배에 대항하여 진실을 외치면서 투쟁하고 정의를 세워 나간다는 뜻이 있습니다.

점사: 취업점의 용신은 관효가 됩니다. 관효를 중심으로 재와 관, 관과 부의 상태를 함께 살펴보면 되고, 세효의 상태도 살펴서 종합적으로 판단해야 합니다. 용신인 관효는 3효와 5효에 양현 되었습니다. 월건에 극을 받고 있고 일진에 생을 받아 힘이 있습니다. 동효는 응효가 임하고 재효가 동해 부효의 변효로 되었습니다. 재효는 일진에 일파 되고 월건에 생을 받아 강하게 움직여 관을 생 해주고 있습니다. 세효는 부효가 임해 있고, 일월의 도움이 없이 무력합니다. 이괘의 특징은 관을 극 하는 손효가 복신이 되었고, 원신인 재를 극 하는 형효가 복신이 되어 재와 관이 온전히 그 힘을 쓸 수 있는 것이 특징입니다.

종합적으로 판단해 보면, 관이 양현 된 것은 취업을 하려는 곳이 2군데 이상이 있다는 것을 의미하고, 재효가 동해 관을 생 하니 연봉도 높은 곳이며, 5효에 관이 임하고 있다는 것은 실무 담당으로 최고 높은 직책이라고 예측할 수 있습니다. 세효가 힘이 무력하니, 신월(申)이나 유월(酉)에 취업하는 것이 좋을 것 같고 서두르면 손해를 보게 되니, 여유 있게 하는 것이 좋을 것으로 판단하였습니다.

결과: 외국계 임원으로 일을 하다가 새로운 곳의 스카우트 제의를 받아서 취업이 가능한지를 문점 한 것이었습니다. 세가 너무 힘을 못 받아 지금 제안한 곳으로 가게 되면 그 쪽이 원하는 대로 계약이 되어 일을 하게 될 가능성이 크므로, 이곳으로 가지 말고 또 다른 곳에서 제안이 들어오니 걱정 말고 거절하라고 한 말에 힘을 얻어 처음 제안을 받은 회사를 거절하고, 불안한 마음으로 보내다가 다른 회사에서 더 좋은 조건으로 스카우트 제의가 들어왔고, 8월 둘째 주부터 새로운 회사에 출근하게 되었다면서 좋은 소식을 전해 왔습니다. 다행히 저의 말을 들어서 더 좋은 조건에 갈 수 있어서 저도 너무 기뻤습니다. 용신이 양현 되었다고 모두 안 좋은 것이 아니라 힘을 받고 있고, 세가 그것을 활용할 수 있을 때 더 길히게 쓸 수 있으니 힘을 빌을 때를 기다리는 것도 좋은 방법입니다.

8) 정의의 편을 가르는 관재(官災) 및 송사(訟事)점

관재점은 소송, 분쟁, 고소·고발, 구설, 경찰·검찰·법원 등 국가, 공공기관, 법률적 권력에 의해 내가 가해자가 아니더라도, 공권력의 개입으로 인한 불이익에 대한 문제의 결과와 흐름을 문점 하는 방법으로 법적 송사와 관련된 길흉, 과실 판단, 화해·해결 가능성 등을 점치는 육효의 한 갈래입니다.

송사점은 개인 간의 다툼, 혹은 그것이 법정 소송으로 이어지는 일을 말합니다. 민사 분쟁의 의미가 더 강하고, 쌍방이 얽히는 경우가 많습니다. 예를 들면, 재산 다툼, 이혼 소송, 계약 위반, 명예훼손, 금전 문제로 인한 고소, 내가 고소하거나, 고소당하는 상황까지 전반적인 것을 포함합니다. 육효는 관재와 송사에 따른 승패뿐만 아니라 문제의 진전 방향과 실질적 대응책 파악에 유용하게 활용되며 어떤 자세를 취해야 할지를 알려줍니다.

관재와 송사를 함께 다루는 이유는 상대가 다르긴 하지만 나에게는 모두 관으로 보기 때문에 점단 해석의 방법은 매우 비슷하게 통변합니다.

(1) 용신 선정 방법

관재와 송사점에서는 세와 응, 손과 관의 효를 중점으로 통변하고 길흉을 판단해야 합니다. 문점자(본인)는 세효(世爻)로, 실제로 사건에 연루된 당사자인 원고를 의미합니다. 응효는 나와 다툼을 벌이는 상대로 피고가 됩니다. 관재·송사의 핵심 권한자인 관(官)은 관성(관청, 판사, 검사, 수사기관 등)이 되고, 해결·조정의 실마리는 손(孫)효로 해소·화해·문제 해결의 방편이 됩니다. 그래서 손효를 변호사로 읽는 이유이기도 합니다. 부는 소장, 증빙 서류, 진정서 등을 나타내며, 형은 송사에 의해 발생하는 재물 손실을, 재는 송사에 들어가는 비용을, 간효는 증인을 의미합니다.

관재와 송사점에서 용신은 제일 먼저 세효를 용신으로 잡고, 응과의 관계, 손과 관의 작용을 읽는 것이 좋습니다. 여기서 세효는 관이 지세 하면 불리하게 작용하므로, 관지세만

빼고는 세효가 왕상 한 것이 좋습니다.

위와 같이 모든 육친과 6효가 다채롭게 작용하고 있어서 위의 내용을 잘 숙지하면 입체적으로 해석을 할 수 있습니다.

(2) 관재와 송사점의 길흉 해석

1. 관재와 송사의 승부는 세와 응의 힘의 대결 구도로 판단합니다.

   – 세가 응보다 왕상 하면 세가 이긴다고 해석합니다.

   – 응이 세보다 왕상 하면 세가 패한다고 해석합니다.

   – 세는 일진이나 동효의 생을 받는 것을 반기고 응은 일진이나 동효의 충극을 받거나 사, 절(死, 絶)로 힘이 없어야 세에 유리하게 작용합니다.

   – 관이 세를 극 하면 내가 불리하고, 응을 극 하면 응이 불리하게 됩니다.

   – 월건과 일진이 세를 생 하거나 응 을 극 하면 세가 이긴다고 해석합니다.

2. 관효는 법관을 의미하며, 죄와 벌이 되니 관이 왕상 하면 죄가 무겁고, 관이 쇠하면 죄가 경미하다고 해석합니다.

3. 관효가 겁살을 띠고 동하면 관재의 상이며 사건이 가중된다고 해석합니다.

4. 괘신은 송사의 뿌리가 되니 왕하면 일이 중하고, 쇠하면 일이 가벼우며, 동하면 급한 사안이고, 정(靜)하면 일이 느리게 진행되며, 공망이나 은복이 되면 일이 허사가 된다고 해석합니다.

5. 월괘신이 있는 손효가 동하면 송사가 해결된다고 해석합니다.

6. 부효는 문서나 증서, 소장이 되니 부효가 동하면 소송을 제기하게 되고, 부효가 정(靜)하면 소송이 이루어지지 않는다고 해석합니다.

7. 부가 지세 하면 내가 먼저 고소하고, 응효에 부가 임하면 상대가 먼저 고소한다고 해석합니다.

8. 재효는 재물을 뜻하니 소송비용이 되는데, 재가 지세 하면 내가 유리하고 응효에 재가 있으면 상대방이 유리하게 됩니다. 재효가 겁살을 띠고 동하면 재물에 관한 사건으로 해석합니다.

9. 관이 동하여 세를 극하면 형벌을 받게 되나, 일진이 관을 극제 하면 주변 사람의 말을 신용하므로 관에서 나를 용서한다고 해석합니다.

10. 세가 관을 극하면 유리하나 관이 세를 극하면 불리하게 됩니다.

11. 세가 왕하고 관이 공망이 되면 혐의가 없어지고 관재가 사라진다고 해석합니다.

12. 간효는 증인이니 세효 가까이 있으면 나의 증인이 되고, 응효에 가까우면 상대방의 증인이 됩니다. 간효가 세효를 충극하면 나에게 불리하고, 반대로 생하면 나에게 유리하게 된다고 해석합니다.

13. 세효가 일진이나 동효에 입묘 되거나 동하여 변효에 입묘 되면 수감이 될 수 있고, 백호까지 임하면 병까지 얻을 수 있다고 해석합니다.

14. 세효의 묘(墓)가 동하거나 세효의 관이 일진이나 동효에 입묘가 되면 수감된다고 해석합니다.

15. 죄수는 태세가 관효를 충극 할 때 석방된다고 해석합니다.

16. 손효가 발동 하면 생왕일에 석방된다고 해석합니다.

17. 관, 부 양효가 중첩되면 처리하기 어려운 복잡한 사건이므로 제소해도 성공하지 못한다고 해석합니다.

18. 관이 왕상하고 신(身)효를 극하면 처벌을 받게 된다고 해석합니다.

19. 세와 응이 합이 되는 것은 화해 또는 합의의 기운으로 읽고 세와 응의 기운으로 유불리를 예측할 수 있습니다. 응이 세를 생하며 합을 하면 세에게 유리하고, 세가 응을 생하며 합을 하면 상대에게 유리할 수 있다고 해석합니다.

20. 육수로 길흉을 판단할 수 있는데,
    - 청룡이 발동하면 좋은 기운을 얻고 화해의 상을 이룰 수 있습니다.
    - 주작이 발동하면 말실수나 거짓된 증언으로 구속될 수 있습니다.
    - 구진이 발동되면 귀찮은 일이 생겨 소환될 수 있습니다
    - 등사가 발동되면 손, 발이 묶이는 형태라 구인되는 일이 생길 수 있습니다.
    - 배효가 발동하면 엄중한 처벌을 받는 격이라 실형을 받게 될 수 있습니다.
    - 현무가 발동을 하면 손재, 실물, 도둑과 관련되어 불리히게 작용할 수 있습니다.

(3) 실제 통변 예시

– 세효를 왕한 관이 극 할 때

"이번 소송에서는 공권력(관청·법원) 측에서 압박이 강하니 불리한 처지에 놓입니다.

판결 결과에 대한 각별한 주의와, 적극적 대응책 마련이 요망됩니다."

– 세효에 임한 손이 강하고 관을 극 할 때

"분쟁이 조정 국면으로 들어서며, 원만한 해결 가능성이 커집니다. 화해 또는 관청의

처벌이 완화되리라 전망합니다."

– 관효가 공망이고 손효가 힘을 얻었을 때

"공권력의 힘이 실제로 미치지 못하거나 당사자에게 불이익이 크지 않은 결과입니다.

긍정적인 해결을 기대할 수 있습니다."

소송점 예시) 소송에서 승소할 수 있겠습니까?

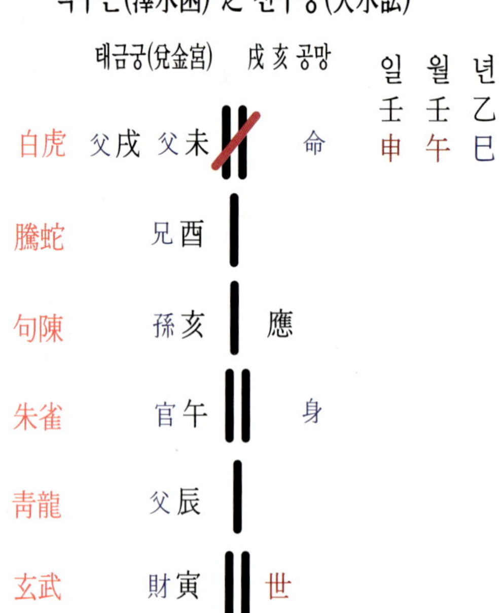

괘상: 택수곤에서 천수송으로 변했습니다. 택수곤은 곤궁, 어려움, 갇힘, 고통. 물이 연못 아래로 빠져나가지 못하는 것처럼 곤궁하고 어려운 상황을 나타냅니다. 담벽에 걸려 가지를 못 뻗는 나무이고 물 없는 웅덩이에서 헐떡거리는 물고기와 같으니 은인자중하고 침착하게 때를 기다리면서 말을 함부로 하지 말아야 한다는 의미를 지닙니다. 천수송은 다툼, 소송, 분쟁, 논쟁, 갈등. 불필요한 다툼을 피하고, 정당한 방법으로 해결해야 함을 경고합니다. 이 괘는 다투고 재판하는 괘로 남을 궁지로 몰아넣으면 불리한 결과를 가져올 수 있다는 것을 의미하고 있습니다.

점사: 소송괘의 용신은 손효가 됩니다. 관효, 동효, 그리고 세와 응의 관계와 왕쇠의 정도로 승패를 판단할 수 있습니다. 이 점사는 도시공사와 건설회사와의 다툼으로 금액도 엄청나고 파장도 클 수 있는 소송점이었습니다. 문점을 의뢰하신 분은 도시공사 관련된 분으로 세가 도시공사가 되고 건설회사가 응이 되어 점단 하였습니다.

용신인 손효를 보니, 4효 응효에 위치하고 공망이 되었습니다. 일진에는 힘을 받고 있습니다. 소송의 징벌을 나타내는 관효는 월의 힘을 받아 3효에 강하게 위치하고 있습니다. 세효는 초효인 재효에 임해 있으며 일진과 충이 되어 일파가 되었고, 무기력합니다. 응과는 육합이 되는 생합의 관계지만 일파로 인해 합처봉충(합이 된 상황에서 다시 충이 될 때)이 되어 불길함을 암시합니다. 동효는 상효의 부효로 진신이 되었으며, 월건의 힘을 받아 강하게 움직이고 있습니다. 진신 된 변효는 또한 공망이 되어 있습니다. 재판의 승패는 용신이 먼저 작용하고 그다음 세와 응의 관계를 보는 것이 더 정확합니다. 이 괘는 응이 손효인 용신이라 용신이 강해지면 응효가 강해서 상대방이 이기는 것인지 혼돈될 수 있습니다. 우선 순위는 용신인 손효가 우선이라, 손효가 강하면 재판에 이길 수 있습니다. 이 경우는 손효가 공망이라는 것이 치명적입니다. 일진의 힘을 받긴 했지만 손효의 공망은 치명적이며 부효가 진신되이 손효를 또 극한다는 것은 매우 불길하게 삭용하기 때문에 ㄱ 두 가지만 살펴보더라도 이 재판은 도시공사의 패소가 확실시되는 점입니다. 진신 된 부효는 원인과 결과를 나타내는 것이므로 변효의 술토 공망은 문서의 헛점이 있다는 것을 짐작할 수 있었습니다.

　결과: 결과는 패소로 끝났습니다. 이번이 2차 공판이었다고 합니다. 대법원에 상고를 할지도 후에 물어보셨습니다. 패소의 원인은 직원의 실수로 문서를 잘못 발급했던 것이 빌미가 되어 패소에 이르게 되었다고 하였습니다. 항소는 더 이상 하지 않는 것이 좋겠다고 조언드렸습니다. 왜냐하면 육합괘에서 합처봉충이 되었지만, 그래도 육합괘는 끝까지 가는 것보다는 적절하게 합의를 하는 것이 현명하기 때문입니다. 괘상도 더 이상 나아가면 더 많은 손해를 볼 수 있기 때문에 항고를 해도 힘드니, 결과를 받아들이고 후수습을 하는 것이 현명할 것이라고 조언드렸고, 나중에 항고는 포기했다는 소식을 전해 주셨습니다.

　소송점은 첨예한 통변이 필요합니다. 하지만 우선은 손효, 관효, 동효, 세와 응의 순서로 상태를 파악하면 해석하는 데 도움이 될 것입니다.

9) 진단보다 빠른 통찰, 질병점

　육효에서의 질병점(병점)이란 개인 또는 가족의 건강 상태, 질병의 원인/경과/회복 여부, 치료의 적합성 등 의료와 관련된 운명을 점괘로 풀이하는 실전 기법입니다. 현실적이고 구체적인 건강 상태를 해석해서 적절한 조치를 취할 수 있게 도움을 받을 수 있어서 많이 사용되는 점법 중 하나입니다. 몸이 약하거나 병이 났을 때, 원인이 불분명할 때, 치료하는 의사나 약사를 선택해야 할 때, 치료하는 약의 효과를 알고 싶을 때, 치료 병원을 선택해야 할 때, 치료 경과, 위중 여부, 질병의 진행 여부를 알고 싶을 때 등등 다양한 경우에 문점 할 수 있습니다.

(1) 용신 선정 방법

질병점에서 용신은 문점자가 누구의 병을 묻는지에 따라 용신이 달라질 수 있습니다. 문점자 자신에 대한 병을 묻는 것이라면 당연히 세가 용신이 되고, 육친의 병을 묻는 것이라면 육친에 따라 손효는 자손, 부효는 부모, 관효는 남편, 재효는 아내, 형효는 형제가 됩니다. 병점에서는 관을 가장 꺼리고 무서워하고, 관을 극 할 수 있는 손을 치유의 효로 보고 길하게 해석합니다. 손은 의사, 간호사, 병원, 약제 등을 의미하므로 병의 치유나 호전을 물어본다면 손이 용신이 되고 손의 원신인 형의 작용도 아주 중요하게 해석합니다.

질병점에서는 회두극이 되는 것을 가장 꺼리고 무서워합니다. 동효의 상태를 살피는 것이 중요한데, 회두극까지 당하고 있다면 월건과 일진의 생을 받아 도움이 있더라도, 언제라도 월건과 일진의 극을 받을 때 병이 위중해지거나 사망까지 할 수 있기 때문입니다. 일생일극(一生日剋) 중 월건의 극을 받고 일진의 생을 받는 것을 더 좋아합니다. 왜냐하면, 월건은 지금의 환경, 위치, 상태를 나타내는 것이고, 일진은 앞으로 벌어질 상황과 미래, 진행 방향을 의미하기 때문입니다. 용신이 월건에 입묘 된다는 것은 월건의 현재의 상황을 나타내는 것으로 해석되므로 현재 입원 중이거나 거동이 불편해서 꼼짝없이 누워있거나 활동이 자유롭지 못한다는 것을 의미하기도 하니 이 점을 유의해서 통변하면 많은 도움이 될 것입니다.

(2) 질병점의 길흉 해석

1. 본인의 점을 묻는 자점에서는 세는 용신이 되고 관은 질병이 됩니다. 손이 질병을 치료하는 약이나 의사가 되니, 그 힘의 관계를 파악해서 해석합니다. 질병점에서 관의 득세는 불길하고 병이 깊나고 해석합니다.

2. 남편의 질병을 문점 할 때는 관이 용신이 되고, 부모점에서는 부를 생하는 원신이 되므로, 이때 만큼은 관이 생을 받고 힘이 있으면 길하다고 해석합니다.

3. 원신이 동하여 왕상 하고 용신이 무력해도 잘 버틸수 있으나, 원신이 극이나 월파, 일파 되어 무기력하게 되거나 기신이 동하여 용신을 파극 하게 되면 위중하고 사망까지 이를 수 있다고 해석합니다.

4. 자신의 병을 문점하는 경우 관이 지세 하면 고질병이 있다는 의미로, 병이 깊지 않더라도 완치가 어렵고 치유하는 데 오랜시간이 걸릴 수 있다고 해석합니다.

5. 반대로, 자점에서 손이 지세 하면 병이 위중하고 오래된 것일지라도 완치될 수 있다고 해석합니다.

6. 병이 근시일에 걸린 것이라면 육합이 되면 불길하게 해석합니다. 합처봉충(合處逢冲: 합을 이루고 난 뒤 충이 되는 상황)이면 다행히 무사하고 공망이 되면 즉시 낫는다고 해석합니다. 그러나 일진과 합이 되고 용신이 극을 받으면 공망이 출공 하는 날에 사망할 수도 있다고 해석합니다.

7. 병이 오랜 시간 지속되었다면 육충이 되면 사망할 수도 있습니다. 그러나 공망이 되면 이를 피해갈 수 있습니다. 구병이든, 근병이든 병인 관과 합이 되는 것은 그 세력이 커지는 것이라 불길하게 해석합니다.

8. 관은 병을 의미하고, 손은 약을 의미하며, 재는 음식을 의미합니다. 그 왕상으로 깊이를 가늠하고 치료 가능성을 읽으며 음식을 먹고, 못 먹고를 판단하면 됩니다.

9. 왕한 부효가 동하여 손효를 극하면 병을 치유하는 손효가 약해지므로 약을 써도 효과가 없습니다. 부가 동하고 관이 왕상 한데 세효가 휴수되면 백약이 무효로 본인은 사망할 수 도 있다고 해석합니다.

10. 용신이 일진과 월건 및 동효의 생을 받으면 지나치게 왕상 한 것으로 보고 이는 오히려 좋지 않다고 해석합니다. 이럴 때는 충이나 극을 해줄 때 치유될 수 있다고 해석합니다.

11. 용신이 일진에 절이 되었으나 동효가 용신을 생해주면 절처봉생(絕處逢生: 벼랑 끝에서 도움을 받는 상황)이라고 하여 위험해도 치유가 된다고 해석합니다.

12. 용신에 관이 놓이고 관이 지세 하면 쌍귀임신(雙鬼臨身 : 두 개의 관이 놓이는 상황)이라 비록 병이 위중하더라도 죽지 않지만, 일생을 병으로 고생할 수 있다고 해석합니다. 두 개의 관이 세효나 용신의 묘고가 되면 반드시 사망하게 되고, 일진이 묘고를 충하게 되면 무사하다고 해석합니다.

13. 신(身)효가 형(刑)을 만나면 못 일어나고 육효가 모두 안정하면 차도가 더디거나 좀처럼 낫기 힘들다고 해석합니다.

14. 중병에 백호와 관이 동하면 사망하게 된다고 해석합니다.

15. 신(身)효에 구진이 놓이거나 명(命)효에 재가 놓이면 병세가 깊고, 신(身)효에 관이 놓이거나 명(命)효에 현무가 놓이면 낫기 어렵다고 해석합니다.

16. 용신 또는 세효가 동하여 관으로 변하면 불길하다고 해석합니다.

17. 용신이 공망 되고 입묘 되었을 때 출공시 원신이 입묘 하면 사망한다고 해석합니다.

18. 관이 생을 받고 명(命)효가 사, 절이 되면 불길하게 해석합니다.

19. 신(身)과 명(命)이 공망되거나 등사나 백호가 놓이면 불길하게 해석합니다.

20. 용신이 복신되는 것을 반기지 않으나 힘이 있어 출현하는 날에 병이 낫는다고 해석합니다.

21. 관이 2개 이상이면 치유가 되는데, 시간이 걸리고 잘 낫지 않으며, 관이 형으로 변하거나 재로 변하면 병이 깊어질 수 있습니다. 관이 손으로 변하면 길하게 해석하고 치유될 수 있습니다.

22. 부가 세에 임하면 치료가 더디고 효과가 없고, 형이 세에 임하면 차도가 없으며, 재가 세에 임하면 병이 깊어진다고 해석합니다.

23. 부모의 병점에서 관과 부가 왕상 하고 동하면 치유될 수 있습니다. 손이나 재가 왕상하고 동하면 병이 깊어져 치유가 어렵게 될 수 있습니다. 그러나 형이 동하면 치유가 늦게 될 수 있다고 해석합니다.

(3) 실제 통변 예시

– 세가 생을 받아 왕성하고 자손효도 생(生)을 받을 때
   "병세가 호전될 징조가 뚜렷합니다.
   의료진의 치료와 약물반응도 원활하므로 곧 회복이 예상됩니다."

– 용신효가 충(沖)과 파(破)를 동시에 당하며 공망이고 손효마저 무력할 때
   "공망이 출현하는 날에 돌아가실 수 있으니, 안타깝지만 가족들과 함께 임종을 준비하시길 조언드립니다."

- 외괘의 관성효가 두드러지며 손효가 무력할 때

"외부 세력에 의한 병세 악화 위험이 있사오니 무리한 시술, 추가 감염 등을 조심하시고,
면역력 회복과 환경관리를 위해 치료법을 바꿔보시는 것을 권해드립니다."

질병점 예시) 암을 진단받았는데 완치가 되겠습니까?

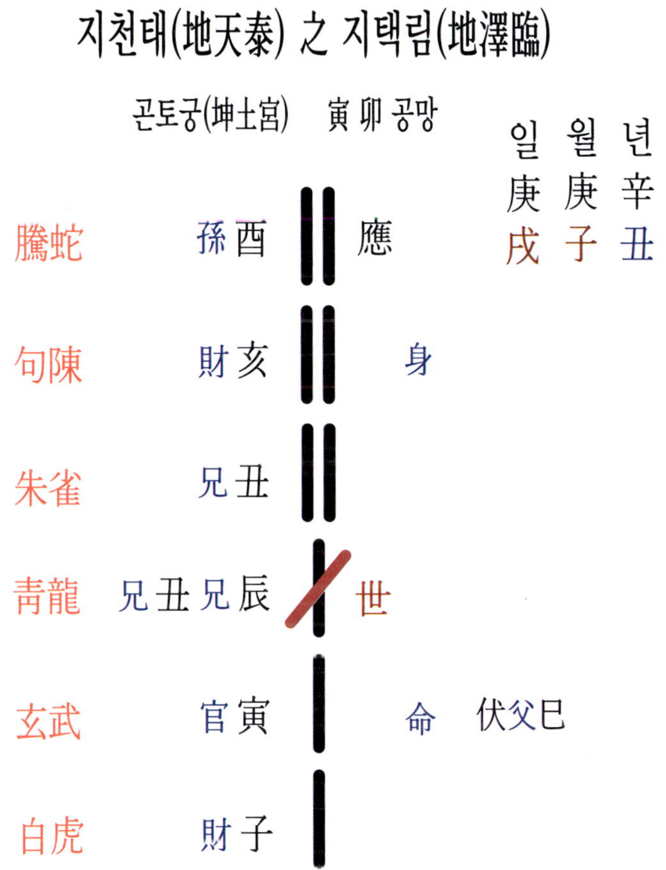

괘상: 지천태에서 지태림으로 변했습니다. 지천태는 평화, 안정, 길함, 소통. 하늘과 땅
의 기운이 서로 소통하여 만물이 펴안하고 평화로운 상태를 의미하는 가장 좋은 괘 중 하
나입니다. 위 아래가 통하고 막힌 것이 뚫리는 상으로 순풍을 만나 매사 형통하며 작은 것

을 주고 큰 것을 얻는 형상입니다. 지택림은 임함, 다가옴, 감독, 내려다봄, 큰 세력이 다가오거나 중요한 역할을 맡게 되는 것을 나타냅니다. 세상이 돌아가는 상황을 적절히 파악하고, 어떠한 상황에서도 나아가야 할 방향을 찾고, 극복할 수 있는 지혜가 있다면 충분히 이겨낼 수 있다는 의미가 있습니다.

점사: 유방암을 진단받고 정밀검사 결과를 앞두고 두려운 마음에 저를 찾아와서 뽑은 괘입니다. 본인의 병을 묻는 자점에서는 세가 용신이 되고 관은 질병이 됩니다. 손이 질병을 치료하는 약이나 의사가 되니, 그 힘의 관계를 파악해서 해석해야 합니다. 질병점에서 관의 득세는 불길하고 병이 깊다고 해석한다고 하였습니다. 청룡이 임한 세효는 동해서 퇴신이 되었고, 일진과 육충이 되어 일파 되었습니다. 병을 치료하는 손효는 상효에 위치하고 있고 응이 임했으며, 일진의 힘을 받고 있습니다. 또한 세효와 육합으로 생합이 되어 힘이 왕상 합니다. 병은 육합이 되면 불길하게 해석합니다. 합처봉충(合處逢沖: 합을 이루고 난 뒤 충이 되는 상황)이면 다행히 무사하고, 공망이 되면 즉시 낫는다고 해석합니다. 이 경우는 합이 된 후에 일파 된 경우라 합처봉충의 상이 되어 유방암이라는 위중한 병임에도 불구하고 그 병은 충분히 완쾌되는 것으로 판단을 할 수 있습니다. 세효인 형효가 퇴신이 되긴 하였지만, 동하여 손효를 충분히 생하고 있고, 병을 나타내는 관효는 2효에 위치하여 월건의 생을 받고 있긴 하지만 공망이 되었습니다. 또한 신(身)효에 구진이 임하면 병세가 깊다고 하였으니, 암이라는 위중한 병인 것으로 해석할 수 있습니다.

종합적으로 판단해 보면, 유방암의 정밀 진단 결과는 위중하지는 않을 것으로 보이고, 치료도 잘 되어서 완쾌할 것으로 판단하였습니다. 완쾌의 시기는 다음 해 신축년 신(申)월이 될 것으로 예측하였습니다. 신월은 관인 인목을 깨고, 손인 유금을 강하게 힘을 주기 때문에 다음 해 신월에 완쾌가 가능하다고 판단해서, 항암도 안 하고 최소한의 치료만 할 수 있을 것으로 말씀해 드렸습니다.

결과: 정밀검사 결과는 완전 초기암으로 나와서 항암은 패스하고 다른 기본적인 치료를 병행하는 것으로 결과가 나왔고, 다음 해 진(辰)월부터 좋아졌고, 신(申)월에 모든 치료가 끝나서 병원은 검진만 할 때 가게 되었고, 지금도 재발 없이 건강하게 잘 지내고 있습니다.

이처럼 병점에서 손효의 힘은 중요하고, 형이 동하거나, 손이 동하는 것을 제일 반기며, 재나 관이 동하는 것을 제일 꺼리는 이유입니다.

10) 운명을 찾는 목마름, 연애와 결혼점

육효의 연애와 결혼점은 두 남녀 또는 커플 간의 연애 성사 여부, 발전 가능성, 결혼에 이르게 되는가, 결혼생활의 길흉, 궁합 등 복합적인 관계의 흐름과 최종 결실을 점치는 실전 운세 분서법입니다.

타로점이 유행하게 되는 데 가장 크게 기인한 것이 연애와 결혼점이라고 생각합니다. 젊은이들의 궁금점들을 바로바로 알려주고, 현 상황에 대한 감정을 잘 집어주는 타로야말로 연애점에 최적화된 점법이 아닐까 생각합니다. 그렇다면 타로와 육효의 차이는 무엇인지 궁금할 텐데, 제가 판단하는 한 타로는 감정선에 최적화되어 있어서 마음을 파악하는 데 세밀하고 정확하다고 생각합니다. 감정에 충실하다 보니, 앞으로의 전개 관계나 상대방의 앞으로의 성공 여부, 됨됨이 등에 대한 포괄적인 해석은 아쉬운 면이 있는 것 같습니다. 반면 육효는 감정의 세밀함은 부족하지만 좀 더 포괄적으로, 앞으로의 진행 과정과 결혼 여부까지도 넓게 해석할 수 있는 장점이 있습니다. 제가 타로에 입문한 1999년은 타로의 종류도 타로라는 말도 아주 생소할 때였지만, 늘 감정적인 부분에서는 최고라 이것이 많이 알려지면 좋겠다는 생각을 했었는데, 요즘 타로가 유행을 타고 홍대거리에 즐비한 타로 카페를 보면 역시 타로는 감정에 잘 맞는 점술인 것 같습니다. 저도 감정에 관련된 답변이 필요할 때는 여전히 타로를 많이 애용하고 있습니다.

(1) 용신 선정 방법

나와 상대방의 관계를 묻는 것이기 때문에 기본적으로 문점자인 세효가 상대방은 응효가 용신이 됩니다. 세효와 응효의 소통과 조화, 힘의 실체가 길흉을 평가하는 기준이 됩니다. 세와 응이 상생 또는 상합 하면 길하게 판단하고, 세와 응의 음양이 달라야 조화를 이뤄서 길하다고 통변합니다. 또한 재와 관의 상태를 파악해야 합니다. 문점자가 여자이면 세효와 관효를 살펴야 하고, 남자면 재효를 함께 살펴야 합니다. 이는 배우자의 능력과 조건, 환경을 통변할 수 있습니다. 합과 생의 관계는 서로 사랑하고 발전적인 관계이고, 극과 충이면 불화가 많이 있을 수 있으며 성사되기 힘들 수 있습니다.

(2) 결혼·혼인점의 길흉 해석

1. 관효는 남자를, 재효는 여자를 나타내며, 부효는 주혼자이고 간효는 중매자가 됩니다.

2. 남자가 문점 했을 경우 남자는 세가 양효이고, 여자는 음효이면 음양이 조화롭고 이치에 맞으니, 부부간에 화합이 좋다고 해석합니다.

3. 남자가 음효가 되면 여자가 집안 경제를 맡아서 할 수 있는 가능성이 있습니다.

4. 남자는 재가 세에 임하면 길하고 형이 동하면 인연이 되기 힘들어 성사되기 힘들다고 해석하고, 여자는 관이 세에 임하면 좋고 손이 동하면 이뤄지기 힘들다고 해석합니다.

5. 세와 응이 상생, 상합이면 결혼이 성사되는 길한 기운이고, 극과 충은 인연이 되기 힘드나 통관신이 작용한다면 결혼이 성사될 수도 있습니다. 그러나 그 통관신이 제대로 작용을 못할 때에 결혼생활에 문제가 생길수 있다는 점을 염두에 두어야 합니다.

6. 세와 응이 생합 되어 결혼하여도 배우자 육친이 흉하면 배우자의 복이 약하다고 해석합니다.

7. 세효가 공망 되면 결혼할 마음이 없거나 사랑하는 마음이 없는 것이고, 응효가 공망 되면 상대방이 마음이 없다고 해석합니다.

8. 세효와 응효 모두 공망이 되고 월파 되면, 결혼이 성사되더라도 나중에는 결국 후회하게 됩니다. 좋은 혼인이 될 수 없습니다.

9. 남자가 문점시 세효에 재가 임하거나 여자가 문점 시 세효에 관이 임하면 남녀의 역할이 바뀌게 될 수 있습니다.

10. 육합괘는 이루어지기 최고의 길한 괘이며, 결혼한 후에도 일생동안 화목하고 부귀하게 지낼 수 있습니다. 그러나 일진이 세효와 응효를 충하거나 동한 효가 육충괘로 변하면 합처봉충이 되는 격이니, 결혼도 힘들 수 있고 결혼하더라도 헤어지거나 풍파를 겪을 수 있다고 해석합니다.

11. 여자가 문점 할때 세가 동하여 관을 합하거나 관이 동하여 세와 합하면 결혼을 할 수 있고, 관효가 타효와 합하거나 일진과 합이 되면 나에겐 관심이 없는 것이라고 해석합니다.

12. 남자가 문점 할 때 세효가 동하여 재효와 합하거나 재효가 동하여 세효와 합을 하면 결혼을 할 수 있습니다. 그러나 세효가 타효와 합을 하거나 합이 많으면 나와의 인연이 아니라 타인과의 인연으로 다른 사람과 결혼한다고 해석합니다.

13. 세와 응이 비화되고 일월이 세응을 생하거나 간효가 동하여 세응을 생하면 중매로 성사될 수 있습니다.

14. 응효가 퇴신이 되면 혼담이 없어지고 응효가 진신이 되면 혼담이 오가며 바로 결혼할 수 있게 됩니다.

15. 세효가 퇴신이 되거나 변하여 충이 되면 결혼 후에 처나 남편을 배신하게 될 수 있다고 해석합니다.

16. 여자점에서 왕한 관이 세효와 생합 하거나 지세 하면 백년해로의 상이고, 남자점에서 왕한 재가 세효와 생합 하거나 지세 하면 역시 백년해로 할 수 있다고 해석합니다.

17. 여자점에서 관이 세효를 충극 하고, 남자점에서 재가 세효를 충극 하거나 일진이나 월건이 세효를 충극 하면 재취나 재혼을 하게 될 수 있다고 해석합니다.

18. 여자점에서 관이 왕하면 덕망이 높고 재능이 있는 남자를 얻게 되고, 남자점에서 재가 왕하면 부잣집의 참한 여자와 결혼할 수 있다고 해석합니다.

19. 재와 관이 중첩하면 재혼, 재취를 하거나 애인이 있을 수 있다고 해석합니다.

20. 관효 아래 재가 복음 되어 있으면 남자에게는 처나 여자가 있고, 재효 아래 관이 복음 되어 있으면 여자에게 남편이나 남자가 있다고 해석합니다.

21. 여자점에서 재효가 발동 하며 부모효를 극하면 부모와 사이가 좋지 않다고 해석합니다.

22. 남자점에서 재와 형이 발동 하여 상극 하게 되면 이별을 할 수 있게 된다고 해석합니다.

23. 육효가 모두 안성 하면 가정이 평안하고, 육충괘가 되면 성사되기 힘들며, 육충괘가 육합괘로 변하면 헤어졌다가 다시 만날 수 있다고 해석합니다.

24. 손효가 묘, 절되고 동한 왕한 부효에 극을 받으면 자식이 없을 수 있다고 해석합니다.

(3) 실제 통변 예시

– 세효와 응효 모두 왕성하며 상생할 때

"내담자와 상대방은 상호 호감과 신뢰가 깊게 연결되어

연애가 원활히 발전하리라 전망됩니다.

장기적으로 결혼 성사 가능성 또한 높게 짐쳐집니다."

– 세효와 응효가 서로 충·극이 될 때

"관계 초반부터 갈등과 오해가 있습니다.

결혼까지는 심리적·환경적 장애요소가 크고 인연도 아닌 것으로 보입니다.

서로 다른 상대를 만나는 것이 좋겠습니다."

– 응효가 공망이고 휴수 할 때

"상대방은 준비가 안 되어 있고, 사귈 마음이 없고 관심도 없는 것 같습니다.

다른 인연을 만날 수 있도록 새롭게 노력해 보시길 권해드립니다."

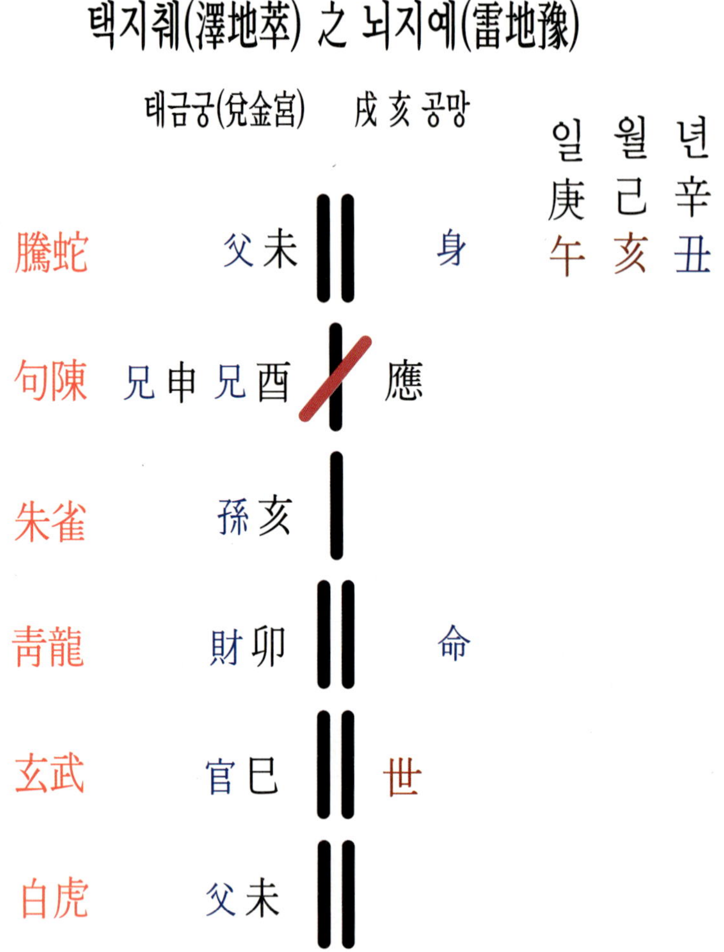

괘상: 택지췌에서 뇌지예로 변했습니다. 택지췌는 모임, 집결, 결집, 단체, 많은 사람이 한곳으로 모여드는 상황을 나타내며, 조직의 힘이 세지는 것을 의미합니다. 만물이 결실되어 수확의 기쁨이 있는 상이니 거리는 사람들이 모이고 축제의 분위기가 됩니다. 소원하게 지냈던 사람끼리도 다정하게 느껴지고 침울했던 표정도 사라져 즐겁게 모이는 것을 의미합니다. 뇌지예는 즐거움, 미리 준비, 안일함, 예비, 즐거운 상황이 계속되지만, 안일에 빠지지 말고 미래를 미리 대비해야 함을 상기시킵니다. 안으로 유순하고 밖으로 움직여 나아가는 덕이 있는 상으로

봄에 소리를 내며 나오는 우레와 같이 겨울 동면을 하던 생물이 나오는 첫 출발의 의미로 새로운 출발 또는 진출을 의미합니다.

　점사: 결혼점에서 용신은 문점자인 세효가 상대방은 응효가 됩니다. 세효와 응효의 소통과 조화, 힘의 실체가 길흉을 평가하는 기준이 된다고 하였습니다. 세효에는 관이 임하고 있고 월건에는 충으로 월파 되고 일진에는 힘을 얻고 있습니다. 응효는 형이 임하고 동하여 퇴신이 되었습니다. 일과 월에 힘을 얻지 못하고 세효는 암동 되어 응효를 극하고 있어 무력해 보입니다. 다행히 응효가 동하여 세효와 육합이 되었습니다. 세효는 월파 되고 일진의 생으로 왕 한데 반해, 응효가 퇴신 되고 힘을 못 받아 염려가 되는 상황입니다. 또한 세효가 관에 임하니 세효인 여자가 가계를 책임지고 가장의 역할을 할 가능성이 커 보입니다. 세효는 내괘에 있고 내괘에 청룡의 재효가 임해 있어 돈을 잘 벌고 능력이 있다고 판단할 수 있습니다. 응효는 퇴신이 된 것으로 보면 결혼 후 하는 일이 조금 막힘이 있을 수노 있을 것으로 보입니다. 4효의 손효는 일진의 힘을 얻었지만 공망이 되었습니다. 당분간 자식을 낳지 않을 수도 있고, 임신이 잘 안될 수도 있다는 것을 알 수 있습니다.

　종합적으로 판단해 보면, 결혼은 성사가 됩니다. 천생연분은 아니지만 서로 노력하면서 가정을 끌어 나가야 하며, 남자보다는 여자분이 가계를 책임질 가능성도 커 보이며 충분히 잘 끌어 나갈 수 있을 것으로 보입니다. 남자분은 여자분을 잘 돕고 협력해서 가정을 이룰 것으로 보입니다. 자식이 약해 보이니, 아이를 낳을 계획이 있다면 철저하게 잘 계획하여 태교도 열심히 해서 낳아야 할 것 같습니다.

　결과: 두 분은 2023년에 11월에 결혼하였습니다. 결혼까지 좀 시간이 걸리고 일들이 있긴 했지만, 다행히 모두 잘 극복하고 결혼에 이르게 되었습니다. 두 분은 미국에서 거주하시는 분이셔서 한국에서 결혼식을 하고 다시 미국으로 가서 자리를 잡게 되있는데, 여자분은 음식 사업을 크게 하여 많은 돈을 벌었고, 남자분도 자기 사업을 하였는데, 두 분 모두 사업이

잘되고 바쁜 나날을 보내고 있다고 합니다. 다만 남편분이 친구로 인해 손해와 배신을 당해 힘들어했었다는 소식을 전해 주셨습니다. 응효의 퇴신을 남편의 일로 보았는데, 형효의 퇴신이라 친구, 동료의 배신으로도 일어났었던 것입니다. 2세에 대한 생각이 전혀 없었는데 최근에는 아이를 가지고 싶은 생각이 들어서 내년에 계획을 해 볼까, 고민 중이라고 하셨습니다.

11) 간절한 생명의 빛을 위한 기다림, 임신과 출산

육효의 임신·출산점이란 본인이나 가족이 임신했는지, 임신이 가능한지, 태아의 건강과 출산의 길흉·성패, 안전성 등을 점괘를 통해 분석하는 방법입니다. 임신 여부, 즉 이미 임신했는지를 판별하거나 임신의 안정성 즉 유산 위험, 태아 건강 여부, 출산 시점과 길흉, 즉 언제 출산 가능한지, 난산·평산 여부, 태아의 신체·생명력 등을 점칩니다. 이 점법은 전통적으로 건강·생명 분야의 실전 육효점에서 매우 중요한 영역이었습니다.

현대사회는 의학의 발전으로 병원을 방문해 간단한 검사만으로도 산모와 태아의 건강을 알 수 있지만 의학이 발달하지 못했던 시대에는 병점과 마찬가지로, 임신과 출산의 여부를 점술에 의존해야 했었기에 육효점은 요긴하게 사용되었습니다. 오늘날에는 산모와 태아의 건강보다는 임신이 길한지, 아이가 건강한 것은 물론이고 똑똑하고 효자, 효녀가 될지를 주로 많이 문점하고 있고, 불임인 경우 시험관 아기의 성패 여부를 묻는 경우도 많이 있습니다.

(1) 용신 선정 방법

임신과 출산점에서는 태효(胎爻)를 중요하게 봅니다. 태효란 12운성에서 태(胎)에 해당하는 지지인데, 육효에서는 수와 토가 같은 자리에서 시작하는 수토동궁을 사용하며 다음과 같이 간단하게 사용합니다.

본 괘	태 효
건금(乾金), 태금(兌金)	묘(卯)
이화(離火)	자(子)
감수(坎水)	오(午)
진목(震木), 손목(巽木)	유(酉)
간토(艮土), 곤토(坤土)	오(午)

임신의 여부는 태효와 2효의 상태를 보고 판단합니다. 여기서 초효는 산모, 2효는 태아, 3효는 출산을 의미합니다. 또한 손효는 자식, 결실, 잉태, 성장의 상징이므로 임신과 출산점에서 핵심 용신으로 삼습니다. 따라서 임신과 출산점에서는 손효, 2효, 태효를 골고루 살펴서 태아의 존재, 생명력, 출생 가능성, 전체 건강까지 직접적으로 해석합니다.

(2) 임신과 출산점의 길흉 해석

1. 3효에 태가 임하거나 태효가 동하면 임신을 했다고 해석합니다.

2. 태효가 왕상 하고 생합이 되면 반드시 임신이 되고, 이것이 양효이면 남아를 출산합니다. 다만, 관이나 부효에 임하지 않아야 하고 공망이 되면 안 됩니다.

3. 태효가 음효에 임하여 무력한네 일월동효가 생합 하고 흉신이 없으며, 형충파해가 되지 않았으면 여아를 출산할 수 있다고 해석합니다.

4. 임신과 출산점에서는 손효의 억할이 중요하므로 관과 부가 임하거나 동하는 것을 꺼립니다.

5. 손효가 충파 되면 태아 상태가 불안정, 예기치 못한 사고나 임신중독증 위기, 조기분만 등 우려가 있을 수 있으니 면밀히 살펴봐야 합니다.

6. 남편이 부인을 문점 하는 경우에는 재효를 산모로 보고 태효는 임신을 의미하고, 손효를 태아로 해석합니다. 재효, 태효, 손효가 일월의 생을 받고, 동하여 생합을 하게 되면 순산하여 잘 키우고, 형충파해, 사, 묘, 절, 공망이 되면 난산하고 키우지 못하게 될 수도 있다고 해석합니다.

7. 태효가 관에 놓이거나 동하여 관으로 변하거나, 관이 동하여 태효를 충극 하면 유산될 수 있고, 백호를 띠면 낙태를 할 수 있다고 해석합니다.

8. 초효에 관이 있으면 산후에 산모의 건강에 문제가 생길 수 있고, 2효에 관이 놓이면 태아가 좋지 않으며, 2효가 공망이면 낙태할 수 있다고 해석합니다.

9. 백호가 손효인 태효에 임하여 동하면 유산의 징조이고, 백호가 재에 임하여 동하여도 유산이 될 수 있으며, 손효가 묘, 절 되고 일, 월, 동효가 충극을 해도 유산될 수 있다고 해석합니다.

10. 괘 내에서도 년월일시에도 태효가 없으면 불임이라고 해석하는데, 동효에 있으면 앞으로 임신을 하게 될 가능성이 있고, 태효나 2효가 극을 받고 묘, 절, 공망 되면 불임이라고 해석합니다.

11. 태효가 동하거나 손효가 동하고 중복되어 나타나면 쌍둥이이고, 태가 변하여 다시 태가 되거나 손이 변하여 손으로 되면 모두 쌍둥이일 가능성이 크다고 해석합니다.

12. 백호 관이 동하거나 백호 재가 관으로 변하여 공망이 되고 충파가 되면 출산을 하더라도 키우기는 힘들다고 해석합니다.

13. 관이 손으로 변하면 분만 전에 병이 있고, 재가 관으로 변하면 산후에 나쁜 일들이 생길 수 있다고 해석합니다.

14. 재가 손으로 변하면 안전한 분만을 할 수 있다고 해석합니다.

15. 청룡이 손효나 태효, 재효에 놓여 동하면 출산일이 멀지 않았다고 보고, 혹 당일 출산하는 수도 있을 수 있습니다. 그러나 일진과 동효의 충극을 받으면 낙태한다고도 해석합니다.

16. 출산일은 손효나 태효의 충파일로 점단 합니다.

17. 손효, 태효, 2효, 재효가 동하면 출산일이 멀지 않았고, 동한 것에 합을 하는 날에 출산한다고 해석합니다.

18. 손효와 태효가 안정되면 충하는 일시에 출산하고 슈공 되었으면 출공일에 출산한다고 해석합니다.

19. 태효와 손효가 동하지 아니하고, 일진의 암충도 없으면 출산이 늦어지니 일월시의 충하는 시기를 보아 분만일을 점단합니다.

20. 태아의 성별은 손효의 음양과 8궁의 음양으로 알 수 있습니다.
    – 용신이 왕상 하고 양효면 남아입니다.

- 용신이 휴수 되고 음효이면 여아입니다.

- 용신이 음복 되면 복신의 길흉과 음양으로 남녀를 구별합니다.

- 손효나 태효가 건(乾), 진(震), 감(坎), 간(艮) 양궁에 있으면 남아입니다.

- 태(兌), 이(離), 손(巽), 곤(坤) 음궁에 있으면 여아입니다.

- 동효가 1개이면 변효의 음양으로 보고, 동효가 2개이면 상효의 음양으로 보며,

  동효가 3개이면 중간효의 음양으로 봅니다.

(3) 실제 통변 예시

- 손효가 왕(旺)하고 세효·부효와 상생되고 일진도 생할 때

  "태아가 건강하고 임신도 안정적입니다.

  순산할 가능성이 높아 태아와 산모 모두 건강할 것입니다."

- 손효가 쇠(衰)·파(破)·공망이 될 때

  "현시점에서 임신의 유지가 불안정하며,

  유산을 주의하거나 건강관리, 안정이 필요합니다."

- 변효에서 손효가 공망을 벗어나 왕 해지며 일진의 생을 받을 때

  "현재는 임신이 불안전하지만, 잘 관리한다면 곧 안정을 찾게 될 것이고

  출산도 순산할 가능성이 커 보입니다."

- 손효가 동 하면서 변효가 충극 되고 월건, 일진이 극을 당할 때:

  "태아와 산모 모두 불안정한 시기니 격렬한 활동, 외부 충격, 심리적 스트레스를 삼가

  야 하며 의료진과의 긴밀한 상담이 필수적입니다."

뇌택귀매(雷澤歸妹) 之 뇌수해(雷水解)

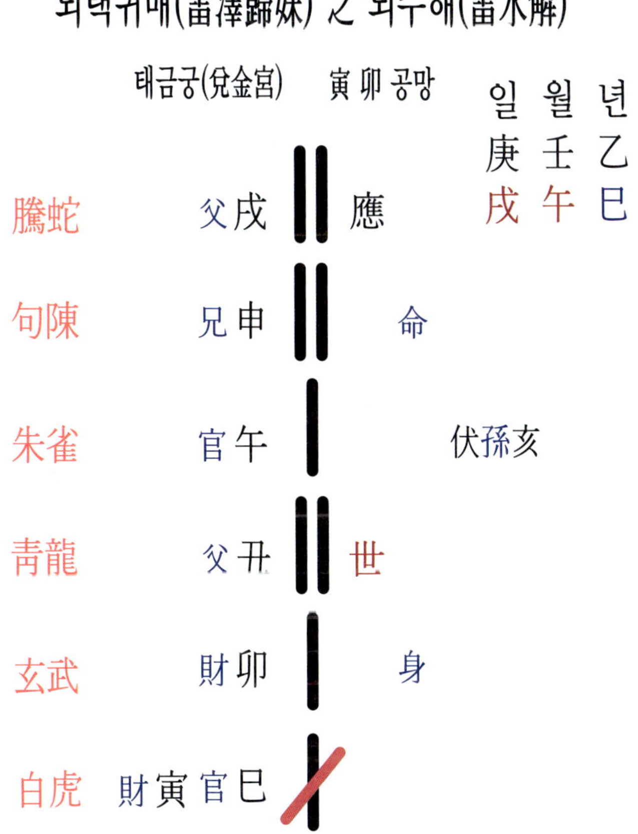

괘상: 뇌택귀매에서 뇌수해로 변했습니다. 뇌택귀매는 결혼, 불화, 강압적인 관계. 결혼을 상징하지만, 올바른 절차를 벗어나 불화가 생길 수 있는 상황을 경고합니다. 사랑을 바탕으로 한 자연스러운 결혼이 아니고, 집안을 보고 집안끼리 혼사를 맺으니 이러한 정략결혼은 잘못하면 여자도 망치고 남자도 망친다는 뜻을 가지고 있습니다. 뇌수해는 풀림, 해소, 자유, 구세. 어려움과 장애물이 서서히 풀리고 해소되는 시기를 나타냅니다. 막혔던 모든 일이 봄에 얼음 녹듯 화 풀리는 상으로 일이 풀려 느슨해지더라도 중요한 일이 생겼을 때는 꾸물거리지 말고 급하게 서둘러야 한다는 것을 내포하고 있습니다.

점사: 문점자는 남자 친구와 동거 중이며 결혼할 여건이 안 돼서 우선 임신을 하고 아이를 키우다가 나중에 결혼하려고 계획하고 있어서 문점을 하게 되었습니다. 태효가 왕상 하고 생합이 되면 반드시 임신이 되고, 이것이 양효이면 남아를 출산합니다. 다만 관이나 부효에 임하지 않아야 하고, 공망이 되면 안 된다고 하였습니다. 이 괘의 태효는 태금궁이므로 묘(卯)가 됩니다. 묘는 2효에 재효에 임해 있고 공망이 되었습니다. 또한 일, 월, 동효의 도움을 하나도 받지 못하여 매우 무기력합니다. 손효는 4효에 복신이 되었고 이 또한 일, 월, 비신의 도움을 받지 못해 나와도 힘을 쓸 수가 없는 상황입니다. 세효와 응효는 부가 임하고 있고, 일, 월, 동효까지 힘을 얻고 있어서 지나치게 강하게 되었습니다. 임신점에서 부효는 세효를 극하기 때문에 매우 꺼립니다. 초효의 관효는 동해서 재효를 낳고 회두생이 되어 손효의 원신인 형효를 극하고 있습니다. 모든 상황이 임신을 할 수 있는 상황에 반대되고 있습니다. 세와 응도 지나치게 강해져서 임신의 문제가 아니라 둘의 관계도 오래가지 못할 수 있습니다. 부효는 우울, 침울, 느슨함, 지루함을 의미하기에 지나치게 강한 것은 그 부정의 의미들이 작용하기 때문입니다.

종합적으로 판단해 보면, 임신은 불가능해 보입니다. 해(亥)월이나 자(子)월에 복신에서 나오면 조금의 희망이 있을 수 있으나, 세와 응의 강한 부효의 작용으로 복신에서 나오더라도 임신은 힘들 것으로 판단됩니다. 임신을 하는 것보다는 두 사람의 관계를 잘 정립하고 결혼할 여건이 안 된다면 더 노력해서 결혼을 빨리 할 수 있도록 한 후에 순서대로 임신하기를 권해드렸습니다. 하지만 둘의 관계도 오래갈 수 없을 정도로 불안해 보이기에 둘의 관계에 더 집중해서 잘 지내기를 조언해 드렸습니다.

결과: 아직까지 임신의 소식은 없고, 남자 친구와 관계가 안 좋아서 그간 몇 번의 통화를 하였습니다. 임신이라도 해서 남자 친구와의 관계를 지속시키고 싶어 하는 것 같았습니다. 그러나 소중한 아이는 어떤 이유와 수단으로 태어나서는 안 된다고 생각합니다. 소중한 가치를 알고 하늘에 닿는 정성으로 아이를 기다릴 때 좋은 자식이 되고 좋은 부모가 될 수 있다고 생각하기 때문입니다. 요즘은 자존감이 없는 젊은이들을 보면서 안타까울 때가 많

이 있습니다. 겉은 명품으로 화려하지만, 대화를 해 보면 단번에 자존감이 낮고 열등감에 사로잡힌 이들을 많이 볼 수 있습니다. 엄마가 된다는 것은 나를 바닥까지 내려놓고 다 내어주어도 아깝지 않을 마음가짐을 가져야 가능합니다. 내가 좋은 엄마로 준비가 되었을 때, 비로소 자식 복과 덕을 볼 자격도 갖춰지는 것이라 생각합니다.

12) 기다리는 마음에 바람을 타고 오는 소식점

육효의 소식점은 정해진 누군가로부터의 전보, 통지, 연락, 특정 결과의 소식, 시기와 길흉을 점으로 해석하는 전통 육효 점법입니다. 이는 단순 통신뿐 아니라 취업이나 각종 시험 발표, 병원 결과, 사업의 통보, 사람들과의 소식 등 폭넓게 적용됩니다.

통신 수단이 발전하지 못한 옛날에는 기다리던 소식의 희비를 점을 쳐서 예측하고 준비하고 했었습니다. 오늘날에는 기다리는 소식을 문자로 통보를 받거나 홈페이지를 방문해서 바로 확인이 가능하고, 안부도 SNS를 통해서 알 수 있는 시대라 소식점이 많이는 사용되지 않지만, 그래도 소식점은 대인관계, 승진, 합격, 취업과 같은 특정한 부분에서는 여전히 사용되고 있는 점법이고, 특히 연애운에서 소개팅이나 만남 후에 상대방에게 연락이 올지를 문점 하는 데 많이 사용되고 있습니다.

(1) 용신 선정 방법

소식점에서는 문서, 기록, 발표, 공문 등의 의미를 가지고 있는 부가 용신이 됩니다. 부효를 중심에 놓고 세, 응의 관계와 함께 그 상태와 동태를 해석하는 것이 원칙입니다. 또한 육수의 주작은 소식, 말, 언변, 알림을 의미하니 주작의 상태를 파악하는 것도 통변에 도움이 됩니다.

육친의 소식점을 문점 했을 때는 당연히 육신에 해낭하는 효와 무효를 살펴서 판단해야 합니다. 소식점에서 공망은 매우 불길한 암시이며, 해당 효가 한 개라도 공망이 되면 기다리는 소식은 받기 힘들다고 예측할 수 있습니다.

(2) 소식점의 길흉 해석

1. 소식점에서 부가 용신이니 부가 왕상 하고 동하면 기다리는 소식이 있다고 해석합니다.

2. 부가 동했는데 합이 되면 도중에 사정이 생겨서 소식이 못 오는 것일 수 있다고 해석합니다.

3. 청룡이 임한 부는 희소식이고, 백호가 임한 부는 흉한 소식이 된다고 해석합니다.

4. 주작이 동하면 소식이 오는데, 부가 공망이고 주작이 동하면 소식을 간접적으로 듣게 될 수 있습니다.

5. 부가 합이 되면 충하는 날에, 부가 충극이 되면 합하는 날에 소식이 올 수 있습니다. 다만, 이때는 부가 생을 받아 왕성 해야 합니다.

6. 소식점에서 세와 응이 모두 공망 되거나 묘, 절 되면 소식이 오지 않는다고 해석합니다.

7. 부나 응이 공망이면 출공 날에, 절이면 생왕 한 날에, 월파 되면 파가 나가는 날에, 절지에 임하면 생왕 하는 날에, 묘에 들어가면 충개 하는 날에 소식이 온다고 해석합니다. 다만, 이때도 세와 부가 힘이 어느 정도는 있어야 합니다.

8. 부나 응이 동하여 일진과 생합 되고 세효를 극하면 부효가 생왕 되는 날 소식이 온다고 해석합니다.

9. 재가 세에 임하고 동하거나 세효가 현무와 같이 있고 주작이 용신효가 된 경우에 세가 응을 극하거나 재가 단독으로 동하면 기다리는 소식은 오기 힘들다고 해석합니다.

10. 외괘가 동하고 내괘가 정하거나 응이 동하고 세가 안정하면 소식이 곧 올 수 있다고 해석합니다.

(3) 실제 통변 예시

– 부효가 왕성하며 세효와 상생, 일진의 도움 받을 때

"곧 명확한 연락이나 공식 소식이 빠르게 올 것 같습니다. 만족스러운 결과가 나올 것 같으니 추후 진행 과정을 준비하고 계시면 좋을 것 같습니다."

– 부효가 공망이고, 파(破)·충(沖)에 처한 경우

"소식의 전달에 장애나 혼선이 있으니 기대하던 소식이 오지 않을 가능성이 큽니다."

– 부효가 세효를 극(剋) 하며 변효 역시 극이 지속되는 경우

"소식은 오더라도, 점사자가 원하지 않는 내용일 가능성이 크니 감정 관리와 후속 대처가 필요합니다."

– 부효가 약하지만 변효로 왕(旺) 해질 때

"현재 소식이 정체되어 있지만, 곧 주변 환경 변화에 힘입어 소식이 도달할 수 있음을 시사합니다. 외부 조력이나 중재자의 역할이 소식 도달에 중요할 수 있습니다."

화천대유(火天大有) 之 뇌천대장(雷天大壯)

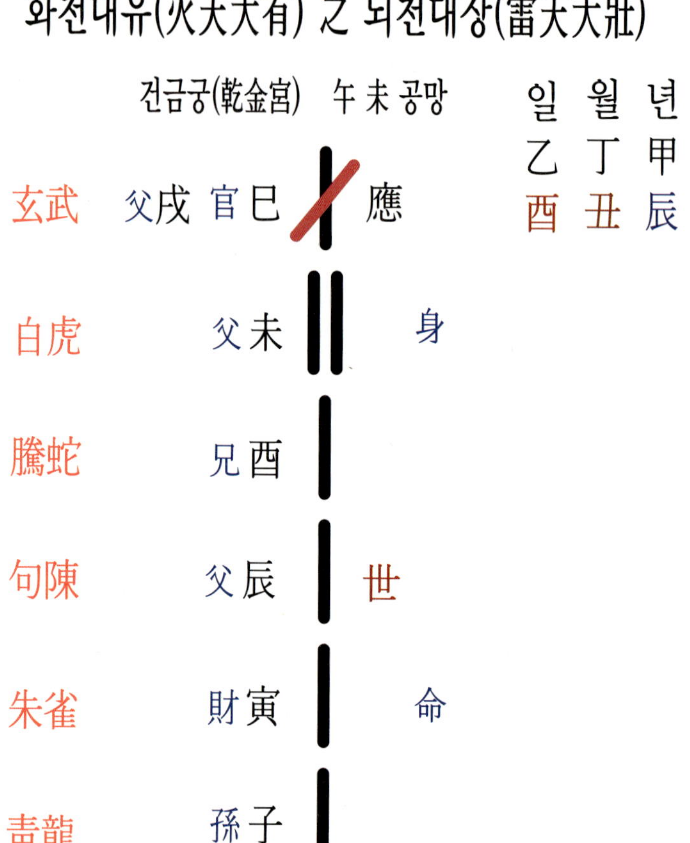

괘상: 화천대유에서 뇌천대장으로 변했습니다. 크게 소유함, 풍요, 번영, 성취. 모든 것을 크게 얻게 되는 매우 좋은 운을 나타냅니다. 해가 중천에 걸린 상으로 태양이 세상을 비추는 의미로 크게 대성하고 큰 자리에 오르는 것을 의미합니다. 뇌천대장은 크게 강함, 힘, 용맹, 기세, 자신의 힘과 기세가 가장 왕성한 시기를 나타내며, 정의롭고 바르게 행동해야 함을 강조합니다. 안으로 강건하고 밖으로 움직이는 덕이 있으므로, 굳건한 마음으로 정대하게 행하여 나아가는 괘입니다. 힘차게 질주하는 경주마들의 모습으로 끝마무리를 잘해야 하며, 세기를 잘 조절해서 알맞게 고삐를 조일 필요가 있다는 의미를 담고 있습니다.

점사: 소식점에서 부가 용신이니 부가 왕상 하고 동하면 기다리는 소식이 있다고 해석한다고 하였습니다. 세효에 부가 임하고 있고 월건의 힘을 받고 있습니다. 또한 응효는 관이 임해 있는데 동하여 부효를 변효로 낳았습니다. 응효는 세효를 생 해주는 관계로 세에 임한 부효를 강하게 만들어 주고 있습니다. 다만, 세효와 응효의 변효, 그리고 5효에 부가 나와 공망이 되었습니다. 부가 괘 내에 3개가 되어 용신다현이 되었고, 진용신은 세효의 진토가 되니, 힘이 막강하다고 판단할 수 있습니다.

종합적으로 판단해 보면, 기다리는 소식은 반드시 옵니다. 다만 용신이 다현 되어서 조금은 시간이 더 걸릴 수 있습니다. 여러 가지 문제들을 처리하느라 시간이 걸릴 수도 있고, 필요한 시기에 맞게 투입시키기 위해 그 시간을 기다리고 있을 수도 있습니다.

결과: 소식은 점을 친 후 한 달하고 3주 만에 연락이 왔고, 그날은 무진(戊辰)일이었습니다. 용신으로 잡은 진토가 자용한 것 같았습니다. 원하는 소식으로 3월부터 출근을 해 달라는 연락이었고, 지금도 즐겁게 일을 하고 있다는 소식을 전해 주셨습니다.

이처럼 소식점은 부효가 힘을 받아야 내가 원하는 소식이 되는 것이고, 힘을 얻지 못한 부효는 원하는 소식이 아니거나 소식이 안 올 수 있다는 것을 잘 알아두시길 바랍니다.

13) 국운과 민심의 중심을 읽는 시국점

육효의 시국점(時局占)은 한 개인이 아닌 국가, 사회 전체의 대세와 흐름, 정치·경제·사회적 변화의 길흉과 향방을 판단하는 점법입니다. 즉, "앞으로 나라가 안정될 수 있을까?", "향후 경제 상황은 순탄할까, 어려워질까?", "특정 사건(정치적 변란, 사회 이슈 등)의 향방은 어떻게 되는가?" 이처럼 집단적, 거시적 질문에 괘로 해답을 구하는 방식입니다. 10년 사이 두 번의 대통령 탄핵이 되면서 정치가 국민의 삶에 얼마나 큰 영향을 미칠 수 있는지 새삼 느끼게 되면서 시국점의 중요성을 다시 한번 되새기게 되었습니다. 나라가 평안해야 국민들도 평안하고, 경제도 탄탄하게 지속될 수 있으며, 세계 속의 대한민국이 굳건히 있을 수 있다는 것을 잊지 말아야 할 것입니다. 참고로, 시국점과 대통령 당선점을 연결해서 점단한 결과 트럼프의 두 번의 당선, 문재인 대통령, 이재명 대통령 당선을 맞춘 바 있습니다. 하지만 2022년 3월의 윤석열과 이재명의 대결점은 해석하기 힘들 정도로 힘의 균형이 팽팽해서 예단하기가 매우 어려웠습니다. 현명한 우리 국민을 믿었고 더 나은 지도자를 뽑을 것이라 믿었는데, 지금의 결과를 보면 우리 국민도 진실되지 못한 언론과 유튜브에 현명한 판단력을 잃었던 것 같아 몹시 아쉬운 부분이었습니다. 이제 대통령의 생년월일시를 몰라도 육효점으로 사람 됨됨이와 성정을 알 수 있으니, 앞으로 직접 육효점으로 미래의 일꾼을 뽑을 때 유용하게 사용하시길 바랍니다.

(1) 용신 선정 방법

시국점에서 용신은 다양하고 복합적으로 해석해야 합니다. 기본적으로 세효는 국민을, 응효는 대통령, 국가 지도자 또는 하늘, 타국이라고 해석하고 관계를 읽습니다. 또한 초효는 만물의 근원을 의미하고 2효는 국민, 백성을 의미하며, 3효는 관청과 관리, 4효는 장관, 5효는 국가원수, 대통령, 최고 통치자를, 상효는 천문(天門)을 의미합니다. 각 효가 의미하는 위치에 임한 육친과 육수를 바탕으로 길흉을 판단하게 됩니다.

육친의 의미상 태평성대를 의미하는 것은 먹고 즐기고 여유로운 손효를 최고로 꼽고, 그 다음은 재효를 길하게 해석합니다. 제일 흉한 것은 관으로 많은 재앙과 사건, 사고를 의미하니, 적절하게 맞춰서 해석하면 됩니다.

(2) 시국점 길흉 해석

1. 태세의 관이 동하면 재앙이 많고, 우레와 같은 자연재해가 많이 일어난다고 해석합니다.

2. 태세는 일 년을 이끄는 힘이 되니, 손이나 재를 만나면 길하다고 해석합니다.

3. 괘중과 년월일에 관이 나타나지 않고, 세효가 쇠, 절(衰, 絕) 되지 않으면 길하다고 해석합니다.

4. 2효는 국민이니 손이 임하면 평화롭고 관이 임하면 많은 사건, 사고가 일어난다고 해석합니다.

5. 5효는 국가원수, 대통령, 최고지도자를 의미하니, 손이나 재가 임하여 세를 생하면 애민하고 국민을 위해 일하는 훌륭한 지도자로 해석합니다.

6. 상효는 천문(天門), 즉 하늘을 의미하니, 공망이 되면 하늘의 도움이 없는 것으로 해석하고 일년 내내 흉한 징조이고, 자연재해도 있을 수 있으며, 괴이한 일이 발생할 수 있다는 것을 의미하기도 합니다.

7. 3효는 관청과 관리직을 의미하니 세효와 생합이 되면 국민들을 위해 일하고 애민한다고 해석합니다.

8. 4효는 장관, 고위직 관리를 의미하니 손효와 세, 신(身)으로 합을 하면 국민을 위해 청렴, 공정, 정직한 정치를 하는 것으로 해석합니다.

9. 초효는 만물을 의미하니 손이나 재가 임하거나 생을 받아 왕상 하면 길하고 관이 놓이거나 사, 절이 되면 흉하게 해석합니다.

10. 세효는 우리나라를 의미하니 공망이 되는 것을 두려워하는데, 공망이 되면 국민이 재앙이 많이 생긴다고 해석합니다. 또한 용효는 하늘이며 타국이니, 세효를 극하면 민심이 흉흉해질 수 있습니다.

11. 화(火) 관이 내괘에서 동하면 가까운 곳에서 화재가 발생하고, 수(水) 관이 외괘에서 동하면 원방에서 수해가 있는데, 세효를 극하지 않으면 본인은 피해가 없다고 해석합니다.

12. 관이 동하면 불길한데, 회두극이 되거나 일월이 관을 극제하면 무사하다고 해석합니다.

13. 백호 토(土)관이 동하면 전염병이 돌 수 있다고 해석합니다.

14. 관이 세를 극하고 현무가 동하면 도적이 많이 있을 수 있다고 해석합니다.

15. 간궁에서 등사가 동하면 산이 무너지고, 곤궁에서 등사가 동하면 지진이 나며, 감궁에서 등사가 관에서 부로 변하면 수해가 많이 날 수 있다고 해석합니다.

16. 손이 세에 임하면 경기가 좋아서 편안하며, 재와 손이 모두 왕상 하면 경제가 좋아져서 사회가 태평하다고 해석합니다.

17. 수(水)효가 공망 되면 겨울에 따뜻하고 화(火)가 절(絶)이 되면 여름에 서늘하며, 수, 화가 동하여 세효를 극하면 겨울에 몹시 춥고 여름에 몹시 덥다고 해석합니다.

18. 음양이 서로 합을 하면 자연현상이 순조로워 나라가 평안하고 국민이 안락하게 지내고, 재와 손이 동하지 않으면 풍년이 들며, 형, 관이 공망 되면 하늘과 땅, 인간의 조화로운 질서로 나라와 국민이 안정되고 편안하다고 해석합니다.

19. 본궁 본괘가 국가를 의미하니 내괘가 왕상 하면 국가가 강성하고, 휴수 되고 무기하면 나라가 쇠약하다고 해석합니다.

20. 금(金) 관이 오효나 세효를 극하면 외적이 침범하는 상으로, 현대사회에서는 전쟁으로 해석하기보다는 외국과의 경제협상에서 불리하다고 해석합니다.

(3) 실제 통변 예시

– 손효가 왕(旺) 하고 세효(국민)를 생하고 월건의 생을 받는 경우

  "경기가 좋아지고 시국은 평안하며, 국민 역시 경기에 부응해 시장의 흐름이 좋아지고 살기 좋고 여유로운 흐름입니다."

– 용신이 쇠(衰)·공망에 처하고 5효 또한 충파를 받을 때

  "정권의 힘이 약해지고, 국가 질서가 흔들릴 소지가 매우 커 내우외환, 지도층의 분열, 국민 저항 등 혼란한 국면이 예상됩니다."

– 재효(財)가 크게 힘을 얻을 때

  "현재 시국은 경제적 흐름이 주도하며, 정치 변동보다는 재정·물가·경제 이슈가 사회 전반의 주요 화두로 대두됩니다."

천화동인(天火同人) 之 천산둔(天山遯)

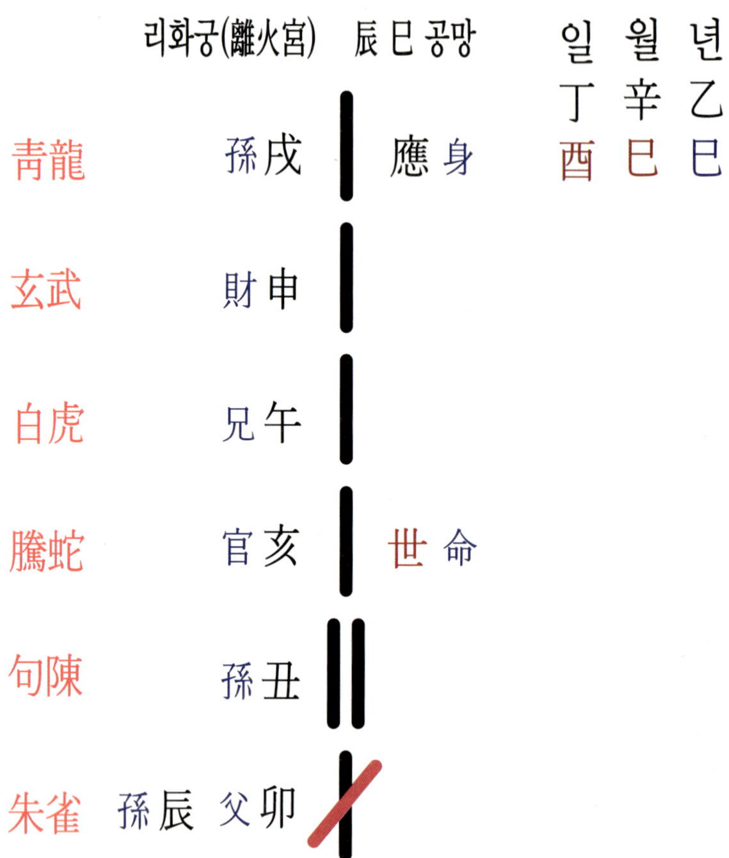

괘상: 천화동인에서 천산둔으로 변했습니다. 천화동인은 화합, 동지, 공통된 목표, 단결. 모두가 한마음으로 뜻을 같이하여 목표를 향해 나아가야 하는 상황을 상징합니다. 안으로 밝고 밖으로 강건한 덕이 있으니, 밝은 지혜로써 강건히 도를 행하는 괘입니다. 천화동인은 혼자가 아니라 더불어서 사는 세상을 의미하고 공적인 일에 특히 길한 괘입니다. 천산둔은 물러남, 은둔, 피함, 후퇴. 불리한 상황에서 무리하지 않고 현명하게 물러나야 함을 의미합니다. 모든 일에는 때가 있고 물러나야 할 때를 알아 미리 준비하여야 하며,

물러남의 시기를 놓치게 되면 과거의 공적이 작아져 명예롭지 못 하게 됩니다. 욕심을 부려 때를 놓치게 되면 흉한 꼴을 볼 수 있다는 의미가 있습니다.

점사: 윤석열 대통령이 12월 3일 비상계엄령을 발동하면서 대한민국은 정치적인 위기에 놓이게 되었고, 윤석열 대통령은 결국 탄핵당하면서 다시 대통령 선거를 실시하게 되었습니다. 가장 유력한 이재명 후보가 대통령이 되겠는지 그리고 나라를 잘 이끌 수 있겠는지에 대한 문점이었습니다. 이재명 후보를 대점 한 것으로 세효가 용신이 됩니다. 대통령 점이라 관의 형태와 5효 임금의 자리도 함께 파악해서 해석해야 합니다. 다행히 세효에 관이 임해 있고 월건에는 충이 되어 월파 되고 일진에는 생을 받아 힘을 얻었습니다. 태세에도 충이 되는 것을 보면 정세적으로 불안하고 어려운 상황에 놓여있음을 알 수 있습니다. 응효는 손효로 월건에 힘을 받아 왕하고 세효인 관효를 극 하려고 하고 있습니다. 초효의 부효가 동해 손효의 변효를 낳았습니다. 동한 부효는 관을 극하는 응효를 극하면서 세효를 보호하고 있습니다. 또한 임금, 군왕의 자리는 5효로 보는데, 5효에 재효가 임해서 세효인 관효를 생하고 있습니다. 대통령 선거일은 6월 3일 계묘(癸卯)일로 동한 부효가 힘을 받아 관을 극 하는 손효를 제압하므로 대통령에 당선될 수 있다고 판단할 수 있습니다.

종합적으로 판단해 보면, 세효가 안정되게 관효에 임해 있고 손이 임한 응효의 견제를 받고 있으나, 부효가 동하여 관을 보호함으로 대통령에 당선이 될 수 있습니다. 군왕의 자리인 5효에 재효가 임해서 관을 생하니, 경제를 우선으로 하는 경제 대통령이 될 것이며, 처음에는 경제를, 나중에는 국민들의 복지와 평안을 위해 노력할 것으로 보입니다. 대통령이 된 이후에도 대통령을 견제하는 국민을 두려워하며 국민들을 위해 많은 법안과 정책으로 견제가 응원으로 돌아갈 수 있게 정책을 펼 것으로 해석됩니다.

결과: 6월 3일 이재명 후보는 대통령에 당선되어 바로 다음 날부터 업무에 들어갔습니다. 아직까지는 지지율 60%를 넘기며 그동안 제대로 작동이 안 되었던 국가 시스템을 정

상으로 만들려고 분주히 일하고 있습니다. 대통령 임기가 끝나는 5년 후에나 전체적인 평가를 할 수 있을 것 같습니다. 괘상에서 천화동인이 천산둔이 된 것은 먼저와 나중이 아니라 전체적인 상황을 나타내고 암시하는 것으로 지나친 욕심에 정도를 벗어나 자리에서 물러난 윤석열 전 대통령의 괘가 천산둔으로 나타난 것입니다. 천화동인의 괘상처럼 온 국민이 마음을 합하고 하나가 되어 지금은 난국을 잘 이겨내기를 국민의 한 사람으로 응원합니다. 대한민국 파이팅입니다.

한 걸음 물러서 새로운 도약을 준비하면,
새 길이 열립니다.

제4장

육효의 18문답

　　육효의 18문답(十八問答)은 육효 점법의 핵심 이론과 해석 원칙, 실전 기본을 체계적으로 습득하게 하는 18가지의 필수 질문입니다. 각 문답은 육효 해석의 논리적 뼈대를 구성하며, 실제 해석의 정확성을 높이는 기초이며 통변의 기초가 되는 것이라 꼭 숙지하시기 바랍니다. 문답마다 해당 원리의 정의와 이론적 배경, 실전 해석 시 어떻게 적용되는지 구체적이고 상세하게 설명하겠습니다.

외부의 상황을 바꾸려면 먼저 자신의 마음부터 바로
세워야 합니다.

제1절

삼생삼전극(三生三傳剋)

삼전(三傳)이란 보통 연(年)·월(月)·일(日) 또는 실전에서는 월(月)·일(日)·동효 세 가지 축을 의미합니다. 이 삼전이 용신에 대해 생(生, 도와준다) 또는 극(剋, 방해한다)의 작용을 얼마나, 어떠한 방향에서, 어떤 시기(과거—현재—미래)로 나타내는지를 보는 분석 기법입니다.

삼생삼전극은 육효점의 종합력 환경력을 판단하는 가장 핵심 원리 중 하나입니다. 한 번의 오행적 관계가 아닌 시공간의 입체적 흐름(월, 일, 동효 등)이 문점자가 구하는 용신에 어떤 영향을 주는지, 단순 배합이 아닌 실제 실처력과 대세 구도의 길흉을 논리적으로 판정할 수 있게 합니다.

실제로 이 원리를 익히면, 바로 앞에 놓인 결과뿐만 아니라 시간에 따라 진행 중 변화와 점괘의 신뢰도 및 현실성을 크게 높일 수 있습니다.

(1) 삼전의 생극 원리

1. 삼전이 모두 용신을 생하면(三生)

시기상 과거·현재·미래 또는 환경적으로 세 갈래에서 모두 도움을 주는 것이므로 원하는 일이 적극적으로 잘 풀릴 확률이 매우 높습니다. 목적 달성, 성사, 길(吉)의 기운입니다.

2. 삼전이 모두 용신을 극하면(三傳三剋)

모든 시기·방향에서 장애, 압박, 저해가 있으므로, 일이 어려워지거나, 피해가 크며, 악화·실패 경향, 특히 월진·일진과 동효까지 모두 극 하면 대흉에 해당합니다.

3. 삼전이 일부만 생하고, 일부는 극하는 경우

생극의 힘이 어느 쪽이 더 강한지를 판단해야 하고, 각각의 위치, 타이밍(월, 일, 동효), 세력 구도까지 검토해야 길흉 판단이 정확해집니다.

4. 삼전이 일생일극(一生一剋) 하는 경우

일생일극은 생을 받고 극을 받는 1:1 구조지만 생을 더 크게 보아서 일을 진행하고 성취하는 데 장애가 있지만 성사될 수 있다고 판단합니다.

(2) 실전 적용과 세부 해설

1. 용신은 월(月)과 일(日)의 생을 받으면 길하다

월은 배경, 시기적인 환경, 일은 행위·결정의 시점을 나타내고, 월·일이 모두 용신을 도우면, 문점자의 활동, 일이 원활히 풀립니다.

2. 동효(動爻)가 용신을 생하면

실제 움직임, 조력자의 실질적 개입으로 일의 성사 가능성이 높아집니다.

3. 반대로 월·일 또는 동효가 극하는 경우

환경, 시기, 개입자 모두가 방해하는 구조이므로 실패, 좌절, 사고 등 악재가 발생 할 수 있습니다.

4. 생과 극이 혼재 할 때

각 시기의 영향력 격차, 실제 중요한 효(동효, 월, 일)의 역할, 혹은 변효(변화)의 작용까지 판단하여, 길과 흉의 최종 판정이 달라질 수 있습니다.

(3) 실제 통변 예시

1. 삼전(월·일·동효)이 모두 용신을 생함

   "주변 환경과 시련의 시기 모두 점사자가 원하는 일, 목표를 전폭적으로 지원하므로,

   계획이 성사되고 귀인·조력도 잇따르니 매우 길한 괘입니다."

2. 삼전이 모두 극함

   "시간적, 환경적, 인간관계적으로 모두 장애물이 많고, 노력을 해도 외부적 실패 요인

   이 강하게 작용하겠으니, 신중히 준비하거나 일의 진행을 연기함이 바람직합니다."

3. 월이 극, 일이 생, 동효도 생

   "초기 환경(월)은 불안정하나, 일·동효의 힘으로 극복 가능하고 후반부에 성사가 이뤄

   지니 처음은 곤란, 뒤에는 희망이 있습니다."

4. 월과 동효는 생, 일은 극

   "중간 과정(일진)에서 방해가 있으므로, 일이 순조롭게 흐르다가 중도에 문제가 크게

   발생할 수 있으니 방비가 필요합니다."

화산려(火山旅) 之 화풍정(火風鼎)

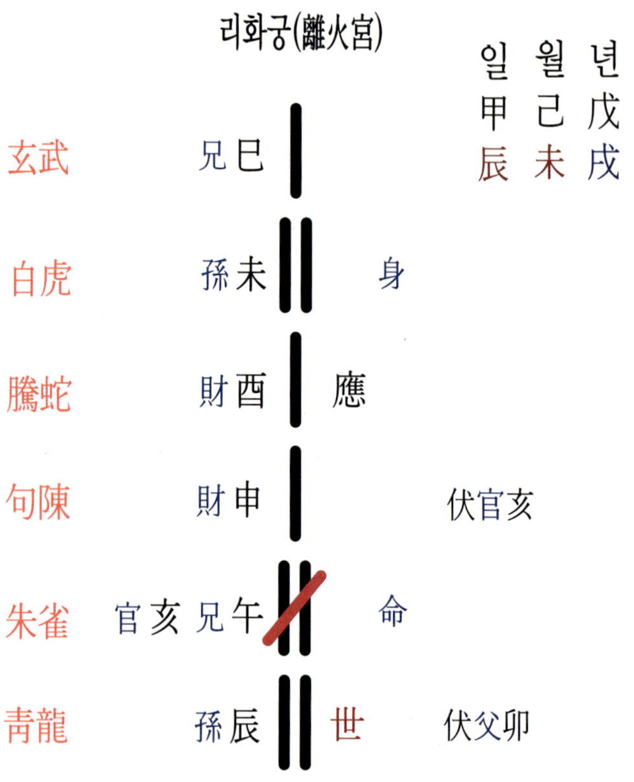

괘상: 화산려에서 화풍정으로 변했습니다. 화산려는 여행하는 괘로 유통, 무역, 해외, 큰물을 건너는 것을 의미하고, 2효동은 안전하게 물을 건너는 것을 의미합니다. 화풍정 또한 안정된 괘로 숫자 3을 의미합니다.

점사: 재물점에서 용신은 재성이 됩니다. 재성이 응효에 임해 있고, 손세 하고 있는 세와 응이 육합괘를 이루고 있습니다. 세가 손효에 임해서 열심히 하려고 하고 낙관적이며 희망적으로 임하고 있음을 알 수 있습니다. 세효는 월건과 일진에 왕상 한 기운을 받고 있고, 그 왕상 한 기운은 응효와 생합 하며 점사의 목표인 재효로 모든 기운을 쏟아붓고 있습니다.

2효동으로 사업의 변화, 이사, 이동을 의미하고 있으며 형이 변하여 관이 되었고, 그 관은 재물을 깨는 형을 회두극 하고 월건과 일진에 휴수 되어 매우 무기력하기까지 합니다. 이는 돈을 최소한으로 들여서 사업을 한다는 것을 알 수 있고, 낭비가 되지 않고 알차게 재물로 귀결될 수 있다는 것을 의미합니다. 변효의 관인 해수는 주작에 임하고 있어 입소문으로 명성이 있음을 알 수 있습니다. 다만 관인 해수가 힘이 약하니, 온라인 사업보다는 현재 진행하는 방식의 입소문으로 연결되어 사업이 번창할 수 있음을 의미합니다. 종합적으로 판단해 보면, 해외의 무역, 유통에 관련된 일이면 길하고, 안정된 공급과 유통망을 가지고 있으며, 본사, 대리점, 판매점의 3자의 관계가 안정적이고 좋다고 해석할 수 있습니다.

  결과: 미국과 유통업을 하고 있으며, 한국 총대리점의 자격으로 본사의 든든한 지원을 받고 있고, 판매업체들과 돈독한 관계로 사업을 안정적으로 해 나가고 있다고 합니다. 온라인 사업은 돈이 많이 들어서 하지 않았고, 입소문만으로도 상품을 공급하기 모자란 상황이라 광고도 하지 않고 사업을 진행하고 있다고 하였습니다. 2018년에 최고의 매출을 기록하였다는 후일담을 전해주셨습니다.

  때론 재세 하고 있는 것보다는 손세 해서 그 목표를 이뤄 나가는 것이 더 아름다울 수 있습니다. 만일 재세 했다면 너무 지나친 왕상으로 오히려 그 힘을 설기해 주든지 극 해줘야 할 수 있는데, 손세 히고 있어서 꾸준한 노력으로 목표를 이룰 수 있는 더 길한 상황을 만들 수 있는 점례입니다. 이는 나의 이익도 중요하지만, 상대방도 이익을 가져야 한다는 마음이 서로 통하여 합심하여 더 잘 만들어 갈 수 있었다고 합니다. 실제로 이 분의 제품을 받은 업체들은 이이을 많이 내었고 입소문으로 고개도 많이 늘었다고 합니다.

제2절

회두극(回頭剋)

회두극(回頭剋)이란 동효를 변효가 극 하거나 본괘를 변괘가 극 함인데 목적사인 용신과 용신을 생 하는 원신이 회두극이 되면 대흉하고 용신을 극하는 기신과 기신을 생하고 원신을 극 하는 구신이 회두극이 되면 길하게 됩니다. 실전에서 회두극 상태는 동효가 변효에 제압되어 사건의 전개가 막히거나 뜻하지 않은 장애가 생기기 쉬우며, 사건의 지연 또는 실패, 변화의 제약, 또는 결과의 부정적 영향이 있다고 해석합니다. 반대로, 기신이 회두극을 당할 때는 길한 면이 있음을 고려해서 통변합니다.

(1) 회두극의 생극 원리

1. 삼전(월·일, 동효 등)이 용신을 도와주지만, 용신이 동하여 회두극 되면

하고자 하는 일이 주변의 도움을 받아 순조롭게 진행되지만, 중간에 장애를 만나거나 힘든 과정을 겪을 수 있습니다. 그러나 포기하지 않고 진행하면 성공할 수 있습니다.

2. 용신인 동효가 공망이고 회두극이 되면

흉하게 해석하며, 동효가 충파 되거나 공망이 출공 되는 때 사건이 발생할 수 있습니다.

3. 용신은 월이나 일에 생을 받고 동효 기신이 회두극이 되면

생각했던 장애나 어려움이 없어지고, 원하는 바를 얻을 수 있게 됩니다.

(2) 실전 적용과 세부 해설

1. 회두는 '되돌아감', '되돌아와서'라는 뜻이며, '극(剋)'은 '제압', '압제'이므로 '되돌아와서 제압함'의 의미가 있습니다.

2. 회두극의 발생 원인은 동효와 변효 간의 상호제압 작용인데, 이는 점사 내용에서 사건의 시작과 마무리, 원인과 결과 사이의 갈등 혹은 내부 저해 요인을 상징합니다.

3. 실전에서는 회두극이 있는지 여부를 반드시 점검하며, 발생하면 신중한 해석과 대응 방안을 마련해야 합니다.

4. 회두극은 반음(反吟)과 겹치면 더욱 좋지 않은 상태가 되므로 복합 판단이 필요합니다.

5. 동효가 회두극이 되었지만 월건과 일진의 생을 받고 왕상 하면 사건의 방해 요소를 이겨내고 목적을 이룰 수 있는 강건한 힘을 갖고 있다는 의미입니다.

(3) 실제 통변 예시

1. 동효가 용신을 극하고 회두극일 때
   "일의 과정에 방해 또는 장애로 인해 어려움에 처하게 될 수 있으니 다른 것을 해보는 것을 권해드립니다."

2. 병점에서 관효가 동하여 손효가 되어 회두극이 될 때
   "좋은 의사를 만나서 치료가 잘 되고 있으니 의사의 말에 잘 따르면 쾌유하실 것으로 보입니다."

3. 관재/변호 사례에서 손효가 동하여 부효가 되는 회두극을 만났을 때

"재판이 불리하게 될 수 있으니, 변호사를 교체하거나 새로운 전략을 세워야 합니다.
그렇지 않으면 재판에서 패소할 가능성이 있습니다."

점례2) 취업점: 취업원서를 냈는데 취업이 되겠는지요?

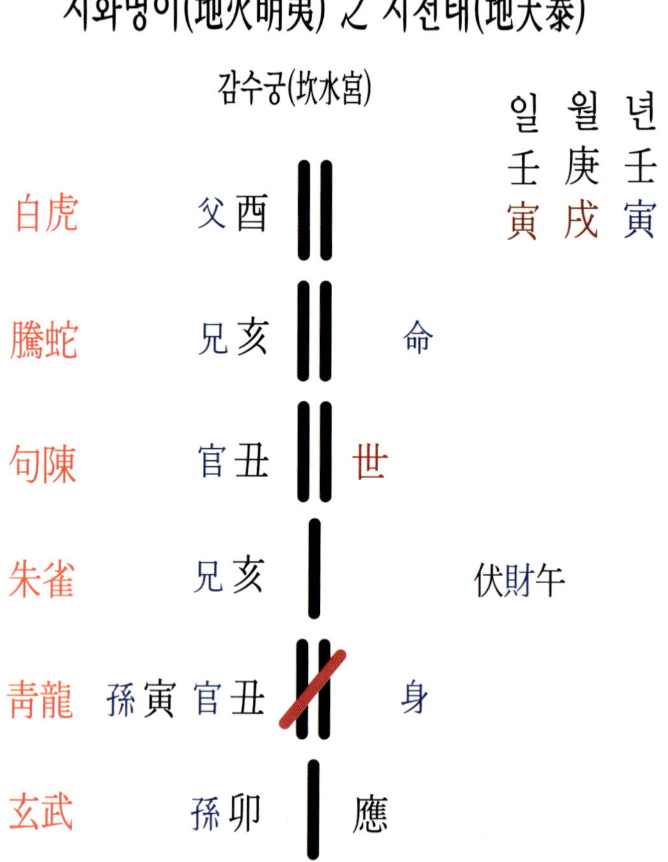

괘상: 지화명이에서 지천태로 바뀌었습니다. 지화명이는 땅속으로 빛이 숨어 들어가 밝음이 어둠에 갇혀 있는 형상으로 아직은 어둡고 때를 기다려야 하는 것이고, 지천태는 64괘 중 가장 좋은 길괘 중의 하나로 천지가 조화로워 만물이 열리는 괘입니다.

점사: 취업점의 용신은 관이 됩니다. 취업이 이루어지려면 관이 왕상 하고, 원신인 재성의 힘도 살펴야 합니다. 또한 취업점에서 가장 흉한 것은 손효가 됩니다. 점괘를 살펴보면, 세효가 용신인 관에 지세 하고 있으므로 간절히 취업이 되기를 원하고 있습니다. 지세 한 관은 월건의 도움을 받고, 일진에는 극을 당하고 있습니다. 원신인 재성은 복신 되어 용신을 돕지 못하고 있습니다. 세와 응의 관계를 보면 응효는 손효로 관이 임한 세효를 극하고 있습니다. 동효를 살펴보면 관효인 2효가 변하여 손효가 되었습니다. 손효는 일진의 힘을 얻어 관을 충분히 제압할 수 있습니다.

관효가 동해 회두생이 되지 않는다면 용신은 안정된 것이 더 길하게 될 수 있습니다. 그러나 용신인 관효가 변해 손효를 낳고, 그 손효에 의해 치명적인 회두극을 당하고 있습니다. 동효는 결과를 말한다고 했습니다. 관세하고 월건의 도움을 받는 것까지는 분위기가 좋았지만, 2효동 관효가 변해서 손효를 낳아 회두극을 당한다면 이 결과는 너무 아쉽게 원하는 바를 얻지 못한다는 것을 의미합니다. 또한 청룡이 괸이 임하니, 분명 우리가 모두 가고 싶어 하는 매우 좋은 회사일 것이라는 것을 알 수 있습니다. 그러나 아직은 준비가 되어 있지 않아 시기상조이나, 좀 더 노력하고 자신을 갈고 닦으면 좋은 날이 올 수 있다는 것을 의미합니다.

결과: 카카오에 취업을 희망하고 지원을 하였고, 서류전형도 통과되어 필기시험을 보는데, 어렵다고 소문난 필기시험에서 어느 정도 아는 문제들이라 모두 건드릴 수는 있었지만 실수가 좀 있었고, 자신이 조금 더 준비했으면 무난히 필기도 합격할 수 있었을 것 같아 많은 아쉬움이 남는다고 했습니다. 불합격으로 카카오 취업은 성공하지 못했지만, 많은 동기와 계기가 되어 그 후 바로 다른 회사로 취업을 할 수 있었다고 합니다. 동효의 변효가 바로 결과를 말해주는 짐례였습니다. 회두극은 이렇듯 용신을 극 할 때 치명석이 될 수 있습니다.

<h1 style="text-align:center">제3절</h1>

<h1 style="text-align:center">용신(用神)과 원신(原神)</h1>

(1) 용신(用神)

육효 점사에서 문제의 주체·핵심 목적을 대표하는 효를 말합니다. 예컨대 자신 문제이면 세효(世爻), 재물 문제면 재효(財爻), 관직, 명예 문제면 관효(官爻), 부모나 문서 관련 문제면 부효(父爻), 자식의 문제면 손효(孫爻) 등이 용신이 됩니다. 용신은 점사 전체의 방향을 결정하는 중심으로, 용신의 강약과 상태가 점사의 길흉을 좌우하게 됩니다. 용신이 왕성하고 조화를 이루면 길하며, 극(剋) 당하거나 쇠(衰)하면 흉한 징후가 강해집니다.

(2) 원신(原神)

용신을 도와 생명력과 힘을 부여하는 효로, 오행상 용신을 생(生)하는 효를 말합니다. 용신이 금(金)이면 원신은 금을 생하는 토(土), 용신이 토(土)면 원신은 화(火), 용신이 화(火)면 원신은 목(木), 용신이 목(木)이면 원신은 수(水), 용신이 수(水)면 원신은 금(金) 등이 해당합니다.

원신의 강세는 용신을 안정시키고 용신의 힘을 돕게 됩니다. 원신이 왕성하고 동하면 꾸준히 안정적이고 길한 효과가 오래 지속될 수 있습니다. 원신이 쇠하거나 극, 공망에 들면 용신 역시 위태로워져 위험해질 수 있습니다.

(3) 실전 적용과 세부 해설

1. 용신은 점사 시작 시 가장 우선적으로 선정하며, 질문의 핵심 목적과 관련된 육친 중 하나를 택하여 예단하면 됩니다.

2. 원신은 용신과 상생(相生)의 관계에 있으며, 원신이 월(月), 일(日), 동효(動爻)로부터 생조를 받으면 점사의 길흉 판단에 크게 유리하게 됩니다.

3. 용신과 원신은 월건(月建), 일진(日辰), 동효(動爻) 등의 변화와 합, 충, 파, 해, 공망을 살펴서 용신의 상태를 더욱 세밀하게 해석해야 합니다.

4. 원신이 용신을 왕성 하게 도와주는 구조이면 일이 순조롭게 이루어지고, 원신이 극(剋)당하면 용신 또한 불안정해질 수 있습니다.

5. 원신과 기신(忌神, 용신을 극하는 세력)이 함께 동하면 복합적 국면을 형성하므로 상황에 따라 길흉이 달라질 수 있으니 힘의 조화를 잘 계산해야 합니다.

6. 동효가 원신과 합을 하거나 육합, 삼합 하는 경우 원신과 용시 관계가 안정되어 점사 결과가 길조가 됩니다. 합의 방향이 용신이나 원신의 오행과 같으면 최고의 길운이 됩니다.

(4) 실제 통변 예시

1. 재물 문점 시 원신인 손효가 월건이나 일진의 생을 받으며 강할 때

"재산 운용이 순조롭고 예상외 수입도 기대할 수 있는 좋은 시기입니다. 노력의 대가도 수조롭게 자금이 유용될 것 같습니다."

2. 관직 명예 문점 시 원신이 동효와 월건이나 생조를 받을 경우

"상사의 도움으로 관직 획득이나 사회적 명예를 얻기가 유리하며, 관직 상승이나 임명 가능성이 높습니다."

3. 부모의 질병 문점 시 원신이 공망에 들거나 극을 당할 경우

"치료 과정이 원활하지 않고 재차 악화나 합병증 위험이 커질 수 있습니다."

4. 일반 문점에서 동효가 원신과 합하여 용신을 돕고, 월건과 일진의 도움이 없을 경우

"주변 환경이 어려워 사건의 진행이 어렵지만 꾸준히 노력하면 조력자 및 상황이 나에게 유리하게 흐를 수 있으니, 힘들어도 포기하지 말고 진행하시길 조언드립니다."

진실한 마음은 하늘도 감동하게 하고
모든 것을 이루게 하는 원동력이 됩니다.

산풍고(山風蠱) 之 중풍손(重風巽)

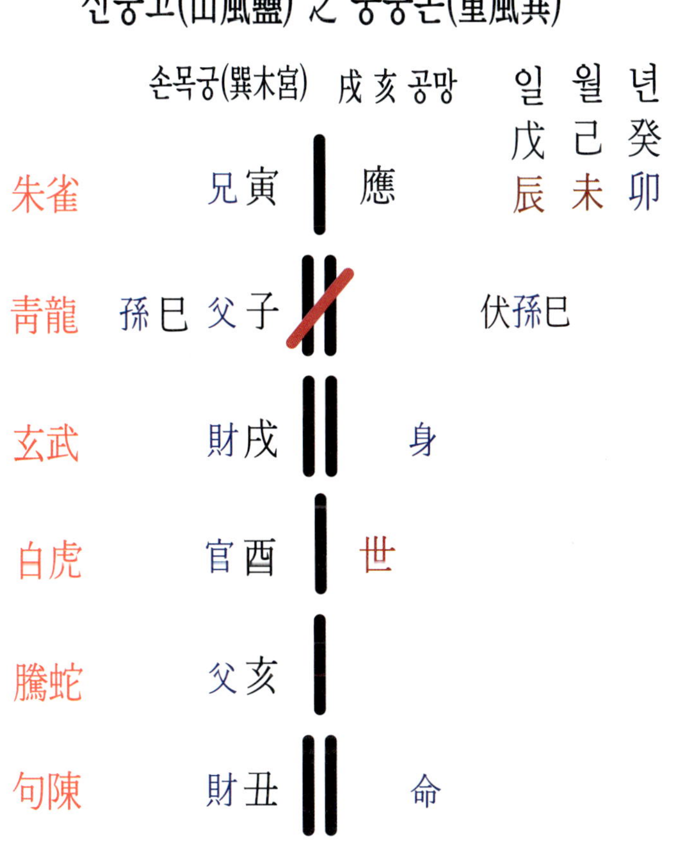

괘상: 산풍고가 변해 중풍손이 되었습니다. 산풍고는 산 아래 바람이 불어 낙엽이 물들고 나뭇잎이 떨어지는 형상이고 산풍고의 '고(蠱)'는 벌레가 좀먹는 상으로 상황의 악화를 의미하고, 중풍손은 바람 따라 본연의 태어난 곳으로 회귀하는 상입니다.

점사: 병점에서 용신은 손효가 됩니다. 그리고 병은 관의 상태를 보고 그 병세의 깊이를 파악합니다. 남편점외 대점을 제외하고 관이 왕한 것은 병점에서 매우 불길한 징조입니다. 자신의 병을 분석하는 경우 관이 지세 하면 고질병이 있다는 의미로 병이 깊지 않더라도 완치가 어렵고 치유하는 데 오랜 시간이 걸릴 수 있다고 하였습니다. 관이 세효에 임하

고 있고, 월건과 일진에 생을 받아 매우 왕상 합니다. 이는 고치기 힘든 중병에 걸려 있다는 것을 알 수 있습니다. 병을 치료하는 손효를 살펴보면 5효에 복신 되어 있는데 다행히 동하여 복신 된 손효 사화가 변효가 되었습니다. 그러나 손효 사화는 힘이 없고 무력하기 그지없습니다. 원신은 상효의 형효가 되는데, 월건인 미토, 묘지에 입고 되어 전혀 힘을 쓸 수가 없습니다. 용신인 손효 사화도, 원신 형인 인목도 모두 무력하고 힘을 쓰지 못하고 있고 기신인 관효의 유금은 왕상 한 매우 불길한 상황으로 해석됩니다. 오효의 손효는 청룡이 임하고 있어서 최고의 의사, 최고의 약을 쓰고 있으나 효과는 미미하다고 추측할 수 있습니다. 세효에 임한 관 유금은 병증으로 폐, 대장, 담, 뼈 등을 의미하므로, 폐암, 대장암, 담도암, 골수암 등의 위험이 있어 보입니다.

종합적으로 판단하면 중병에 걸려 있고, 더 이상 치료법이 없는 상황이라 매우 상황이 어렵게 흐를 수 있으니, 건강을 최우선으로 모든 것을 집중하고 치료에 임해야 한다는 것입니다. 그렇게 해도 상황이 안 좋게 흐를 수 있으니, 의사에게 최대한 의지해서 잘 치료를 받아야 한다고 판단했습니다. 계묘년은 다행히 세효 관이 유금과 충을 해서 어떻게든 지나갈 수 있을 것 같지만, 다음 년인 갑진년은 관효인 유금과 합을 이루기 때문에 갑진년 가을을 넘기기 힘들 수 있다고 예측하였습니다.

결과: 문점자는 최고의 대학을 나와 본인 사업을 성공적으로 하신 분이라 아직도 현직에 있으며 일을 좀 줄이면 된다고 생각하고 있었고, 새로운 것도 도전하려는 계획을 가지고 있었습니다. 폐암으로 진단을 받았고, 본인이 의학 쪽 전공이라 병을 너무 잘 알고 있어서 치료법도 본인이 판단해서 잘하고 있었습니다. 그리고 다음 해에 출시될 새로운 항암제를 복용만 하면 완치될 수 있다고 믿고 계셨습니다.

저는 일을 모두 그만두고 본인의 병에 최선을 다해 집중적으로 치료해야 한다고 설득과 설득을 하였습니다. 내년에 새로운 항암제가 나오더라도 본인의 몸이 받아들일 수 없을 정도로 약해져 약을 쓰지 못할 지경이 될 수 있으니, 모든 것을 다 내려놓고 가족과 함께 시간을 보내면서 건강에 힘쓰라고 조언을 드렸습니다. 다행히 지속적인 권유로 일을 쉬고 건강을 돌보았지만 병세는 나날이 깊어졌고, 드디어 새로운 신약이 5월(巳)에 나왔지만 몸 상태가 안 좋아서 면역력을 더 키우고 7월(未)에 신약을 투여하였다고 합니다. 그러나 몸에서 거부반응이 생겨 8월(酉)에 합병증으로 유명을 달리하셨습니다.

알면 바꿀 수 있다고 생각했던 저의 오만을 다시 숙연하게 만드는 점괘였습니다. 지금도 해맑게 조용히 웃으시던 그분 모습에 마음이 저려옵니다. 지금은 별이 되어 행복하실 거라 생각합니다. 이처럼 용신과 원신의 힘은 매우 중요하며, 한 번의 점사로 오랜 시간을 꿰뚫어 볼 수 있는 것이 육효의 장점입니다.

변화하는 상황에 유연하고 지혜롭게 대처해야 합니다.

삼합성국(三合成局)

삼합성국(三合成局)은 세 개의 효(爻)가 합국(合局), 즉 하나의 작용체를 이룬 상태를 말합니다. 신자진(申子辰)은 수(水), 인오술(寅午戌)은 화(火), 사유축(巳酉丑)은 금(金),

해묘미(亥卯未)는 목(木)의 오행으로 변화됩니다.

삼합성국은 세 효가 조화롭게 각자의 역할을 하면서 하나의 강한 에너지 흐름을 만들고, 이를 통해 용신을 비롯한 각 효의 상태를 강화하거나 안정시킨다는 점에서 중요한 의미를 갖습니다. 이러한 삼합은 점사의 제반 상황(질병, 취업, 재물, 인간관계 등)에서 내부 협력과 외부 상황이 조화될 때 강력한 긍정적 힘을 나타내는 기반이 됩니다.

(1) 실전 적용과 세부 해설

1. 삼합국은 3개의 효가 전부 동하거나 2개의 효가 동하거나 1개의 효가 암동 해도 삼합이 이루어집니다.

2. 2개의 효가 동하고 1개의 효가 안정하면 정효(靜爻)로서 성사일진을 예측하는데, 정효가 힘을 받거나 일진 또는 월건과 합이 되거나 생을 받는 날에 일이 성사됩니다.

3. 2효가 동하고 동한 효에서 화출된 변효의 글자가 삼합에 해당되면 삼합이 이루어집니다.

4. 용신, 원신 두 가지가 삼합국을 이루면 좋고, 기신, 구신 두 가지가 삼합국을 이루면 흉합니다.

5. 정한 효가 합이 되거나 동한 효가 합이 되었을 때 충이 되는 날에 삼합의 작용을 하며, 일진에 절(絶)이 되면 생하는 날에 일이 성사됩니다.

6. 삼합국 중에 파, 충을 만난 효가 있을 때는 문제가 된 효가 합이 될 때, 합이 되었을 때는 충이 될 때 진정한 삼합의 역할을 하게 됩니다.

(2) 실제 통변 예시

1. 사업 문의: 월효, 일효, 동효가 삼합성국을 이루어 강력한 조화를 보이되, 중심 효인 일효가 일진에 충을 당했으나 변효가 장생으로 부완될 때

   "사업이 잘 진행되다가 조금의 어려움이나 장애가 발생할 수 있지만, 인내하며 추진하면 좋은 결과를 얻을 수 있습니다."

2. 재물·재산 문제: 재효, 부모효, 관효가 삼합성국을 형성하며 상생 관계로 용신에 힘을 잘 보태고 있으나, 변효가 공망에 들고 일진에도 충파가 될 때

   "기본적으로 재산이 어느 정도 있거나, 재복이 있으니 재물에 대한 걱정은 하지 않아도 될 것 같습니다. 다만, 투자에 손실이 있어 보이니 좋은 달과 날을 택해서 투자할 것을 권해 드립니다."

3. 인간관계 분쟁: 삼합구이 세효를 극하고 일진의 생을 받는 경우

   "나를 둘러싼 주변 사람들이 합놓해서 나를 싫어하거나 공격할 수 있으니 신변을 조신하고 관계에 대한 스트레스로 건강도 안좋아질 수 있으니, 당분간은 조심하셔야 합니다."

뇌지예(雷地豫) 之 중지곤(重地坤)

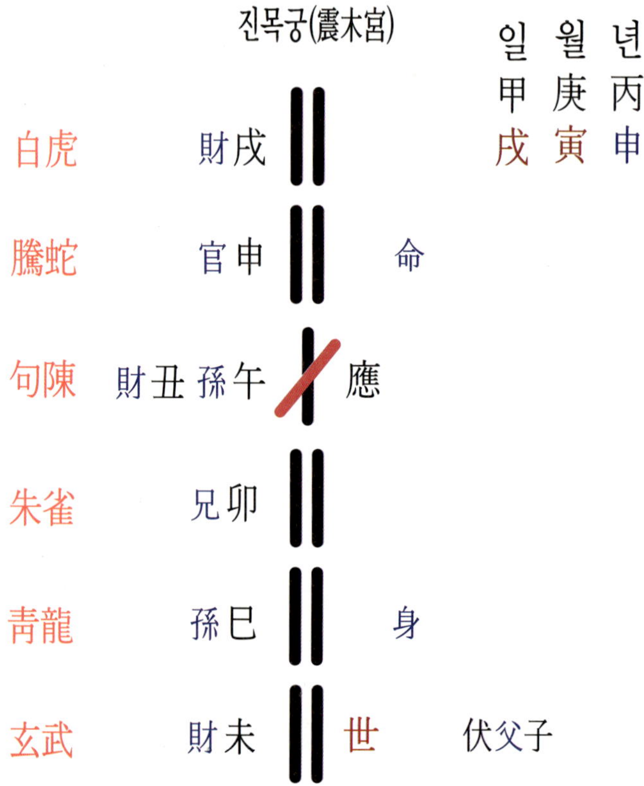

괘상: 뇌지예가 변해서 중지곤이 되었습니다. 뇌지예는 초목이 밖으로 움터 나와 즐거워하는 상이고, 중지곤은 만물을 낳고 기르는 상으로 넓고 크게 나아가는 상으로 해석합니다. 초목의 작은 씨앗이 대지의 만물이 되니 큰 발전과 결실이 있을 것으로 보입니다.

점사: 신수점에서 용신은 세효가 되고, 보통의 성인들은 재효의 작용을 중요하게 봅니다. 먹고 사는 것이 제일 중요하기 때문입니다. 그러나 학생의 경우는 공부가 중요하기 때문에 재효는 인성을 극하니 좋지 않게 보고 부효와 관효의 작용을 중점으로 봐야 합니다.

이 점괘는 고등학교 1학년 입학 한 달 전에 신수점으로 뽑게 되었는데, 학생은 공부해야 하는 것인데, 공부는 복신으로 무력하여 공부와는 거리가 있어 보입니다. 재성이 세효에 임해 있고, 월건에는 절(絶)이 되지만 일진과 비화 되어 왕(旺) 하며, 응효는 오화 손효가 동 하여 축토인 재효가 되었습니다. 손효인 응효가 재효인 세효를 생합 해주는 아름다운 육합괘입니다. 손효는 창조·출산, 표현·소통, 해독·치유, 유희·쾌락을 의미하며, 특히 오(午)화는 도화로 연예·예술·미디어(조명·무대), 스포트라이트, 화려함을 의미합니다. 이런 것을 추론했을 때 이 학생은 예체능 쪽의 전공을 하고 있다고 볼 수 있고, 그중에서도 가장 화려함을 추구하는 조명과 무대가 있고 표현과 유희를 창조하는 것으로 유추할 수 있습니다. 이 괘의 놀라운 점은 월건-응효-일진이 寅-午-戌로 삼합을 이루고 있으며, 삼합을 이룬 오행 火는 세효인 미토를 생 해주고 있는 완벽한 괘입니다. 삼합을 이루는 글자들이 월건과 일진과 응효가 되니, 환경과 상황, 그리고 만나는 사람들이 모두 나를 도와주고 있으니 뭘 해도 숟가락만 얹으면 되는 상황으로 보입니다. 또한 응효가 그 삼합의 중심이 되는 것을 보니, 나의 능력보다는 상대의 능력이 더 있고 나를 커버헤주는 것으로 월건에는 절(絶)이 되는 것도 합으로 묶어 나를 생 하게 만드는 마법 같은 상황이 되는 것입니다. 또한 청룡이 임한 재성이니, 재물도 큰 재물인 데다가 삼합의 생을 받는 재물이라 채워도 채워도 자꾸 발생하는 큰 재물로 보입니다. 다만 육합괘가 육충괘로 변하니 분열이나 불협화음이 발생할 수 있음을 암시합니다. 6효의 모든 괘가 힘을 얻어 강하고 활기차 보입니다. 다만 5효의 관효에 임한 신금이 월건의 인목과 충으로 월파 되어 암동이 되었지만, 다행히 일진이 생을 받아 다시 살아나는 모습입니다.

　모든 것을 통합해서 점례 하면, 이 학생은 연예기획사의 준비생으로 보이고, 혼자보다는 그룹으로 하는 것이 성공의 확률이 크고, 뛰어난 멤버들의 능력으로 성공에 이를 수 있으며, 막대한 돈도 벌 가능성이 매우 커 보입니다. 초기에 명예에 문제가 되는 일이 발생할 수 있지만 곧 무마될 수 있으니, 주변 가십에 조신하게 행동하면 크게 문제 될 것이 없어 보입니다. 데뷔는 오(午)월에 언급이 되고 술(戌)월에 이루어질 것이라 예측하였습니다.

결과: 이 학생은 아이돌 보이 그룹 연습생이었으며, 고등학교를 공연예술 쪽 전문학교로 가려고 준비하고 있었습니다. 우리나라 3대 기획사 중 2곳의 콜을 받았으며, 이때는 한곳을 정하고 연습 초년생으로 막 들어간 상황이었습니다. 그해에 데뷔를 한다고 하니, 그렇게 빨리 데뷔할 순 없고 몇 년의 연습을 거쳐도 데뷔를 못 하는 경우도 많다고 하며 있을 수 없는 일이라고 하였습니다.

이 학생은 그해 술(戌)월에 쇼케이스 데뷔를 했고, 공식적인 데뷔는 그다음 해 봄에 하였습니다. 함께 구성된 멤버들은 자작곡을 하는 멤버들로 실력을 이미 인정받았었고, 이 학생을 제외한 나머지 멤버들은 몇 년씩 연습하고 있었던 차에 이 학생이 마지막으로 합류하면서 바로 데뷔 절차에 들어갔었던 것이라고 합니다. 처음 구성된 멤버 중 문제가 된 멤버가 빠지면서 조금 흔들리기도 했지만, 지금은 한국뿐 아니라 전 세계에서 그 명성과 인기를 얻으며 K-POP의 선두에 서서 왕성하게 활동하고 있으며, 많은 돈도 벌어 좋은 일에도 많이 쓰고 있다는 이야기를 들었습니다. 이렇듯 손효가 삼합이 되어 재효를 생 하게 되면 어마무시한 재물이 되고, 계속 생성되는 끊임없는 재물이 된다는 것을 알 수 있습니다. 삼합의 힘이 이렇게나 강하다는 것을 알려주는 좋은 점례입니다.

반음(反吟)

반음이란 동효를 변효가 충(沖) 하거나 본괘를 변괘가 충(沖) 하여 상극 관계가 형성되는 현상을 말합니다. 반음괘는 용신이 파손되지 않는 한 반복이 될 수 있으나 목적을 이룰 수는 있습니다. 그러나 용신이 반음이 되고 구제할 수 있는 것이 없다면 매우 흉하게 해석합니다. 반음괘는 크게 두 가지로 구분됩니다.

(1) 효의 반음: 동효 ↔ 변효 충(沖)

특정 효가 변하여 충돌하는 상태를 뜻합니다. 예를 들어, 巳(火)가 변하여 亥(水)로, 午(火)가 변하여 子(水)로 되는 등 효의 직접적인 상극 변화입니다. 지지 6충은 다음과 같습니다.

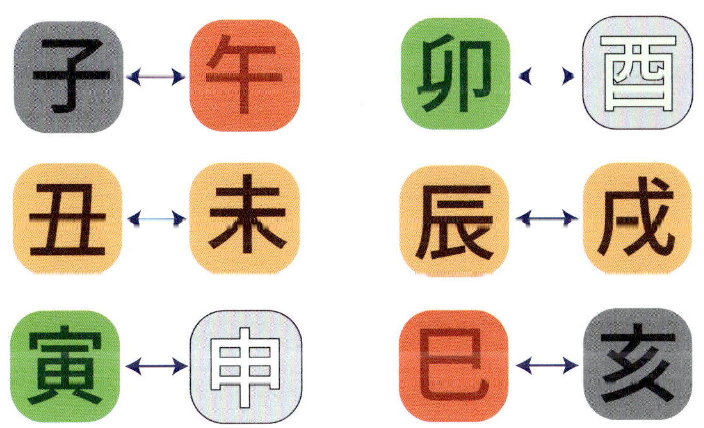

[지지 육충 그림 설명 22]

(2) 괘의 반음: 괘의 본체궁 ↔ 변한 괘의 체궁 충극(沖剋)

괘가 변하여 서로 충극하는 것으로 64괘 중 16개의 괘가 변하여 서로 충 하는 반음괘가 되는 경우입니다. 이때 괘 전체가 서로 반대 방향으로 갈등 관계를 이루어 점사에서 변동과 불안의 근거가 됩니다. 16괘는 아래와 같습니다.

1. 본체궁과 본체궁과의 극 관계의 반음괘

- 중천건 (重天乾) ☰☰ ↔ 중풍손 (重風巽) ☴☴ 건금궁(金)↔ 손목궁(木)

- 중풍손 (重風巽) ☴☴ ↔ 중천건 (重天乾) ☰☰ 손목궁(木) ↔ 건금궁(金)

- 중수감 (重水坎) ☵☵ ↔ 중화리 (重火離) ☲☲ 감수궁(水) ↔ 리화궁(火)

- 중화리 (重火離) ☲☲ ↔ 중수감 (重水坎) ☵☵ 리화궁(火) ↔ 감수궁(水)

- 중뢰진 (重雷震) ☳☳ ↔ 중택태 (重澤兌) ☱☱ 진목궁(木)↔ 태금궁(金)

- 중택태 (重澤兌) ☱☱ ↔ 중뢰진 (重雷震) ☳☳ 태금궁(金)↔ 진목궁(木)

- 중산간 (重山艮) ☶☶ ↔ 중지곤 (重地坤) ☷☷ 간토궁(土) ↔ 곤토궁(土)

- 중지곤 (重地坤) ☷☷ ↔ 중산간 (重山艮) ☶☶ 곤토궁(土) ↔ 간토궁(土)

2. 상하괘가 바뀌어서 형성된 괘로 동효와 변효가 충극의 관계로 된 반음괘

- 천풍구 (天風姤) ☰☴ ↔ 풍천소축 (風天小畜) ☴☰

- 풍천소축 (風天小畜) ☴☰ ↔ 천풍구 (天風姤) ☰☴

- 화수미제 (火水未濟) ☲☵ ↔ 수화기제 (水火旣濟) ☵☲

- 수화기제 (水火旣濟) ☵☲ ↔ 화수미제 (火水未濟) ☲☵

- 산지박 (山地剝) ☶☷ ↔ 지산겸 (地山兼) ☷☶

- 지산겸 (地山兼) ☷☶ ↔ 산지박 (山地朴) ☶☷

- 뇌택귀매 (雷澤歸妹) ☳☱ ↔ 택뇌수(澤雷隨) ☱☳

- 택뇌수(澤雷隨) ☱☳ ↔ 뇌택귀매 (雷澤歸妹) ☳☱

(3) 실전 적용과 세부 해설

1. 반음이 발생하면 점사에서 내면과 외부 환경 모두 불안정한 상태를 의미하게 됩니다.

2. 내괘의 반음은 자신의 마음, 건강, 상황의 내적 긴장과 갈등을 나타내며, 자신이나 주변에 스트레스와 위기가 있음을 시사합니다.

3. 외괘의 반음은 대외적인 어려움, 타인과의 충돌, 사회적 장애를 암시합니다.

4. 내외괘가 동시에 반음인 경우에는 내외 모두에서 갈등과 방해가 혼재되어 매우 복잡한 상황이 되고, 전반적으로 흉한 국면으로 판단합니다.

5. 변효기 효적인 반음이 될 때는 해당 효의 변화로 인한 문세와 충돌, 반복석 갈등 혹은 상황의 악화를 경계해야 합니다.

6. 괘에서 반음을 만나면 일이 반복적으로 불안함을 보이며 고통과 근심으로 신음하는 현상입니다.

7. 길흉을 판단하는 데 있어서 용신을 위주로 해야 하는데, 용신이 왕상 하면 충극으로 변하지 않으며 비록 일이 뒤집어지더라도 반드시 다시 성사될 수 있습니다.

8. 관운의 경우 용신이 왕상 하면서 괘가 반음을 만나면 직위의 변동 혹은 승진을 의미하나, 만일 용신이 휴수 하면 승신했다가도 좌천하는 일이 반복될 수 있습니다.

(4) 실제 통변 예시

1. 내괘 반음 상황

"내면적 혼란과 갈등이 심해질 수 있습니다, 마음의 안정이 부족하고 계획이 자주 번복되며, 스스로 문제를 심화시키는 경향이 있어 보입니다. 먼저 마음을 정돈하고, 하고자 하는 목적에 대해 차분히 정진하시길 조언드립니다."

2. 외괘 반음 상황

대인관계상 갈등과 경쟁, 외부에서 오는 방해가 많아지고, 재물이나 건강 등에서 잡음이 생길 가능성이 커질 수 있습니다. 외부 상황을 좀 더 확인하시고 방해가 되는 요인을 다시 확인해 보시길 바랍니다."

3. 내외괘가 동시에 반음일 때

"내외적 불안정이 동시에 드러나 심리적·환경적 혼란이 극에 달하며, 전반적인 운의 흐름이 불안정하므로 중요한 결정은 유보하거나 신중히 임해야 합니다."

4. 용신효가 반음 되고 월건의 도움을 받고 일진에 극이 되는 경우

"당장은 환경적인 도움으로 흐름이 좋아 보이나 점차 충돌과 갈등이 반복되어 목적 달성이 불투명해질 위험이 크니, 조심하셔야 합니다."

지산겸(地山謙) 之 산지박(山地剝)

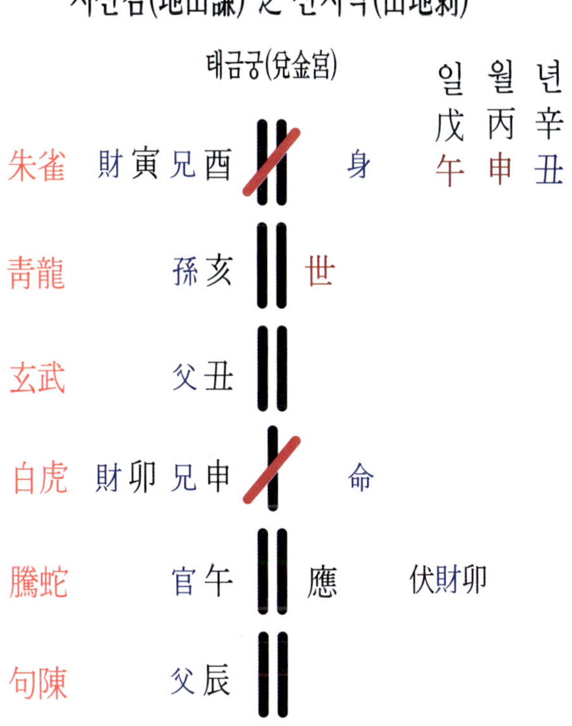

괘상: 지산겸이 산지박으로 변하였습니다. 지산겸은 나보다 못한 사람에게 머리를 조아리는 겸손을 의미하는 괘상이고, 산지박괘는 4대 악괘 중의 하나로, 산이 허물어지고 깎이고 창고에 쥐가 들어 곡식을 갉아 먹는 흉한 괘상입니다.

점사: 사업점에서 용신은 재와 관을 우선적으로 보고, 세효의 상태를 살펴보아야 합니다. 세효는 손이 임하고 월건의 생을 받아 열심히 상황을 타개해 나가려고 애쓰는 모습으로 보입니다. 사업에서 가장 중요한 재효는 본괘에는 없고 복음 되어 있는데, 동하여 변효로 3효와 성효에 임하였습니다. 그러나, 동효와의 관계가 극의 관계로 반음괘가 되었습니다. 내외괘가 동시에 반음인 경우에는 내외 모두에서 갈등과 방해가 혼재되어 매우 복잡한 상황이 되고, 전반적으로 흉한 국면이라 판단한다고 하였습니다. 자금이 이미 바닥이 났

고, 돈을 구하려고 해도 내외괘가 반음으로 힘들다고 읽을 수 있습니다. 형이 임한 동효들은 일진의 극을 받지만 월건의 힘을 받아 강하며, 나갈 돈이 한두 군데가 아닌 것으로 보입니다. 관이 임한 응효는 다행히 일진의 힘을 받아 명분은 유지하고 있다고 해석할 수 있습니다. 세효는 청룡이 임해서 능력이 있는 분으로 열심히 노력하고 있다고 보입니다만, 백호의 재가 임해 큰돈을 잃을 수 있다는 것도 암시하고 있습니다. 문점자는 겸손하고 능력 있는 인품을 가진 분이지만 모아두고 세워놓았던 공든 탑이 무너지는 위험에 처해 있는 형상으로 읽을 수 있습니다.

종합적으로 판단하건대, 지금은 희망이 없고 앞뒤가 꽉 막혀 있으며 자금의 흐름이 더 이상 받쳐주지 않는 상황이니, 회사를 정리하고 조금이라도 건질 수 있는 것은 건지는 것이 최선입니다. 임인년(2022), 계묘년(2023)에 파산이 될 수 있으니 서두르는 것이 좋겠다고 말씀드렸습니다. 사람을 믿지 말고 본인 스스로 판단해야 하며 상황은 시간이 가면 갈수록 악화할 것으로 보이니, 빠른 판단을 하고 정리를 해야 그나마 손실을 덜 볼 수 있다고 해석했습니다.

결과: 코로나로 인해 많은 어려움을 겪고 있었고, 코로나 바로 전에 큰 투자를 약속한 회사도 있었지만, 상황이 이렇게 되면서 투자도 못 받아서 빚만이 남은 상황이라고 하셨습니다. 그래도 희망의 끈을 놓지 않고 있었고, 좀더 자신이 할 일을 해 보겠다고 하셨습니다. 결국 2023년에 법인파산신청을 하였고, 2024년엔 개인파산도 진행하였다고 합니다. 2022년에 파산을 했다면 그래도 얼마는 건질 수 있었는데, 버티다가 수십억을 그대로 손해 보았고, 있는 집마저 경매로 넘어가는 힘든 일을 겪었다고 하였습니다. 그래도 다행히 능력이 있으셔서 지금은 좋은 직장에 취업이 되어서 잘 다니고 있다는 근황을 알려주셨습니다. 이처럼 개운이라는 것은 운을 새롭게 고치는 것도 중요하지만, 더 나빠지지 않게 내려놓는 타이밍을 아는 것도 개운의 한 갈래라고 생각하게 되었습니다. 용신이 반음괘를 만났을 때는 꽉 막혀 있는 상태로 희망을 논할 수 없으니, 빠른 선택과 판단이 중요하다는 것을 이 괘를 통해 알 수 있습니다.

복음(伏吟)

육효에서 효가 변화할 때, 변효가 본효와 같은 지지(地支)의 오행을 지니면서, 내괘와 외괘 간 혹은 효들 간에서 동일한 기운이 중복되어 숨은 중첩과 같은 현상을 보이는 것을 말합니다. 이 현상은 오행의 충이나 파와 다르게 '같음'에 의해 내면적 긴장과 답답함, 우울과 고통이 지속되는 상태를 일컫는 중요한 흉징으로 간주합니다. 그러나 성패와 길흉은 용신의 생과 극, 왕상휴수사로 판단하게 됩니다.

(1) 실전 적용과 세부 해설

1. 복음은 점사에서 마음의 불안과 갈등, 일의 진행에 장애가 자주 일어남을 암시해 상황의 난관과 어려움을 예고합니다.

2. 특히 내괘 복음은 내면의 불안·갈등을, 외괘 복음은 외부 환경·타인과의 불화를, 내외괘 복음은 복합적 내외 불안과 긴장을 의미해 점사의 질적 차원을 심화시키는 요소입니다.

3. 복음은 또한 '도모하는 바가 이루어지기 어려움'을 내포하여 소망과 실제 결과 간 괴리가 크다는 점에서 점사자의 경계와 인내를 요구합니다.

4. 열심히 노력했으나 제자리인 것을 의미하며, 일이 전진되지 못하고 정체되어 답답한 상황에 엎드려 신음하는 형상을 말합니다.

5. 이루고자 하는 바가 뜻대로 되지 않고 동효가 있지만 동한 역할을 하지 못해서 번뇌와 고민이 있는 상입니다.

6. 성패는 용신의 생극 관계로 살피고 길흉은 용신, 기신, 복음의 관계를 살펴서 파악합니다.

(2) 실제 통변 예시

1. 내괘 복음: 내괘의 효들이 변하면서 동일한 오행 기운으로 중첩될 때

"문점자께서 내면에 우울과 혼란을 겪고 있으며, 계획이 늦어지고 실무에 어려움이 많으니 신중한 태도로 잘 버텨내야 할 때입니다."

2. 외괘 복음: 복음 상태에서 외괘의 응효가 동해 내괘의 세를 극하는 상황일 때

"대외적인 인간관계 혹은 거래에서 상대방 마음이 흔들리고 안정되지 않아 분쟁과 갈등 가능성이 높은 상태로 보이니 예의 주시하시길 바랍니다."

3. 내외 괘 복음: 내외괘 모두 복음이면서 용신이 휴수 상태일 때

"내부와 외부 모두 불안과 답답함이 겹쳐 사업이나 관계에서 큰 난관이 예상되며, 무리한 추진은 피해야 합니다."

4. 귀국문제 점사: 모든 효가 복음 상태에 있으며 내괘 부효가 용신일 경우

"귀국을 간절히 희망하나 상황이 여의찮고 불안이 지속될 수 있습니다. (용신 부모효가 특정 연도와 상응하면 그때를 기약점으로 삼아) 가까운 시일 내 다시 귀국을 계획해 보시는 것이 좋을 것 같습니다."

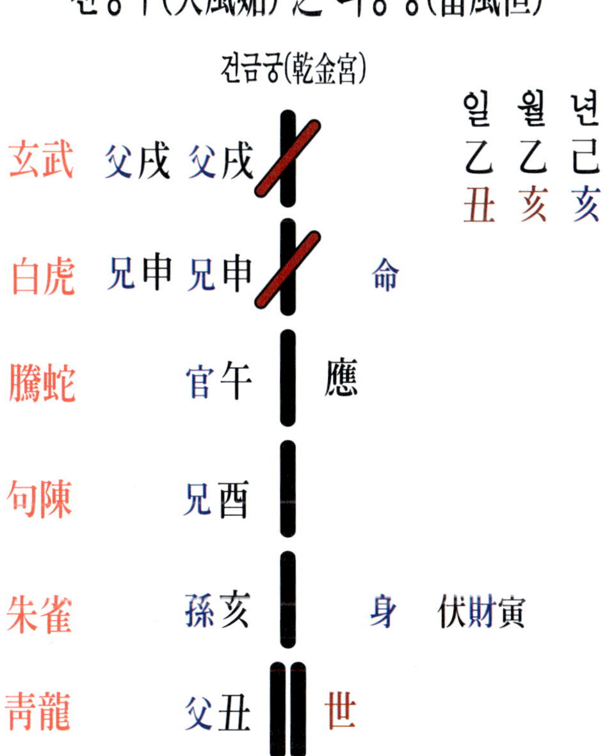

괘상: 천풍구에서 뇌풍항이 되었습니다. 천풍구는 하늘로부터 바람이 불어 만물에 두루 파고드는 상으로 서로 만난다는 의미를 지니고, 뇌풍항은 일월이 서로 짝을 지어 끝없이 왕래 순환함으로 그 도를 지키는 것을 의미합니다.

점례: 합격점은 부효가 용신이 되고 원신이 관의 형태를 보고 세효의 상태도 파악해야 합니다. 용신인 부효가 세에 임해 있고 일진에 힘을 얻어 강합니다. 응효도 관을 생하고 있으니, 여기까지는 분위기는 좋아 보입니다만, 관인 응효를 보니 월건에 극을 받고 있고, 일진에는 휴수 되어 무기력한 상태입니다. 동한 5효와 상효를 보면, 동효와 변효가 같은 복음괘가 되었습니다. 복음괘는 이루고자 하는 바가 뜻대로 되지 않고 동효가 있지만, 동한

역할을 하지 못해서 번뇌와 고민이 있는 상이라고 하였습니다. 동한 5효의 형효와 상효의 부효는 상효가 5효인 형효를 생하여 경쟁을 더 치열하게 만들고 있습니다. 여기서 상효인 부효가 동해 복음괘가 된 것은 치명적으로 해석합니다. 부가 임한 세효는 청룡이 자리 잡고 있는 것은 준비를 많이 하고 실력이 있는 것으로, 꼭 합격하고 싶은 마음이 보입니다. 괘상이 큰 의미가 없을 수 있지만, 아마도 친한 친구가 그 학교를 준비하니 같이 지원하려고 하는 것일 수도 있고, 친구가 아니면 잘 아는 분이 있어서 지원을 했을 가능성도 있어 보입니다. 이 괘가 복음괘만 아니었다면, 그래도 어느 정도 기대는 했을 수 있겠지만, 복음괘로 부효가 지나치게 강해져서 합격은 힘든 괘로, 아쉽지만 다른 곳에 지원하는 것에 더 신경을 썼으면 좋겠다고 조언을 했습니다.

결과: 친구가 체대 입시를 준비한다고 해서 평소에 운동신경이 좋고 운동을 좋아하니, 친구 따라서 체대 입시를 준비하고 원서를 내려고 하였지만, 준비하면서 점점 이 길이 아니라는 것을 본인도 느꼈다고 합니다. 그래도 준비한 것이 있으니 지원은 해 보겠다고 하였고, 다른 길을 좀 더 고민해 보겠다고 했습니다. 몇 개월 후 결과는 체육 입시 쪽 학과는 불합격했고, 대신 컴퓨터공학부로 지원한 것이 합격이 되어, 지금은 군복무를 마치고 졸업반이라는 소식을 전해왔습니다. 용신이 힘이 있어도 복음이 되면 목적을 이루기 힘들다는 것을 이 괘를 통해서 잘 파악할 수 있었습니다.

공망(空亡)

공망(空亡)은 그 효가 '텅 비고 없다'는 뜻으로 천간 10자와 지지 12자가 짝을 짓지 못하는 지지가 공망이 됩니다. 생조가 있어 왕상 한 공망은 유용(有用)한 공망이니 출공 하면 쓸 수 있고, 극만 있고 생조가 없는 공망은 무용(無用)의 공망이니 출공을 해도 쓰지 못하게 됩니다. 공망이 된 효가 일진에 충이 되면 극을 받지 않고 암동 하고, 동효가 공망이 되어 월건이나 일진에 충이 되면 실(實)이라 하여 사용이 가능하게 됩니다. 공망 된 효가 동하면 유명무실하고, 변효가 공망이 되면 동효도 공망 작용을 한다고 해석합니다.

(1) 실전 적용과 세부 해설

1. 공망 상태의 효는 기운이 약해지고, 실현력이나 작용력이 현저히 떨어지며, 일이 지연되거나 실패 가능성을 내포합니다.

2. 효가 공망되면 그 효가 나타내는 대상이나 현상(용신, 원신, 변효 등)의 기운과 효력이 떨어져 문제가 지연되거나 해결이 힘들어집니다.

3. 용신이나 원신이 공망 되면 점사의 불리함이 증대하게 됩니다. 특히 용신이 공망 되면 문제해결 능력이 크게 저하되고, 원신이 공망 되면 용 신이 불안정히게 됩니다.

4. 공망 된 효가 일진(日辰)과 충하면 오히려 공망 효과가 풀리는 예외상황이 일어납니다. 즉, 공망 된 효가 일진과 충돌하면 '무효 힘'에서 벗어나 새로운 국면 전환이 있을 수 있습니다.

5. 공망은 월건과 일진의 생을 받아 왕상 하면 공망을 벗어나 고유의 생극충합 작용을 하기도 하며 받기도 합니다.

6. 공망에는 순공(旬空)과 진공(眞空) 이 있는데, 순공은 출공이 되면 고유의 역할을 할 수 있는 공망을 말하고, 진공이란 출공이 되어도 고유 기능을 할 수 없는 공망을 말합니다. 공망된 효가 일월과 동효의 힘을 받아 왕상 하면 공망으로 읽지 않습니다.

7. 공망된 효가 동하여 왕해지면 공망으로 보지 않습니다.

8. 공망 된 효가 일, 월, 동효와 합이 되어 강해지면 공망으로 보지 않는데, 출공이 되어 공망을 벗어나면 다른 효를 생극충합 할 수 있습니다.

9. 월건, 일진이 공망이 되면 공망으로 읽지 않고 고유의 역할을 할 수 있게 됩니다. 이를 건공(建空)이라고 합니다.

10. 공망 된 효가 충을 만나면 비워있는 곳을 채워줘서(전실:塡實) 고유의 역할을 할 수 있게 되며, 이때는 일이나 월의 생조를 받아야 제 역할을 할 수 있습니다.

11. 동효가 공망이 되면 출공 될 때 고유의 역할을 할 수 있게 됩니다. 이를 동공(動空)이라고 합니다.

12. 공망은 합, 충, 비화 될 때 공망에서 벗어날 수 있습니다.

13. 공망이 복신(伏神)에 임하면 출현하지 못하게 됩니다.

14. 공망이 변효에 임하면 변효가 동효를 생극 하지 못하게 됩니다.

15. 백호가 공망이 되면 병이 낫게 됩니다.

16. 용신이 진공 되면 모든 일이 무산되고, 순공이면 출공하는 시기에 일이 이루어질 수 있습니다.

(2) 실제 통변 예시

1. 용신이 공망이고 일진과 충에 놓였을 때
   "해결하려는 일이 힘을 잃고 지연되며 만족할 만한 결과를 얻기 어렵습니다. 다만 상황 변화가 기대되므로 적절한 시기를 기다렸다가 행동하는 것이 좋을 것 같습니다."

2. 원신이 공망이고 용신은 일진의 생을 받을 때
   "지속적인 안정을 꾀하기는 어려우나 변화가 활발해 상황을 잘 관리하면 회복 가능성이 크니, 희망적으로 보입니다."

3. 응효가 공망에 극을 당했을 때
   "상대방과 진행하는 계약이나 일은 손해를 보고 사기일 수 있으니, 꼼꼼히 살펴서야 합니다. 나른 사람과 신행하는 것을 권해드립니다"

산뢰이(山雷頤) 之 지뢰복(地雷復)

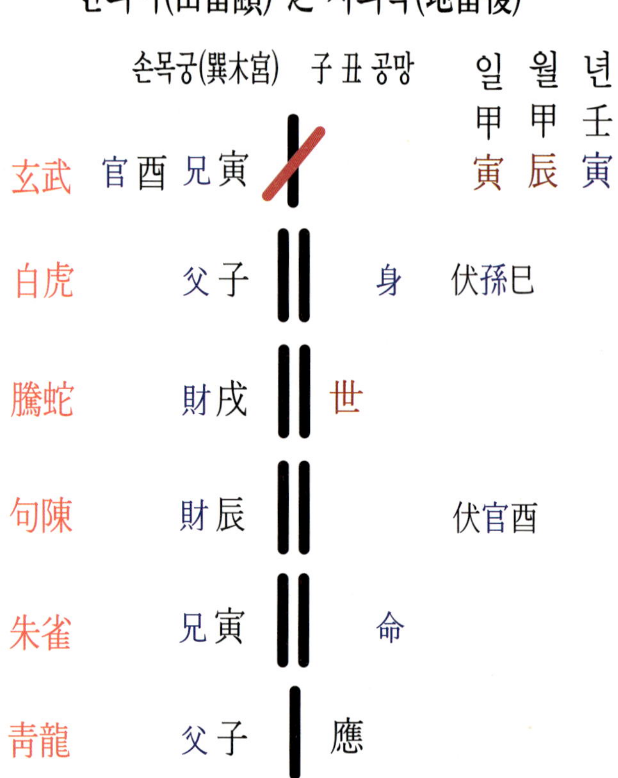

괘상: 산뢰이가 지뢰복으로 변하였습니다. 산뢰이는 음식을 씹는 위아래 턱을 의미합니다. 그래서 몸에 좋은 음식을 가려서 잘 씹어야 몸도 정신도 건강해진다는 의미이고, 지뢰복은 다시 돌아온다는 의미로 일이 원상 복귀되고 잃어버린 물건이나 집 나간 사람도 다시 돌아온다는 의미가 있습니다.

점사: 동업점의 용신은 세와 응의 관계가 됩니다. 또한 사업적인 동업이기에 재효의 왕쇠를 보고 판단을 할 수 있습니다. 세는 월건과 비화 되긴 하지만 충이 되어 월파 되고 일진에는 극을 받고 있습니다. 응은 월건에 입묘 되고 일진에 휴수 되고 있습니다. 세와 응의 관계를 보니, 세가 응을 극 하는 대립 관계에 있습니다. 게다가 응은 공망까지 되어 있고 부효에 임

해 있습니다. 부효의 공망은 문서의 허점이 있거나 사기 문서일 가능성이 있습니다. 청룡까지 임하고 있어, 누가 봐도 그럴듯하고 좋은 상황에 있다고 착각할 수 있습니다. 반면 세효는 재효에 등사가 임해 있어서 돈에 문제가 있어 뭐든 해보고 싶어 하는 상황일 수 있습니다. 동효를 살펴보면 상효동으로 형효를 변효 관이 회두극을 하고 있습니다. 동한 형효는 일진의 힘을 받아 강하게 세효를 극 하는데, 회두극이 되어 그나마 세효의 극을 말리고 있는 형상입니다.

종합적으로 판단해 보면, 동업은 이루어지지 않을 것입니다. 상대방은 사기성이 있고 정직하지 못하며 문점자의 기술과 돈을 갈취만 하려고 할 뿐 아무 능력이 없는 사람으로 보입니다. 다행히 문점자는 사업에 관련된 사람들이나 직장의 사람들을 통해 상대방과 동업을 하지 못하게 반대하고 말리게 될 것 같습니다. 본인이 먹을 음식이 아니라는 것을 잘 판단해서 일상의 생활로 돌아오게 된다고 판단했습니다.

결과: 수배어 투자를 받았다고 기술이 부족하니 문점지에게 기술 부분을 많이 달라고 하면서 동업의 의사를 전달했고, 마침 회사도 어려운 상황이라 좋은 기회라고 생각하고 어떻게든 돈을 벌 생각으로 같이 동업할 의사를 밝혔다고 합니다. 그런데 미팅을 진행하면 할수록 뭔가 이상한 점을 느끼고, 같이 사업하는 사람들에게 상대방에 대해 물어보고 다녔더니, 정보를 취합해서 전달을 받았는데, 이런 식으로 기술만 빼앗아 간다는 말을 들었다고 합니다. 기술 분야에서 유명한 교수로 자신의 이름을 내세워 투자를 받으려고 하니 기술이 부족해서, 기술이 있고 어려운 회사를 골라서 접근했던 것이었습니다. 다행히 오픈 전에 기술에 관한 사정을 알게 되어 동업에서 빠지고 일상생활로 다시 돌아오게 되었습니다. 이렇듯 공망은 비어 있다는 의미로, 문서가 비어 있다는 것은 곧 사기나 뭔가 채워지지 않은 부족한 문서로 해석하고, 응효가 공망이라는 것은 응효가 동업을 할 마음이 없다는 의미도 되지만 사기성이 있다고도 볼 수 있으니 청룡이 임한 것은 정룡이 힘을 얻었을 때는 용맹스럽게 큰 일을 도모할 수 있지만, 반대로 힘이 하나도 없을 때는 시기를 쳐도 제대로 칠 수 있는 악한 역할을 하게 됨을 이 괘를 통해 배울 수 있습니다.

월파란 육효 점사에서 그달의 월건(月建), 즉 달을 지배하는 지지(地支)와 괘 내의 효(爻)가 서로 충(沖) 하는 상태를 말합니다. 효가 동하여 생 해주거나 일진이 생하면 월건이 충해도 월파가 아니고 극 함만 있고, 생조가 없으면 진파(眞破)가 되니 흉하고 목적을 이루기 힘듭니다. 월파는 힘의 분산, 방향의 전환, 상황과 환경의 장애로 불리하게 작용합니다. 원신이나 용신이 월파 되는 것은 꺼리고 구신과 기신이 월파 되는 것은 길하게 해석합니다. 월파나 일파 되는 효는 생조의 여부로 그 고유의 역할을 논할 수 있습니다.

(1) 실전 적용과 세부 해설

1. 월파가 발생하면 충돌한 효가 월건의 힘을 잃거나 제 기능을 하지 못해 사건이 어렵거나 꼬이기 쉽습니다.

2. 용신이 월파가 되면 그 달이 지나면서 합이 되는 날에 일이 이루어질 수 있습니다.

3. 일진이 생하고 월이 충하면 1:1이니 무방하다고는 하나 조심해야 하고, 월이 충해도 생조가 많으면 그 달을 벗어난 후 용신이 왕해지는 달의 합이 되는 날에 일이 성사 됩니다.

4. 휴수(休囚) 하거나 약한 효가 월파 되면 영향이 심하여 타격을 받게 됩니다. 반대로, 생조를 받은 왕상 한 효는 월파에도 불구하고 버티고 목적을 이룰 수 있습니다.

5. 일진이 월파 효를 또 충해서 일파가 되면 충산(沖散)이라고 하여 모두 부서지는 상으로 대흉합니다. 그러나 월파 되었지만 일진과 합을 하게 되면 충을 합이 구해주는 격이라 힘든 상황이 도움을 받아 길한 전환의 기회를 갖게 됩니다.

6. 용신인 동효나 변효가 월파 되면, 변화가 급격하거나 문제가 격화될 수 있어 세심한 주의가 필요합니다.

7. 정효가 월파나 일파 되면 암동이 되어 동효와 같이 다른 효를 생극할 수 있는 고유의 역할을 할 수 있게 됩니다.

8. 월건은 문점의 환경과 상황을 나타내는 것이므로 월파가 되었다는 것은 현재 불리한 상황임을 암시하며, 일진과 동효의 도움이 없다면 조력자도 나타나지 않게 되어 일이 성사되지 못함을 의미합니다.

(2) 실제 통변 예시

1. 사업·일자리 문제: 세효가 월건과 월파 되고 일진의 생조를 받았을때

    "사업 진행에 예상치 못한 장애와 문제가 발생할 수 있습니다. 그러나 조력자의 도움으로 그 문제를 극복해 나갈 수 있으니 포기하지 말고 진행하시길 조언드립니다."

2. 부모의 건강 문제: 부효가 월파 되고 생조를 받지 못 했을때

    "부모님의 건강이 매우 안 좋아 보이니, 빠른 시일 내에 병원에 가셔서 건강검진을 꼭 받아 보시길 바랍니다. 중병일 가능성이 있고, 치료가 쉽지 않을 수 있으니 큰 병원으로 가시는 것이 좋을 것 같습니다."

3. 인간관계 갈등: 세효가 월파 되고 무기력할 때

"직장 내 동료들이 나의 편이 되어 주지 않고 소통에도 문제가 있어 보입니다. 이번 달
은 조용히 살피기만 하시고 다음 달에 본인의 생각을 조금씩 동료들과 나누고 대화하
는 것을 추천드립니다."

점례8) 직장점: 회사가 어려운데 직장에 잘 다닐 수 있겠습니까?

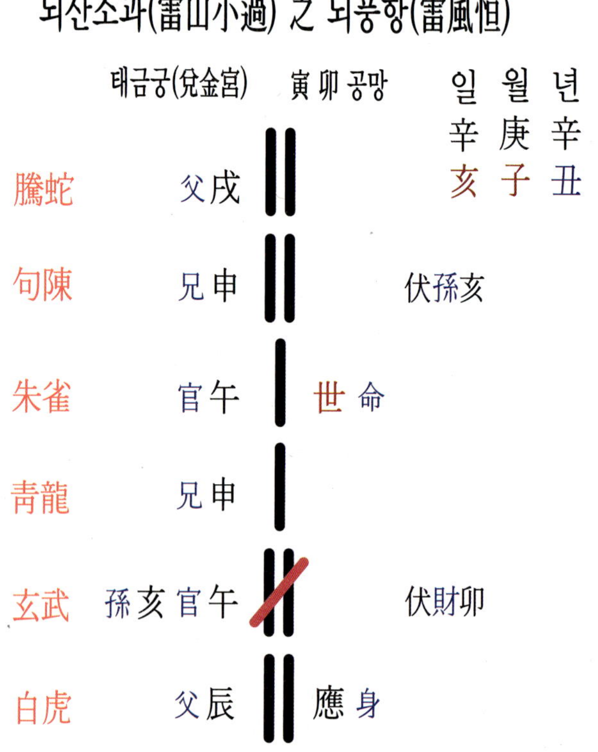

괘상: 뇌산소과가 뇌풍항으로 변하였습니다. 뇌산소과는 도를 지나쳐서 재앙이 눈앞에
닥친다는 의미를 지니고 있고, 뇌풍항은 일월이 서로 짝을 지어 끝없이 왕래, 순환함으로
그 도를 지키며 참고 인내하는 것을 의미합니다.

점사: 직장점의 용신은 관을 보고, 세효의 상태를 확인하면 됩니다. 회사가 어려워지고

있는데, 본인은 무사히 회사에 다닐 수 있는지를 문점 하였습니다. 용신인 관효기 세효에 임해 있습니다. 직장을 계속 다니고 싶다는 마음이 간절해 보입니다. 관이 임한 세효는 월 건과는 사오충으로 월파에 놓였고, 일진에는 극을 당하고 있으며, 응효의 도움도 받지 못 하고 굉장히 무력한 상태입니다. 동효는 2효동으로 관이 동해 손효로 변해 회두극이 되는 굉장히 불길한 상황입니다. 하물며 나를 구해줄 원신인 인, 묘가 공망이고, 복신 되어 도 움을 전혀 받을 수 없는 상황입니다. 2효는 가택효로 이동과 변화의 의미가 있습니다. 관 을 회두극 하니 직장의 좋지 않은 변화를 읽을 수 있습니다. 세효에 주작의 관이 임한 것 은 홍보, 영업, 광고, 마케팅 쪽에 근무할 가능성이 있습니다.

　종합적으로 판단하면, 회사사정이 어려워지면서 정리해고가 이루어질 것이며, 문점자도 그 정리해고 대상자가 된다고 해석됩니다. 정리해고가 되는 대상은 부서당 2명 정도가 될 가능성이 있고, 문점자와 가까운 분도 정리해고 대상자가 될 가능성이 있습니다. 다행히 신축년의 12월이니, 다음 해인 임인년 봄에는 관이 힘을 빋으니, 다시 좋은 곳으로 취업을 할 수 있을 것이라 생각이 됩니다.

　결과: 홍보 쪽에서 일을 하는 회사원으로, 코로나19로 회사가 어려워지면서 정리해고를 하게 되었고, 역시 이분도 피하지 못하고 정리해고를 당하게 되었습니다. 부서에서도 많은 분들이 함께 그만두었다고 합니다. 다행히 임인년 3월에 회사에 다시 취업이 되어서 지금 은 바쁘게 회사를 잘 다니고 있다는 전언을 주셨습니다. 이처럼 용신이 월파를 당하고 생 조가 없으면 고스란히 당할 수밖에 없습니다. 이럴 때는 미련을 갖는 것보다는 빠르게 다 음 단계를 준비하는 것이 현명하다고 할 수 있습니다.

복신(伏神)

복신(伏神)은 '숨어 있는 효' 또는 '잠복 신'으로, 겉으로는 보이지 않지만 해당 효 아래에 잠재적으로 머무르며 본효 역할을 대신하거나 숨겨진 힘으로 작동하는 것을 말합니다. 이는 주역 64괘 속 수괘(首卦) 내에서 특정 효 밑에 존재하며 나타나지 않고, 특정 시점이나 상황에서 세력을 발휘하기 위해 기다리는 존재입니다. 복신은 '복(伏)', 즉 숨겨져 있다는 개념 그 자체로, 본효가 직접 나타나지 않을 때 복신으로 역할을 대체해 운세를 판단한다는 점에서 중요하게 해석됩니다. 비신(飛神)은 복신이 숨겨져 있는 본효로서 복신을 보호하거나 제어하는 역할을 하는 효를 말합니다.

(1) 실전 적용과 세부 해설

1. 생조가 있어 왕상 하고 공망도 안 되고, 극도 안 받았으면 유용(有用)한 복신이고, 휴, 수, 사, 절, 공망 되고 극만 있고 생이 없으면 무용(無用)한 복신이 됩니다.

2. 유용한 복신의 경우
- 복신이 월, 일의 생조를 받는 경우
- 비신이 복신을 생하는 경우
- 복신이 동효의 생을 얻는 경우
- 월건, 일진, 동효가 비신을 충극 하여 복신이 움직일 수 있는 경우
- 비신이 공망, 월파, 휴, 묘절이 되는 경우

3. 무효한 복신이 되는 경우

– 복신이 일월에 충극을 당하여 무기력한 경우

– 복신이 일월에 휴수 하여 무기력한 경우

– 복신이 일, 월이나 비신에 묘절이 되는 경우

– 복신이 공망이나 월파가 되는 경우

– 복신이 왕상한 비신의 충극을 받거나 비신에 설기 되어 무기력한 경우

4. 일월이나 동효, 비신 등은 복신을 생극 할 수 있으나, 복신은 어느 것도 생극 할 수 없습니다.

5. 비신은 복신이 숨겨져 있을 때 그것을 감싸거나 가리고 있는 역할을 하므로 복신이 공격받으면 비신도 영향을 받습니다.

6. 일반적으로 용신이 복신이 되면 확실하지 않는 사안으로 보통 흉하게 해석합니다.

(2) 실제 통변 예시

1. 용신이 복신이 되고, 일진에서 생조를 받을 때

   "문제 해결의 실마리가 지금은 보이지 않지만, 곧 해결될 가능성이 나타나니, 면밀히 사안을 살펴보시기 바랍니다."

2. 복신이 공망이 되고 월파가 되었을 때

   "하는 일에 힘을 잃어 상황이 어려워지는 양상을 보입니다. 엎진 데 덮친 격이니 다른 일을 찾아보는 것이 좋을 것 같습니다."

3. 비신이 일파 되고 복신이 월과 동효의 생조를 받아 작용할 때

"가로막혔던 장애가 없어지고 드디어 나의 힘을 발휘함으로써 상황의 전환과 좋은 기회를 만들어낼 수 있습니다."

4. 월건의 생조를 받은 비신이 복신을 생조 할 때

"엄마의 보호와 안정된 환경 속에서 고이 자라 이제는 때를 만나 그 재능을 드러내는 시기가 되었습니다."

점례9) 재물점:투자를 한 돈을 돌려받을 수 있을까요?

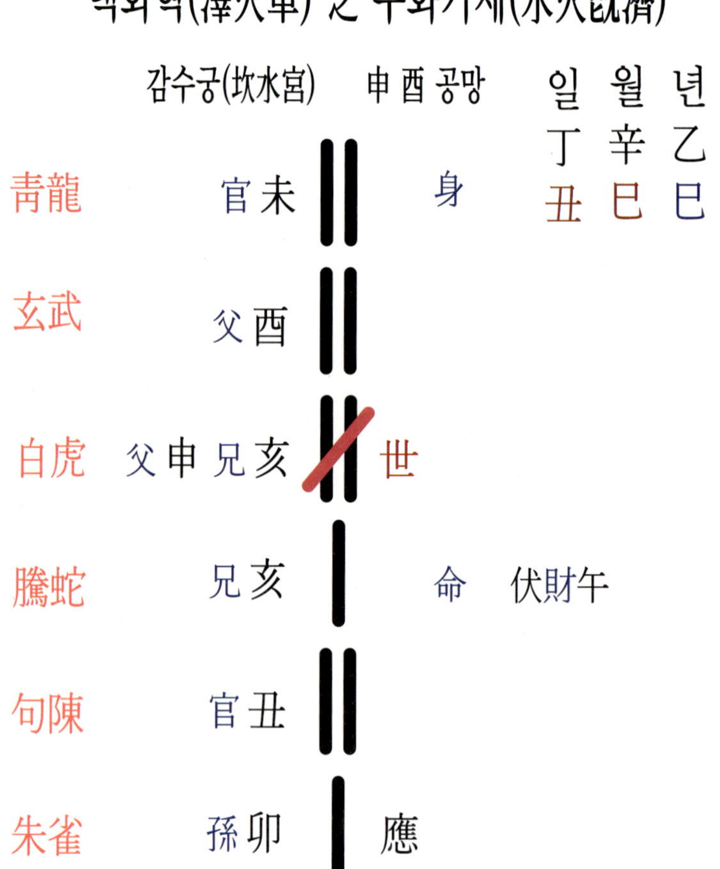

괘상: 택화혁에서 수화기제로 변했습니다. 택화혁은 고치고 개혁하는 의미로 서둘지 말고 때를 잘 맞춰 개혁을 해야 후회가 없다는 의미를 가지고 있습니다. 또한 혁은 사람들이 몰려드는 것을 의미하기도 합니다. 수화기제는 일이 끝나고 정돈하는 것을 의미하며, 처음은 길하고 끝은 어지러워지는 괘상을 의미합니다.

점사: 투자한 돈을 돌려받는 것이니 재효를 용신으로 하고 세효의 상태를 살펴야 합니다. 용신 재효를 살펴보면 재효는 복신이 되어 비신인 해수 형효의 극을 받고 있고, 월건에 힘을 얻었습니다. 비신은 월건과 충이 되어 월파 되고 일진에 극을 당하고 있어 매우 무력합니다. 세효는 비신과 같은 해수 형이 임하고 역시 월파 되고 일진의 극을 받아 매우 무력합니다. 세효가 동해 부효가 되어 회두생이 되었지만, 신금 변효는 공망에 임해 있습니다. 응도 무력해서 세를 도와줄 수가 없는 상황입니다. 세가 형이 임했다는 것은 재물점에서 매우 불길함을 의미합니다. 백호까지 임해서 생각보다 큰 액수의 금액일 수 있습니다. 이미 모든 상황이 파재를 의미하고 있습니다.

  종합적으로 판단해 보면, 투자금을 회수하기는 쉽지 않을 것 같고, 혼자만이 아니라 여러 사람이 연루된 것으로 보이며, 빠르게 처리하고 진행해야 조금이라도 투자한 금액을 찾을 수가 있을 것으로 보입니다. 재효가 복신이 되었으니, 재효가 발현될 수 있는 오화와 관련된 태세년, 즉 2026년(병오년)이 되어야 투자한 금액에 대한 회수가 가능하고, 투자금은 전부는 찾지 못하고 투자금의 20%나 2천만 원 정도 받을 수 있을 것으로 예측됩니다.

결과: 문점자는 코인 다단계에 투자를 한 상태로, 친척의 권유로 가족들까지 모두 투자를 한 상태였다고 합니다. 처음 1년 동안은 수익금을 꾸준히 주어서 조금씩 더 투자하게 되었다고 합니다. 어느 순간부터 수익금이 들어오지 않아 여러 번 찾아가고 했는데, 그렇게 찾아오는 사람들이 많아지고 회사가 그동안 코인 투자가 아니라 금융 다단계였다는 사실을 알고 발 빠른 사람들끼리 먼저 고소하여 재판 진행 중이라고 합니다. 먼저 고소한 사

람들이 자산을 동결해 놔서 회사 명의의 가상화폐와 부동산 자산을 매각해서 투자금을 일부라도 돌려주겠다는 약속을 받았는데, 재판이 끝나야 처분이 가능할 것 같다고 합니다. 내년에 투자금을 조금이라도 회수할 수 있을지 아직은 끝나지 않은 싸움으로 남아 있습니다. 여기서 우리가 알아야 할 것은 용신이 복신이 되었을 경우는 불리함이 있고 그 복신이 발현될 때까지 시간이 걸릴 수 있다는 것을 알 수 있습니다.

노력은 운명을 바꿀 수 있습니다.
특별한 재능보다 꾸준한 시도가 더 높이 오릅니다.

제10절

진신(進神)과 퇴신(退神)

진신(進神)은 동효와 변효가 같은 오행으로 다음 지지 방향으로 변하여 기운이 앞으로 나아가는 현상을 말합니다. 예를 들어, 인(寅)이 묘(卯)로, 진(辰)이 미(未)로, 사(巳)가 오(午)로, 미(未)가 술(戌)로, 신(申)이 유(酉)로, 술(戌)이 축(丑)으로, 해(亥)가 자(子)로, 축(丑)이 진(辰)으로 변하는 경우가 됩니다. 진신은 효의 기운이 강화되고 진전하는 뜻을 가집니다.

퇴신(退神)은 반대로 동효와 변효가 같은 오행인데, 원래 지지에서 전과 반대 방향으로 변하여 힘이 약해지고 후퇴하는 상태로, 예를 들어 자(子)가 해(亥)로, 축(丑)이 술(戌)로, 묘(卯)가 인(寅)으로, 진(辰)이 축(丑)으로, 오(午)가 사(巳)로, 미(未)가 진(辰)으로, 유(酉)가 신(申)으로, 술(戌)이 미(未)로 변하는 경우를 말합니다. 퇴신은 효의 기운이 약화되고 위축되는 의미로 후퇴하는 뜻을 가집니다.

두 현상 모두 오행이 같은 범위 내에서 일정 방향으로 이동하며 변화의 심리적·기능적 의미를 가지게 됩니다. 다만 卯에서 辰으로 가는 변화는 진신이 아니며, 동일 오행 안에서 변해야 진신·퇴신으로 읽습니다.

(1) 실전 적용과 세부 해설

1. 길신은 진신 되는 것이 좋고, 퇴신은 불길한 것이니 기구신은 진신 되는 것이 불리하고 퇴신 되는 것이 좋습니다.

2. 진신과 퇴신은 갈등과 화해, 추진과 후퇴의 역동적 흐름을 포착하는 데 필수적인 통변요소입니다.

3. 진신은 왕상 하면 즉시 나아가고, 쇠하면 왕할 때를 기다려서 나아가야 합니다. 퇴신은 왕상 하면 물러가지 않고 휴수 되면 즉시 물러가는 것입니다.

4. 진신은 용신이 왕상 하고 문제가 없으면 목적을 무난히 성공할 수 있고, 만일 용신이 퇴신이 되고 왕상 하고 문제가 없다면 목적을 이룰 수는 있지만 반복되는 일이 일어 날 수 있습니다.

5. 원신이나 용신이 진신이 되면 기운이 전진하는 힘, 활발한 변화, 형충, 해소 효과를 가져와 점사에서 좋은 결과를 가져올 수 있습니다.

6. 길신이 진신이 되면 형충(刑沖) 등 갈등의 힘을 약화시키거나 상쇄시키는 경향이 있어, 충돌로 인한 난관이 줄어들며 운이 개선될 여지를 보여줍니다.

7. 진신과 퇴신에서 동효나 변효 중 하나가 합, 충, 공망이 되면 합은 충으로, 충은 합으로, 공망은 출공이 되는 날에 고유 역할을 하게 됩니다.

8. 길신이 퇴신 되면 일의 추진력이 떨어지고, 마음이 위축되며, 갈등과 장애가 심화할 가능성이 커집니다.

9. 퇴신이 되더라도 일과 월, 동효의 생조를 받으면 강해지니 퇴신이 작용하지 않습니다.

10. 진신은 왕상 할수록 퇴신은 휴수하고 힘이 없을 수록 그 고유의 작용을 강하게 작용하게 됩니다.

11. 사건의 목적이나 결과는, 진신은 진신일이나 합이 되는 날에 나타나고, 퇴신은 퇴신일이나 충일에 나타납니다.

(2) 실제 통변 예시

1. 진신에 의해 충이 해소되는 경우: 寅申충이 나타났으나, 변효가 寅에서 卯로 변하는 진신이 되었을 때
   "문제가 되었던 것이 해결되고, 사업 추진에 속도가 붙어서 앞으로 잘 진행될 것으로 보입니다."

2. 퇴신에 따른 장애가 심화되는 경우: 동업점에서 응효가 子가 亥로 퇴신되고 생조가 없을 때
   "동업하는 상대와 현재의 분쟁과 장애가 심화하고, 계획이 무산될 우려가 크기에 신중한 대응이 필요합니다."

3. 동효가 진신이 되어 세를 생할 때
   "주변의 도움으로 본인이 이루려는 바가 빠르게 진척되어 목표 달성이 될 것으로 보입니다."

중택태(重澤兌) 之 택뢰수(澤雷隨)

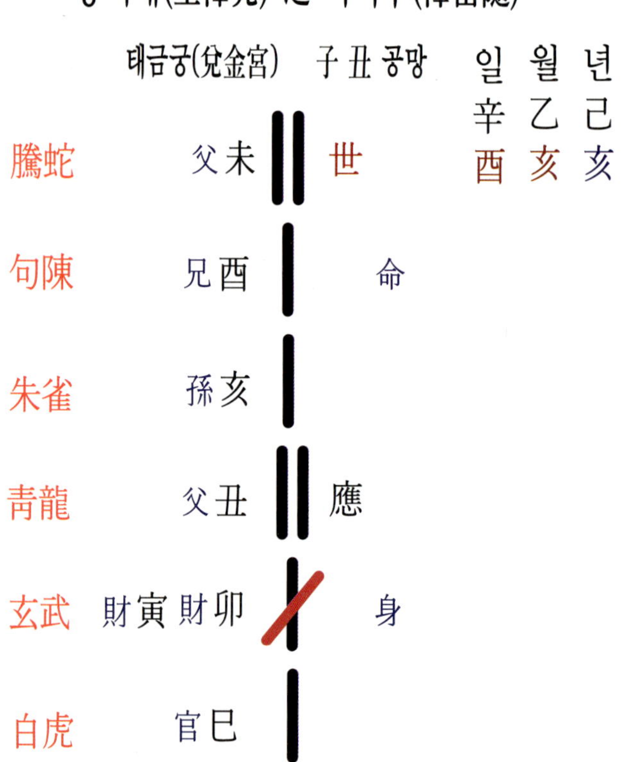

괘상: 중택태에서 택뢰수로 변했습니다. 중택태는 기쁘고 즐겁고 입으로 말하는 것을 의미하고, 문서 관계로 인한 사건, 구설의 의미도 갖고 있습니다. 택뢰수는 따른다는 의미가 있고 이사, 변동, 때를 잘 알아야 한다는 의미가 있습니다.

점사: 사업점에서 재물에 관련된 질문이니 용신은 재효가 됩니다. 재효를 살펴보니 2효에 묘목 재성으로 동효가 되어 인목 재성으로 퇴신이 되었습니다. 묘목 재성은 월건에 생을 받고 일진과 충이 되어 일파 되었습니다. 세효를 살펴보면 월건, 일진, 동효에 힘을 얻지 못해 무기력한 데다가 응효와 충의 관계로 육충괘가 되고, 응효의 축토 부효는 공망까지 되었습니다. 월건과 동효, 세효가 해묘미로 삼합을 이룰 것 같지만, 동효는 일파 되고 세효는 육충괘로 아

름다운 합을 이루지 못하고 있어 아쉽습니다. 또한 수출이 이루어지려면 상대방과의 계약도 중요한데, 상대방인 응효가 부효의 공망으로 제대로 되지 못한 문서 또는 사기성도 있어 보입니다. 청룡에 임해 있어서 그럴듯하고 큰 사업처럼 보이지만, 힘을 하나도 못 받고 있어서 위태해 보입니다. 2효가 재성으로 동한 것은 움직임은 있고, 이미 말이 오고 가서 들썩거리는 형상을 보이고 있으나, 퇴신이 되어 진행이 잘 안되고 있음을 또한 알 수 있습니다. 게다가 현무의 재효이니, 돈을 잃을 가능성도 많아 보입니다. 종합해서 판단해 보면, 중국과의 수출사업은 처음부터 돈을 많이 투자하면 손해 볼 수 있으니 시간적인 여유를 갖고 수출에 필요한 서류와 작업을 꼼꼼히 살피는 것이 좋을 것 같아 보입니다. 수출을 위한 서류 작업부터 문제가 발생할 것으로 보이기 때문입니다. 수출이 안 될 수도 있는데, 수출을 할 수 있다는 가정 하에 미리 세팅을 위한 돈을 투자한다면 고스란히 손실이 될 수 있는 여지가 있습니다. 또한 문점자도 마음만 들썩거리고 있고 준비가 되어 있지 않아 보입니다. 중국 시장에 대해 좀 더 깊이 알아보고 공부한 후에 도전하는 것도 늦지 않으리라 생각합니다.

　　결과: 문점자는 미국에서 수입을 하는 한국 유통업자로, 중국 에이전시로부터 한국의 물건을 중국에 수출해 줄 것을 요청받은 상태였습니다. 미국에서 중국으로 바로 수입이 안 돼서 제3국인 한국을 통해서 중국으로 물건을 받을 계획이었습니다. 그래서 이것저것 준비를 하고 수입량도 늘릴 계획을 갖고 문점을 하였던 것이었습니다. 점괘의 결과를 듣고 서류를 자세히 확인하고 중국 수출이 가능한지 확인한 결과, 한국에서도 미국의 물품을 받을 수 없게 조례가 바뀐 상황으로, 에이전시도 몰랐던 내용이었던 것을 알게 되었습니다. 미국과 중국의 관계 악화로 일부 수입금지를 해 놓았고, 한국도 그 조항에 포함이 되었던 것이었습니다. 바뀐 사항을 모르고 물건을 보냈다면 모두 폐기 처분될 상황이었다고 알려주셨습니다. 만일 수출이 가능했다면 단시일에 큰돈을 번 수 있는 좋은 기회였는데, 조례가 바뀌면서 그 기회를 얻지 못한 것에 매우 아쉬워했습니다. 용신의 퇴신은 늘 유의해서 봐야 하고, 특히 재물의 성취를 읽을 때는 세효가 그 재효를 감당할 수 있어야 성취가 가능하다는 것을 꼭 명심해야 합니다.

제11절

충중봉합(沖中逢合)과 합처봉충(合處逢沖)

충중봉합(沖中逢合)은 먼저 충(沖)이 발생하는 과정 중에 나중에 합(合)을 만나 충의 부정적 효과가 완화되어 오히려 좋은 변화로 문제가 해결되는 상황을 의미합니다. 처음엔 '흩어짐'이나 '갈등'으로 어려움이 있으나, 시간이 지나면서 합의 만남으로 점사가 성사되는 긍정적인 전환을 나타냅니다.

반대로, 합처봉충(合處逢沖)은 합(合)이 이루어져 처음에는 일이 잘 되는 듯 안정적인 상태이지만, 그 자리에서 충(沖)이 발생하여 합의 이익이 깨지고 파탄에 이르는 역전상을 의미합니다. 즉, 얻고 이루는 중에 충으로 계획이 무산되거나 장애가 발생하는 부정적 흐름을 뜻합니다.

여기서 먼저와 나중의 의미는 괘 내에서 일어나는 것을 우선으로 하고, 월건과 일진의 합과 충을 나중으로 읽습니다.

(1) 실전 적용과 세부 해설

– 충중봉합의 해석

1. 초기 충이나 갈등에도 불구하고, '합'이라는 귀인 관계를 만나 상황이 회복·호전됨을 의미합니다.

2. 용신이 동하여 변효와 충이 되고 월건이나 일진과 합이 되면 최종적으로 좋은 결실을 볼 수 있습니다.

3. 충중봉합은 점사에서 '어려움 속 희망', '사후 귀인'을 상징하며 기다림과
인내로 좋은 결과를 이끌 수 있습니다.

4. 충중봉합은 충 하는 날에 결과가 나타날 수 있습니다.

5. 초기에는 일이나 관계가 안정적이나 그 자리에서 충극에 부딪혀 의미 있는
성과를 잃거나 계획이 무산됩니다.

6. 용신이나 세효가 합의 상태에서 갑작스러운 충을 당하는 경우가 대표적이며, 이런 점
사는 실패나 좌절의 가능성이 크므로 각별한 경계가 필요합니다.

7. 합처봉충은 좋게 나가다가 나쁘게 뒤집어지는 격으로, 다 된 밥에 재 뿌리는 상황으
로 이해하면 됩니다.

8. 합처봉충은 합이 되는 날에 소기의 목적을 이룰 수 있습니다.

(2) 실제 통변 예시

1. 충중봉합의 투자점으로 동효가 용신 재효를 충하고 재효가 일진과 생합이 될 때
"초기에는 자금 유치에 어려움이 있으나 어려움을 극복하고, 결국 투자 유치가 성공
적으로 이루어질 것입니다."

2. 합처봉충의 사업관계점에서 세와 응이 합을 하는 가운데 응이 일건에 충이 될 때
"서로 마음이 맞아 사업이 안정된 듯하나, 상대방의 변심으로 계획이 무산되는 결과가

예고되니, 다른 동업자를 찾는 것이 좋을 것 같습니다. "

점례11) 취업점: 새로운 직장에 취업이 되겠는지요?

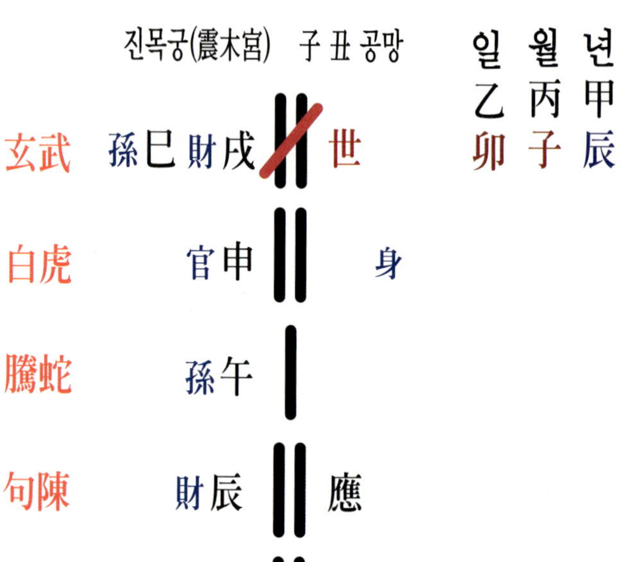

괘상: 중뢰진에서 화뢰서합으로 변했습니다. 중뢰진은 우레가 거듭되어 땅 속에 숨어있던 초목의 싹이 밖으로 움터 나오는 상이며, 움직임, 놀람 등의 뜻을 가지고 있고, 화뢰서합은 음식을 씹는 형상으로 두 물건이 서로 함께하여 합하여 막힌 것을 뚫고 나간다는 의미입니다.

짐사: 취업점의 용신은 관효이고, 세효와 응효를 살피면 됩니다. 모든 문점에서 용신만큼 중요한 것이 원신이라고 말씀드렸듯이, 원신의 향방도 항상 살피는 연습을 해야 합니다. 용신은 5효에 관이 임해 있습니다. 용신 관효는 월건과 일진에 힘을 얻지 못하였지만, 태세와 함께 삼합을 이루고 있습니다. 취업점에서 관이 삼합을 이루어 관이 되면 대길하고, 부가 되어도 길하다고 하였습니다. 또한 취업점에서는 원신인 재의 발동을 기뻐하며, 이는 연봉이 오르고 진급하는 것을 의미하게 됩니다. 반대로 재가 휴, 수, 공망, 파 되거나 동하여 충파 되면 좌천되고 감봉된다고 해석합니다. 세를 살펴보면 재효에 임한 세가 동하여 손효가 되었고, 회두생이 되었습니다. 응을 살펴보니, 응과는 진술충으로 육충괘가 되었습니다. 동한 세효는 월건과 일진에 도움을 못 받고 변효에 회두생 되어 겨우 생을 받고 있는데, 응과 충을 만나 육충괘가 되니 불길할 수 있습니다. 하지만 다행히 일진과 묘술합인 육합이 되어 충중봉합이 아름답게 되었습니다. 그래서 불안과 불길의 기운이 다시 길한 기운으로 반선되니, 세효인 술과 합이 되는 내년 묘월에 취입이 될 수 있을 것으로 읽을 수 있습니다. 5효 관은 임금의 자리이고 백호가 임하고 있으니, 대장, 대표, 최고 실무자 등을 의미하는 것으로 보아, 높은 자리로 영전한다는 의미를 지닙니다. 또한 5효는 외부, 해외를 뜻하기도 하고 신금은 역마의 관으로 출장이 잦은 일일 수 있다고 해석됩니다.

종합적으로 판단해 보면, 충중봉합으로 문제가 될 수 있는 장애들을 모두 극복하고 인징을 빛아 실무책임자로 취업이 가능하고, 연봉도 파격적으로 받을 수 있는 조건으로 영전할 수 있다고 해석됩니다.

결과: 지원한 회사는 해외에 본사가 있는 외국계 회사로 지원자의 이력이 마음에 들어 원래에 없던 계획으로 한국지사를 만들고 지사장급의 대우를 해주고 함께 일하자고 하였고, 1월에 최종 면접을 보고, 3월부터 출근하기 시작했다고 합니다. 육충괘에서 일신의 합으로 충중봉합이 되면 오히려 너 길하게 되는 효과가 있다는 깃을 알 수 있습니다.

생왕묘절(生旺墓絶)

생왕묘절(生旺墓絶)은 효의 작용력과 상태를 분류하는 12운성에서 4가지 핵심 단계로, 생(生)은 기운의 시작과 성장, 왕(旺)은 기운이 최절정에 달한 상태, 묘(墓)는 기운이 잠시 머무르며 축적되는 휴식 상태, 절(絶)은 기운이 단절된 상태 또는 새로운 반전을 의미합니다.

육효 고전에서는 생사묘절(生死墓絶)로 되어 있는데, 현대에 와서는 12운성의 흐름을 사건이나 일에 적용해, 발생하고 절정에 이르고 은퇴해서 쉬고, 쇠퇴나 단절로 해석하고 있습니다.

육효 점사에서 십이운성(十二運星) 개념 중 4개가 중심이 되는 것으로, 각각 효가 지니는 기운의 차원과 내적 의미를 나타냅니다. 생왕묘절의 의미를 좀 더 자세히 설명하면 다음과 같습니다.

- 생(生): 기운이 새로 시작하거나 자라나는 상태로, 점사 대상이 성장, 개시 단계임을 뜻합니다.

- 왕(旺): 해당 기운이 가장 왕성하여 세력이 최고조에 이른 상태, 상황과 일이 활발하고 성취 가능성이 큰 때입니다.

- 묘(墓): 무덤이나 저장의 의미로, 기운이 밖으로 드러나지 않고 내면에 머물며 에너지를 축적하고 정체하는 시기입니다. 이는 일시적 쉼과 재충전을 의미합니다.

– 절(絕): 기운이 극도로 쇠퇴하거나 단절되어 활동이 멈추고 위기에 처한 상태

　　로, 부정적인 의미가 강합니다.

　실전 해석에서는 점사의 용신이나 본효가 이 네 단계 중 어디에 위치하는지에 따라 길흉, 성사 여부, 운세의 추진력과 시기가 크게 달라지며, 묘는 내면적 준비와 잠복의 의미로 중요하게 다루고 있습니다.

(1) 실전 적용과 세부 해설

1. 효 위치의 의미와 활용

　– 생(生) 단계 효는 문제 해결의 시작과 가능성을 뜻하며, 점사에서 적극적인 변화나 출발을 나타내므로 이 효가 용신이면 길운으로 작용합니다.

　– 왕(旺) 단계 효는 효력이 최고로 강하며, 현재 상황이 매우 호전되고 성공과 목표 달성의 가능성이 큽니다. 사업, 건강, 인간관계 등 모든 면에서 왕성한 힘을 시사합니다.

　– 묘(墓) 단계 효는 외면적으로는 정체하거나 잠복한 상태며, 조용히 힘을 비축하는 과정으로 해석합니다. 이때 무리한 추진은 실패할 수 있어 상황을 관망하고 내실을 다져야 합니다. 충 하여 열릴 때 일을 도모할 수 있습니다.

　– 절 단계 효는 기운이 급격히 약해지고 장애가 커지는 상태이며, 해당 효가 용신이면 곤란함, 실패, 중단 등의 결과가 크므로 위험 신호로 읽습니다.

2. 용신이나 원신이 생·왕 상태이면서 월건의 생조를 받으면 명확하고 활발한 길운으로 이어집니다.

3. 묘 상태에 있으면서도 동효에 의해 생 단계로 전환되거나 월건의 생조를 받을 때 재기 가능성이 열릴 수 있습니다.

4. 절 상태인데 월건과 충파 등 불리한 영향을 받으면 흉이 극명하게 자리잡는 구도가 됩니다.

5. 묘는 긴 호흡과 기다림을 요구하는 단계로, 성급한 변화는 불리하며 내실을 기하는 것이 중요합니다. 묘로 입묘 된 효는 충이 될 때 비로소 효의 역할을 할 수 있습니다.

6. 생과 왕은 적극적인 대응, 묘는 보수적인 행동과 준비를, 절은 자기 관리와 행동보다는 상황판단을 하며 다음을 기약하는 것을 권장합니다.

(2) 실제 통변 예시

1. 용신이 세에 임하고 월건의 생(生)을 받을 때
   "문제 해결의 시작 단계이며, 점차 세력이 커져 향후 긍정적 전개를 기대해도 좋습니다."

2. 용신이 왕(旺)하고 월건의 생을 받을 때
   "좋은 환경에서 사업이 순풍에 돛을 단 듯 진행되며, 좋은 결과를 앞당길 능력도 갖추고 있습니다."

3. 원신이 묘(墓)가 되고 세가 일진의 생을 받을 때

"외부적 진전은 더딘 상태지만, 내부에서 좋은 변화가 나타나고 있어 곧 전환점이 될

수 있는 때가 올 것입니다."

4. 용신이 절(絕)이 되고 월건의 충을 받을 때

"상황이 매우 위태로워 보입니다. 신중하고 조심스러운 대처로 위험을 최소화해야 합니다."

점례12) 병점: 아토피로 고생 중인데 이 병이 나아지겠습니까?

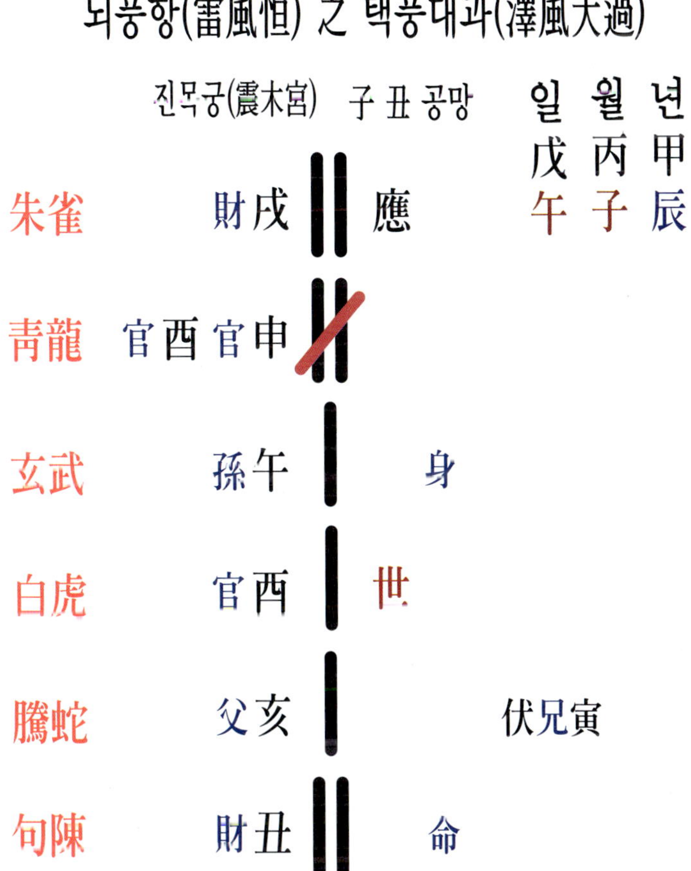

괘상: 뇌풍항에서 택풍대과로 변했습니다. 뇌풍항은 일월이 짝을 이루어 끝없이 왕래 순환하며 현상을 유지하는 것을 의미하고, 택풍대과는 너무 지나쳐서 위기에 처한 상황을 용기를 내어 극복한다는 의미를 지닙니다.

점사: 병점의 용신은 손효가 됩니다. 그리고 병을 의미하는 관효의 향방을 살펴야 합니다. 그런 다음 세와 응을 판단하면 됩니다. 용신 4효의 손효는 월건에 충이 되어 월파 되고 다행히 일진에 힘을 얻고 있습니다. 세효는 병을 의미하는 관이 임해 있습니다. 병점에서 관이 임해 있다는 것은 고질병으로 고치기 힘든 병이라고 하였습니다. 동효를 살펴보니 5효에 관이 진신이 되어 강해졌습니다. 세효의 관은 백호가 임하고, 5효의 진신 된 관은 청룡이 임해서 아토피의 병세가 극심하다는 것을 짐작할 수 있습니다. 병세가 생긴 것이 갑진년 초라 근래에 생긴 병으로 근병은 충을 했을 때 병세가 호전될 수 있다고 했습니다. 그러나 갑진년은 병을 나타내는 유금, 관과 진유합으로 합이 되고 있어서 갑진년은 병세가 깊어질 수 있습니다. 또한 진신까지 되었으니, 4효의 손효 오화 하나로 이겨내기는 그 힘이 부족해 보입니다. 또한 원신인 인목 형효는 복신이 되어 나타나지도 못하고 있으니 도움이 되지 못하고 있습니다.

종합적으로 판단하면 아토피의 병세가 심하고 백약이 무효할 정도로 노력해도 좀처럼 낫지 않을 수 있습니다. 하지만 포기하지 말고 꾸준히 한다면 후년 을사년 관인 신금과 유금을 충하는 2월인 인월, 3월인 묘월부터 차도가 생길 수 있습니다. 그러나 방심하면 안 되고, 꾸준히 치료하면 오(午)월이 되어야 안심이 될 정도로 나을 수 있을 것으로 해석할 수 있습니다. 이는 인월에 인신충과 묘월에 묘유충으로 충이 되면서 호전이 되지만 그다음 달은 진월로 다시 진유합이 되니 병세가 좋았다 나빴다는 반복할 수 있습니다. 사(巳)월이 되면서 화극금으로 본격적으로 좋아지지만, 오(午)월이 되어야 월파 되었던 오화가 온전히 힘을 얻기에 오월이 되면 안정적으로 나을 수 있다고 판단한 것입니다.

결과: 아토피를 앓은 문점자는 고등학생으로 갑자기 생긴 아토피로 학교생활도, 외출도, 공부도 제대로 하지 못하고 힘든 시간을 보내고 있었습니다. 갖가지 방법을 다 쓰고 온 가족이 치료와 간호에 매진해서 힘든 시간을 보내고 있지만 차도가 생기지 않아 문점을 한 상태였습니다. 그래도 점사의 내용을 듣고 희망을 놓지 않고 꾸준히 치료를 지속하여 2월, 3월부터 차도를 보이더니 좋았다 나빴다를 반복하다가 오(午)월이 되어서야 안정적인 상태로 돌아와 지금은 학교생활도 잘하고, 못했던 공부도 열심히 하면서 잘 지내고 있다는 소식을 전해 주셨습니다. 병이 그래도 나을 수 있었던 것은 용신인 손효가 월건에는 절이 되고, 일진에는 왕이 되어 힘을 가지고 있으니, 그 힘이 다시 왕 해질 때 비로소 병이 치유될 수 있었던 것입니다. 이렇듯 생왕묘절을 읽음으로 사건의 흐름을 파악할 수 있습니다.

나누고 베풀년 내 길이 열리고 세상이 넓어집니다.

육충(六沖)과 육합(六合)

육충(六沖)과 육합(六合)은 지지 간의 정충과 정합 관계로, 12지지를 2개씩 짝을 지어 각각 6쌍이 있습니다. 육효에서는 괘 내 초효와 사효, 이효와 오효, 삼효와 상효(1·4효, 2·5효, 3·6효)가 각각 충하는 육충괘와 합하는 육합괘가 있습니다. 또한 육충(六沖)과 육합(六合)은 여러 유형이 있으며 정효와 일·월과의 관계, 동효와 변효의 관계, 동효와 동효의 관계 등 괘 내외에서 육충과 육합의 관계가 존재합니다.

육충(六沖)은 대립·충돌하는 관계를 뜻하며, 육충의 6쌍은 자(子)-오(午), 축(丑)-미(未), 인(寅)-신(申), 묘(卯)-유(酉), 진(辰)-술(戌), 사(巳)-해(亥)가 있습니다. 이는 갈등과 분열, 변화와 충격 등의 부정적인 변화를 나타냅니다.

육합(六合)은 서로 합하여 조화를 이루는 관계를 뜻합니다. 육합의 6쌍은 자(子)-축(丑), 인(寅)-해(亥), 묘(卯)-술(戌), 진(辰)-유(酉), 사(巳)-신(申), 오(午)-미(未)가 있습니다. 육합은 화합과 조화를 통해 문제 해결이나 운세 개선에 긍정적 영향을 의미합니다.

육충과 육합은 서로 변환될 수 있으며, 초기 충돌 뒤에 합으로 극복(충중봉합), 반대로 합 중에 충이 발생하여 파탄(합처봉충)하는 사례로 길흉 변화의 전환이 될 수 있으므로 면밀히 살펴서 해석해야 합니다.

(1) 실전 적용과 세부 해설

1. 육충의 역할과 해석

  - 육충이 일어나면 그 효(爻)의 기운이 서로 충돌하여 갈등과 장애, 분열이 발생

합니다. 종종 파란이나 위기 상황을 알리는 신호가 되기도 합니다.

- 세와 응이 충하는 괘를 육충괘라고 하는데, 육충괘는 사람과의 관계에서는 불길함
을 암시합니다.

- 동효가 발생하여 월·일과 충 하거나 다른 효와 충 하면 상황 악화가 심화할 수
있습니다.

- 발병한 지 얼마 안 된 질병점에는 육충이 되면 곧 낫게 되고, 오래된 병일 때에는
죽게 된다고 해석합니다. 육합은 이와 반대됩니다.

- 기신이 충극 되는 것은 나쁜 것이 소멸되는 것이니 길하게 해석합니다.

- 육충괘가 용신이 일진과 합이 되거나 동효가 일진과 합이 되면 충중봉합이니 마침
내는 성사될 수 있습니다. 다만 일이 반복될 수는 있습니다.

- 불길한 육충괘라도 용신이 왕상 하고 탈이 없으면 힘들지만 일이 성사되고 목적을
이룰 수 있습니다.

2. 육합의 역할과 해석

- 육합은 효들끼리, 혹은 효가 일·월·세응과 합하여 서로 힘을 보충하고 긍정적인
작용을 일으키는 것입니다.

- 합은 모임이자 화합이라서 갈등을 완화하고 좋은 일이 일어날 희망을 알리는 것을
의미합니다.

- 육합은 변효가 동하거나 월일과 합을 이루거나 세응과 결합할 때 더욱 강하게 작용
합니다.

- 길한 육합괘라도 용신이 공망 되고 월이나 일의 충을 받으면 일이 불성 하고 목적
을 이루기 힘듭니다.

1. 대인관계 점에서 세와 응이 육충괘일 때

   "상대방과 분쟁과 갈등이 예상됩니다. 현재 진행 중인 일이 불안정하며 관계가 나빠질 수 있으니 대비하시길 바랍니다."

2. 연인과의 관계점에서 동효가 세를 생하고 육합이 될 때

   "주변의 도움이 있고 상대방도 호의적이며 앞으로의 발전이 예상되니, 적극적으로 나서면 좋은 결과를 가져올 수 있을 것입니다."

3. 부모의 오랜 병점에서 부효가 일진과 합이 될 때

   "지금은 힘들어도 점차 기력을 회복할 것으로 보이고, 병도 점점 호전되니 약과 음식에 더 신경 써 주시기 바랍니다."

고난은 성장을 이끕니다.

중산간(重山艮) 之 지산겸(地山謙)

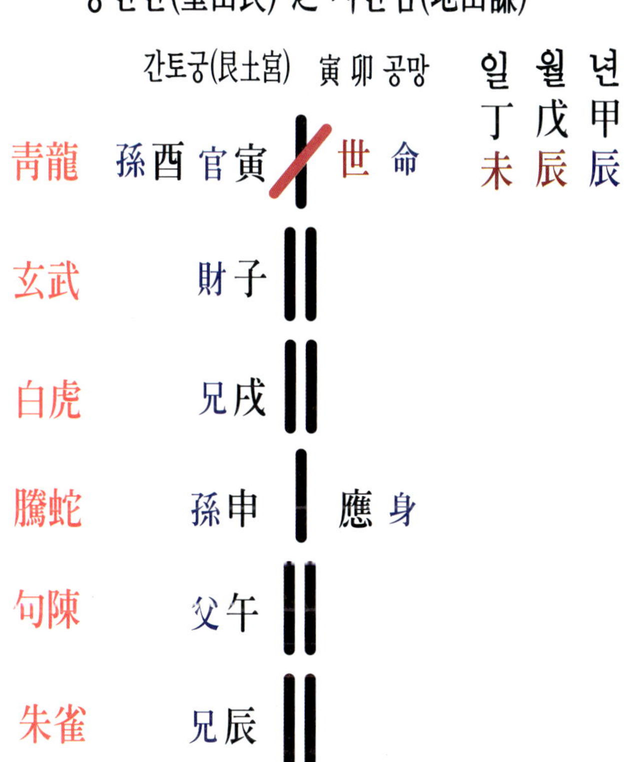

괘상: 중산간에서 지산겸으로 변했습니다. 중산간은 첩첩산중으로 나가지 못하고 그치는 상으로 모든 것을 내려놓고 일신을 지켜야 하는 상입니다. 지산겸은 자기보다 못한 사람의 아래에 있으니, 자신의 능력을 내세우지 않고 남을 존중하고 겸손하게 해야 한다는 것을 의미합니다.

점사: 투자점은 재효를 용신으로 합니다. 정부 사업으로 관의 향방도 중요하니 관과 재를 살펴봐야 합니다. 용신인 재효는 5효에 있고, 월건과 일진에 극을 당하고 있으며 매우 무력합니다. 관은 상효 세효에 임하고 있으며 동하여 유금 손효에 의해 회두극을 당하고 있습니나, 세효인 관효는 월서과 일신의 힘을 못 받고 있고, 공망까지 되어 극도로 위험해 보입니다. 반면, 변효 유금 손효는 일월에 생을 받아 매우 강하며 인목 관효를 극하고 있는

상황입니다. 엎친 데 덮친 격으로, 응효도 세효를 충하고 있는 육충괘를 만났습니다. 육충괘를 구제해 줄 육합도 어디에도 찾을 수가 없는 절박한 상황임을 알 수 있습니다. 또한 월건과 4효의 술토 형효가 진술충으로 암동 되어 술토 형효가 바로 위의 자수 재효를 극하고 있습니다. 재효도, 관효도 무력하기 짝이 없고, 사업의 성패가 중요한 것이 아니라 관이 충산이 되어 소송까지 휘말릴 수 있는 위험한 상황으로 읽을 수 있습니다. 세효에 임한 청룡은 세효가 무력하므로, 오히려 나를 무섭게 칠 수 있는 권력이 되므로 송사의 문제가 오히려 생길 수 있는 가능성을 보여주고 있고, 현무가 임한 재효는 투자금이 과도하게 책정되었거나 정직하지 못한 돈으로 해석할 수 있습니다.

종합적으로 판단하면, 정부 사업에 참여도 투자도 받지 못하고 본인의 몸도 지킬 수 없게 되는 위험한 상황으로 소송에 걸리지 않게 주변을 잘 단속해야 합니다. 자신의 능력을 과신하지 말고, 그만둘 때를 알고 포기하는 것이 그나마 자신을 지킬 수 있는 것이라 판단됩니다.

결과: 동남아시아의 한 나라의 정부와 함께하는 큰 프로젝트로 문점자의 업체가 선정되었다는 공식 확인이 있었으나, 그 정부의 정책 투명성에 문제가 있어 로비스트를 중간에 채용해 일을 진행하면서 많은 로비자금이 이미 투입된 상황이었으며, 진행이 늦어지면서 계속해서 빚을 지고 있는 상황이라고 하였습니다. 이 프로젝트의 성사를 위해 혼신을 다해 노력했지만, 결국 대통령이 바뀌고 정부가 바뀌면서 그 전의 계약이 무산되어 많은 것을 잃고 주변 사람들에게 빚진 돈을 갚지 못해 결국은 소송까지 걸리게 되었다는 이야기를 나중에 듣게 되었습니다. 이처럼 월건과 일진의 도움이 없는 육충괘는 어떤 것을 해도 이루어지지 않을 가능성이 매우 크므로 육충괘일 때는 월과 일 또는 동효의 도움이 절실하다는 것을 꼭 알아두시길 바랍니다.

삼형(三刑)과 자형(自刑)

삼형(三刑)은 형살 관계로, 인(寅)-사(巳)-신(申)과 축(丑)-술(戌)-미(未) 를 말합니다. 이러한 삼형 관계 내 지지들은 서로 마음이나 기운을 억압하거나 충돌시키며, 갈등과 소송, 불화, 고립 같은 부정적 영향을 불러옵니다.

자형(自刑)은 동일한 지지 글자가 중복되어 자기 자신과 형을 이루는 것을 말하는데, 예로 진진(辰辰), 오오(午午), 유유(酉酉), 해해(亥亥) 등이 해당합니다. 이는 내적 긴장과 자기 간섭, 자기 통제의 어려움, 또는 본연의 힘끼리 부딪쳐 갈등과 제약을 만드는 상태로 해석됩니다. 자형은 삼형만큼 폭발적이지 않으나, 지속적이고 내밀한 충격과 스트레스를 주는 특징이 있습니다.

(1) 실전 적용과 세부 해설

1. 삼형 관계에 해당하는 효가 점사에 등장하면 갈등, 불화, 소송, 정신적 스트레스, 사건, 사고에 휘말릴 수 있습니다.

2. 용신 혹은 원신이 삼형에 있을 경우 문제가 심각하며 돌파가 쉽지 않은 상태로 해석하나, 일이나 월의 생조를 받으면 삼형이 되더라도 목적을 이룰 수 있습니다.

3. 삼형은 서로기 강하게 부딪히는 관계로, 점사에서 문세의 본실이 분명하게 드러나고 일의 진행에 장애가 생길 수 있습니다.

4. 삼형은 모두 경찰, 관공서, 법원의 관재수와 관련이 깊습니다. 또한 인사신은 교통사고와도 관련이 깊습니다.

5. 자형 효가 강하게 작용하면 자신과 주변 상황에서 갈등과 난관이 반복적으로 발생할 수 있지만, 용신이 강하면 목적한 바를 성취할 수 있습니다.

6. 용신이 삼형에 있더라도 상하지 않고 생조를 받으면 흉하지 않고, 용신이 휴수 되고 타효의 극이 있으며, 삼형에 임하면 화를 당하게 됩니다.

7. 형, 충, 파, 해가 생 또는 합을 만나면 흉한 작용을 못하고 삼형과 자형 중 한 자만 빠져도 형으로 말하지 않고 고유의 작용을 하지 못하게 됩니다.

(2) 실제 통변 예시

1. 신수점에서 세효가 인사신(寅巳申)에 임하고 생조가 없을 때

"사람들 사이에 갈등과 분쟁이 심하며, 건강상의 문제나 갑작스러운 사고 가능성이 있으니, 각별히 조심해야 합니다."

2. 건강점에서 세효가 축술미(丑戌未)에 임하고 일진의 생조를 받을 때

"건강상의 이유로 수술을 할 수도 있으니, 병원에서 검진을 하루빨리 받는 것이 좋을 것 같습니다. 빠르게 병을 발견해서 수술한다면 점차 회복도 잘될 것으로 보입니다."

3. 관계점에서 응효가 진진(辰辰) 자형이 되어 세를 극할 경우

"반복되는 충돌과 어려움이 예상되며 상대가 바뀔 가능성이 없으니, 더 이상 그 관계에 신경 쓰지 말고, 당분간 멀리하기를 조언드립니다."

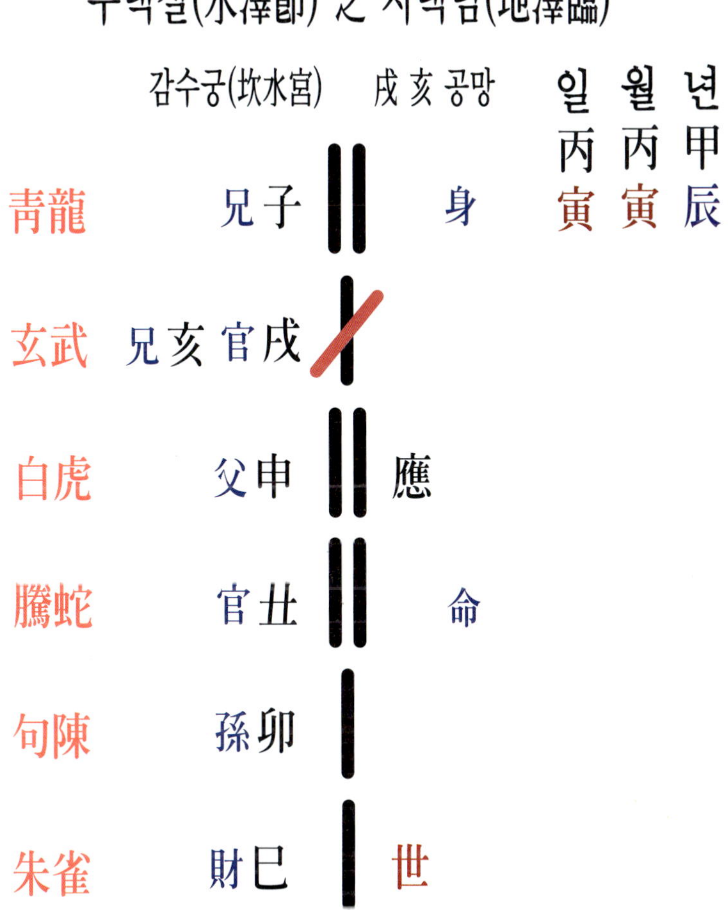

괘상: 수택절에서 지택림으로 변했습니다. 수택절은 절제, 정도에 맞아야 하고 지나치면 힘들게 된다는 의미이고, 지택림은 수수방관하면 안 되고 직접 나서야 하다는 의미를 가지고 있습니다.

점사: 땅을 구매한 후에 돈이 되겠는지이 질문이니 용신은 재효로 보고 땅의 문서의 청태가 제대로 되었는지를 보려면 부효를 살펴봐야 합니다. 용신인 재효는 세에 임하고 월건

과 일진의 생을 받아 왕합니다. 부효를 보니 응에 임해 있고, 월건과 일진에 인신충으로 월파와 일파가 되어 충산이 되었습니다. 동효를 살피니 관이 변해 형이 되었고, 관효인 술토는 월건과 일진에 극을 당하고 공망까지 되어 매우 무력합니다. 동효인 관효가 힘이 있어서 바로 아래 있는 부효를 도와주면 좋겠지만 무력해서 도움이 되지 못하고 있습니다. 전체적으로 보니, 월건과 일진, 세효, 응효가 인,사,신의 삼형을 형성하고 있습니다. 삼형을 이룬 것 중 부효가 충산이 되어 가장 문제가 되고 있으니 문서로 인한 문제가 발생할 수 있고, 이는 더 나아가 소송까지 갈 수 있는 상황을 알려주고 있습니다. 소송 시 세와 응의 싸움에서 세효가 힘이 막강하기에 응효는 당할 수밖에 없는 상황으로 전개될 가능성이 큽니다. 응의 부효는 백호까지 임하고 있어서 큰 손실, 큰 피해를 볼 수 있는 상황이며, 주작이 임한 세효는 이 일로 소문을 내서 응의 체면과 명예에 손상을 줄 수 있습니다.

　총괄적으로 판단하면, 문서의 흠결로 문제가 될 수 있어 결국 소송으로 진행될 가능성이 있습니다. 소송을 하면 문점자가 이길 수 있으며 금전적인 손해는 보지 않는 것으로 판단됩니다. 상대방이 힘이 너무 없어서 소송전에 합의로 해결할 수 있으며, 문서의 내용을 다시 살펴서 흠결이 없는지를 확인하는 것이 중요합니다.

　결과: 땅을 구매 후 잔금을 지불하려고 시청에 땅에 대해 문의해 보니 그 땅은 절대 농지로, 일반 사람이 살 수 없는 토지였다는 사실을 알게 되었습니다. 지인과의 거래라 부동산을 통하지 않고 직접거래를 하였다고 합니다. 농지거래법이 바뀌고 시행된 지 얼마 안 돼서 매도인도 매수인도 그 사실을 모르고 거래한 것이니 법적으로 처리하지 말고 거래 취소로 계약금과 중도금을 돌려주는 것으로 하고 잘 마무리했다고 합니다. 이처럼 인사신 삼형이 이루어지면 상대방과의 갈등, 법적 문제, 사건, 사고들이 일어날 수 있으니 잘 살펴서 통변해야 합니다.

독정독발(獨靜獨發)

독정독발의 의미는 육효의 6효 중에서 5개의 효가 전부 동하고 1개의 효만이 동하지 않으면 이를 독정(獨靜)이라고 하고, 반대로 1개의 효가 동하고 5개의 효가 동하지 않으면 이를 독발(獨發)이라고 합니다. 독정독발괘는 용신을 보지 않고 독정, 독발효로 길흉을 판단할 수 있습니다. 그러나 1개의 효가 동하고 1개의 효가 암동 하면 동효가 2개가 되는 것으로 간주하고 독정독발이 아니므로 용신에 의하여 성패를 판단해야 합니다.

육효 점사에서 이 두 상태는 효가 자신이 역할을 독자저으로 수행하는 양상으로 각별히 해석해서 길흉을 판단합니다.

(1) 실전 적용과 세부 해설

1. 6개의 효가 모두 정효인데, 1개의 효가 암동하면 이것도 독발이라 합니다.

2. 독발된 효는 깨끗하고 확실해서 길흉을 판단하기 쉽습니다.

3. 독정이나 독발은 일의 느리고 빠름의 관계를 보는 것에 불과하고, 일의 길흉화복이나 성패는 용신의 동태를 보고 판단합니다.

4. 독정의 경우는 동하지 않은 효만을 중점으로 해석하고, 동효가 3, 4, 5개가 되는 경우는 난동괘라고 해서 해석이 복잡하고 어지러우니, 재점을 하는 경우가 많이 있습니다.

(2) 실제 통변 예시

1. 용신이 독발이 되고 일진의 생을 받을 때

   "일의 현안이 확실하고 말끔하게 처리되어 문제가 해결되며 목적한 바를 이룰 수 있을

   것으로 보입니다."

2. 독정된 괘가 월과 일에 충을 받으면

   "하고자 하는 일이 복잡하게 흘러가고 많은 것이 얽혀 있으며 환경과 주변의

   도움도 받기 어려운 상황입니다. 포기하시고 다른 일을 도모하는 것이 좋을 것 같습니다."

점례15) 아파트 당첨점: 판교 아파트에 당첨이 되겠습니까?

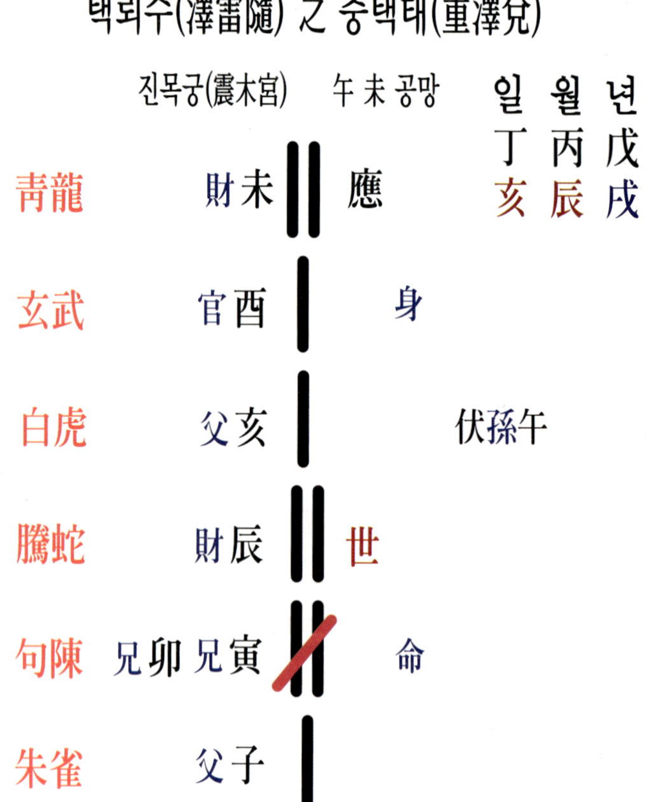

괘상: 택뢰수에서 중택태로 변했습니다. 택뢰수는 따름, 순응, 추종, 변화, 대세에 순응하고 올바른 변화를 따라야 함을 의미합니다. 수(隨)는 따르는 것으로 옛 습관에 얽매이지 않고 때에 맞춰 행동하고 변화하는 것을 의미합니다. 그래서 이사, 직장의 옮김, 사업의 변경 등의 의미를 가지고도 있습니다. 중택태는 기쁨, 즐거움, 소통, 화합, 연못이 거듭 겹쳐 기쁨을 나누는 것처럼 서로 소통하고 즐거움을 나누는 상태를 나타냅니다. 입에 관련된 것으로 말하는 직업과 연관이 있고, 문서와도 관련이 있으며, 구설도 해당하기도 합니다.

점사: 판교 아파트에 당첨이 될 수 있는지를 물어본 것이기 때문에 문서인 부효를 용신으로 합니다. 용신 부효는 초효와 사효에 위치해 있습니다. 용신이 다현 된 것 같지만, 부효인 용신을 삼효의 세효 진토가 모두 입묘 시키고 있습니다. 입묘는 충을 만나야 쓸 수 있는데, 태세에 충이 되고, 월건에 비화 되어 힘을 얻고 있습니다. 재세 한 세효는 용신인 문서를 극 해서 불길할 수 있지만 진토로 입묘를 시키고 있고, 2효인 형효기 동해서 진신이 되었습니다. 동힌 형효는 재세한 세효를 극 해 부효를 극 하지 못 하게 하고 있습니다. 2효는 택효로 이사, 이동을 의미하고, 형효가 동했다는 것은 경쟁률이 높다는 것을 의미하고 있습니다. 진신 된 택효 2효를 5효 월건에 힘을 받은 관효가 제지해 주니 또한 아름다워 보입니다. 아파트 당첨되는 관의 힘이 도움이 되는 형상으로 보입니다. 그러니 관은 남편이 되기도 하지만, 여기서는 정부정책 같은 혜택을 받을 수 있다는 것을 의미하기도 합니다. 이 괘는 얼핏 보기에는 2효 형이 동하여 경쟁이 높고, 재세를 해서 부효를 극 하니, 힘들 수 있겠다고 짐작할 수 있으나, 면밀히 하나하나 따져보면 독발 된 2효의 형효가 부효를 보호하는 작용을 하고 있으며, 재효의 세효는 문서인 부효를 입묘 시켜 내 안에 가지고 있다가 충 할 때를 기다리는 상으로 읽을 수 있습니다. 용신 부효는 일진과 비화 된 4효의 해수가 되는데 백호에 임하고 있습니다. 백호가 왕상한 힘을 받으면 긍정직인 의미로, 어려운 상황을 돌파하는 강인한 의시력을 나타내기노 합니다.

종합저으로 판단하면, 경쟁이 강하지만 제도외 도움 을 받아 당첨될 수 있는 것으로 핀단되고, 그 시기는 세효 진토를 충 하는 술월이 될 수 있을 것으로 판단하였습니다.

　결과: 한부모 자녀 가정으로 사회 배려 대상이 되어 11월에 작은 평수에 당첨이 되어 이사를 할 수 있었다는 소식을 전해주었습니다. 이렇듯 독발 된 괘는 그 동효의 의미가 생을 해주는 것만을 생각하지 말고, 극도 생각해서 용신을 보호할 수도 있다는 것을 이 괘를 통해 알 수 있습니다. 이 괘가 오묘한 것은 동한 형효가 손효의 복신으로 인해 생을 할 곳을 잃어 바로 극을 하는데 이 경우는 그 극의 대상이 용신을 극 하는 기신이어서 길하게 작용한 경우가 되었습니다.

작은 결정들이 모여 미래를 좌우하고 인생을 만듭니다.

제16절

진정진발(盡靜盡發)

진정(盡靜)이란 동효가 하나도 없이 안정된 괘를 말합니다. 이는 효가 본연의 지위를 지키며 내면적 숙성과 정돈을 이루고 있음을 상징하고 모든 외부 동요가 사라지고 내부에 집중된 상태라 할 수 있습니다. 그래서 진정(盡靜)은 완전한 고요와 정지 상태로 아직은 보이지 않지만, 땅속의 씨앗이 봄비를 기다리며 싹을 틔울 준비를 하는 것을 의미하는 것입니다.

진발(盡發)은 6개의 효가 전부 발동된 괘를 말합니다. 효가 적극적으로 작용에 나서 변화와 사건을 주도하며, 움직임이 극대화되어 강한 힘과 추진력을 갖고 활동 하였다는 것을 의미합니다. 그리하여 진발(盡發)은 완전한 활동과 발동 상태로 이미 꽃이 만발한 뒤 꽃잎이 떨어지고 흩어지는 것을 의미합니다.

진정과 진발은 육효의 에너지 흐름의 두 극단을 나타내면서 서로 상반되는 개념입니다.

(1) 실전 적용과 세부 해설

1. 진정 상태에 있는 효는 사안이 잠시 휴지기 또는 내적 숙성기에 들어감으로써 외부에 급격한 변동이 없는 상태를 의미합니다.

2. 점사에서 진정 효가 용신일 때, 신중함·침착함으로 일이 천천히 혹은 안정적으로 진행되지만, 외부 압력이니 변화가 잠시 억눌리고 있음을 의미합니다.

3. 진정은 자제와 기다림의 뜻으로 해석되며, 무리한 행동이 오히려 해가 되기에 지금은 참고 대비하는 시기로 강조됩니다.

4. 진발 상태의 효는 사안이 본격적으로 전개되는 전조로, 적극적인 행동 개시, 추진력과 돌파력을 상징합니다.

5. 진발 용신이나 변효는 큰 사건, 승부수, 사업 전환, 또는 급격한 운세 변화를 알리는 신호가 될 수 있습니다.

6. 문점자는 진발 상태의 효를 통해 주도적인 시기와 전략적 행동 시점을 포착해 운을 극대화할 수 있어야 합니다.

7. 무리한 진발은 위험하며, 적절한 진정 후 진발이 가장 길운의 조화 상태가 됩니다.

8. 진정괘는 아름답고 희망적이지만, 진발괘는 허물이 있고 비관적입니다.

(2) 실제 통변 예시

1. 소망점에서 진정효의 세효가 일진의 힘을 받고 있을 때
   "현재는 침묵과 관망 속에 있으며, 당장 움직이기보다는 상황을 주시하고 곧 다가올 기회를 대비하고 준비하시길 바랍니다. 조만간 좋은 기회가 올 것입니다."

2. 이직점에서 진발에 놓인 세효가 월건과 충이 될 때
   "급격한 충돌과 변화가 예상되니 만반의 준비와 신속한 대처가 요구됩니다. 이직도 힘들고 지금의 직장도 자리가 위태로울 수 있습니다"

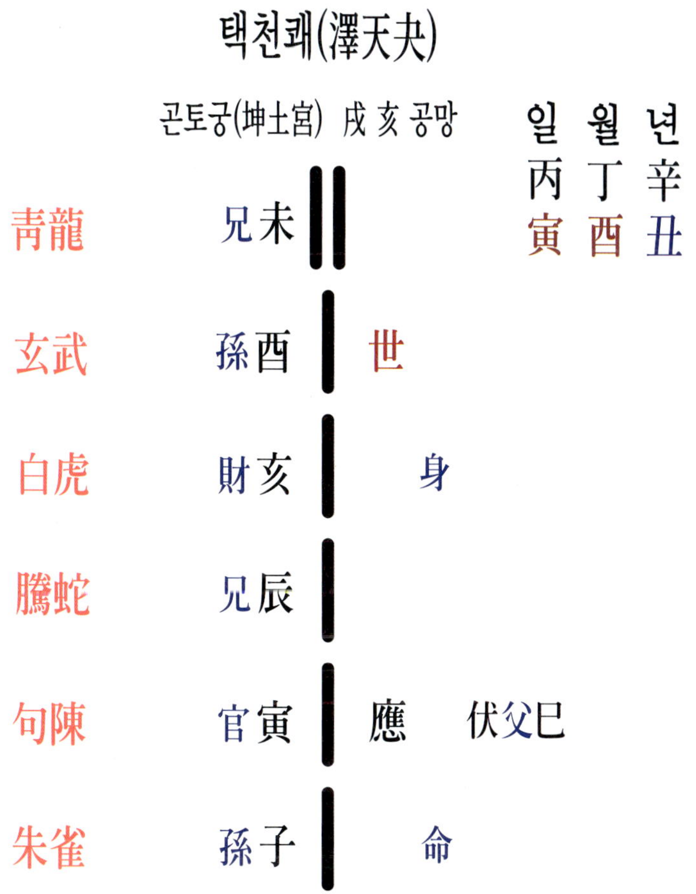

괘상: 택천쾌는 맨 위에 있는 음이 아래의 다섯 양에 의해 결단되는 것이니, 스스로의 이익만을 추구하다 보면 반드시 남들에 의해 결단을 당하게 되는 상으로 해석합니다. 기본적인 의미로는 결단, 결심, 분별, 제거, 옳고 그름을 명확히 분별하여 과감하게 결단하고 나아가야 함을 의미합니다.

짐사: 동업점에서 용신은 세효와 응효의 관계입니다. 세효는 손효이며 월건에 힘을 얻고, 응효는 관효이며 일진에 힘을 얻어서 세와 응이 모두 힘이 있습니다. 좀 더 세밀하게 살펴

보면, 세효는 태세에 힘을 받고 있고 손효가 되니 실질적인 기술을 세효인 문점자가 가지고 있다고 볼 수 있고, 응효는 관이 지세 하고 있고, 월건에 절이 되니, 세력과 명예를 가지고 있지만 돈이 될 수 있는 기술이 절실하다고 판단할 수 있습니다. 또한 세와 응과의 관계는 손세 한 세가 관에 임한 응효를 극하고 있습니다. 판단해 보면 응효 보다는 세효가 결정권을 가지고 있다고 해석할 수 있습니다. 동업하려면 서로 협약이 필요한데 그 문서는 2효인 응효에 복신되어 나타나지는 않았지만 비신이 복신을 생하고 있고, 복신은 일진에 생을 받고 있어서 비록 복신이 되었지만 복신 된 부효는 언제든 때가 되면 힘을 가지고 작용을 할 수 있는 힘을 가지고 있습니다. 이 괘는 동효가 없이 진정이 되었습니다. 진정은 자제와 기다림의 뜻으로 해석되며, 무리한 행동이 오히려 해가 되기에 지금은 참고 대비하는 시기로 강조된다고 하였습니다. 진정이 되었기 때문에 큰 외부의 변화가 있지 않는 한 동업을 하는 일이 진행이 안 되고 서로 의견을 나누고 지켜보는 상태로 지속된다는 것을 알 수 있습니다. 세효나 응효에서 결단을 하고 움직이려면 충을 해서 암동이 이뤄져야 하는데, 세효를 충 하는 묘월도 지나갔고, 응효를 충 하는 신월도 지나간 상태라 기회가 쉽게 오지 않고 그 다음 해를 기대해야 하는데, 일단은 지켜봐야 하는 것으로 보입니다.

결과: 동업을 제안받고, 응과 합이 되고 복신 된 부효와 충이 되는 해월에 초안 계약서를 작성하고 일이 진행되는 듯했지만, 서로의 동태만 살피고 본 계약이 계속 늦어지면서 동업은 서로 안 하고 필요할 때 서로 의견과 기술을 주고받는 사이로만 지내고 있다고 했습니다. 이렇게 동효가 없는 진정은 변화하기 힘들다는 것을 이 괘를 통해서 알 수 있습니다.

용신다현(用神多現)

용신다현(用神多現)은 육효 점사에서 괘 내에 용신(用神)이 여러 효에 복수로 나타나는 상황을 말합니다. 즉, 점사에서 나타나는 여러 효가 모두 용신 역할을 하며, 단일 효가 아닌 다수 효에 용신 기운이 분산되어 복잡하게 됩니다. 일반적으로 용신은 점사의 핵심과 해결책을 나타내는데, 다현 상황에서는 어느 효를 주용신으로 삼을지 잘 판단해야 합니다.

실전에서는 용신이 다현일 경우 우선순위를 따져 주용신을 선정하고, 지세 한 효, 동한 효, 육효, 공망 또는 흠 있는 효 순으로 중요도를 판단해 점사를 명확히 해석해야 합니다. 실제 통변 시에는 여러 효에 용신이 중복될 경우, 점사 목적과 관련성, 효의 움직임과 상태를 고려해 중심 효를 정하여 사건의 핵심과 해결책을 도출해 내야 합니다.

(1) 실전 적용과 세부 해설

1. 용신 선택 우선순위

  - 지세(持世) 효 우선: 현재 세를 가진 효는 상황과 직접 연관되므로 용신 선정에서 가장 우선시 됩니다.
  - 동효(動爻)가 두 번째: 움직이는 효에 용신 성격을 부여하는 것이 점사의 사건과 변화를 더 잘 반영하기에 이 효를 취합니다.
  - 응(應)효가 세 번째: 세와 관련을 맺고 상호 작용을 하므로 응효를 취합니다.
  - 공망(空亡)이 있는 효가 네 번째: 순공, 진공의 문제가 있는 효를 취합니다.
  - 월파나 일파가 된 효가 다섯 번째: 파가 되면 암동으로 움직이니 이 효를 취합니다.

(2) 실제 통변 예시

1. 재물점에서 세에 형이 임하고 다른 효에 형이 다현 되었을 때

   "돈을 벌기 무섭게 나가는 곳이 더 많으니, 수입보다는 지출에 최대한 신경을 써서 돈을 덜 쓸 수 있는 방법을 찾아야 합니다."

2. 구직점에서 관효가 다현 되고 외괘의 관효가 주용신이 되는 경우

   "지금 뽑는 곳이 많이 있을 수 있으니 국내에서만이 아니라 해외 쪽도 알아보고, 되도록이면 해외 쪽이 본인에게 더 유리하니 그쪽을 지원해 보는 것을 권해드립니다."

3. 건강점에서 관효가 다현 되고 세효에 지세 한 손이 공망일 경우

   "현재 건강이 매우 안 좋은 상태이고, 백 가지 약이 소용이 없으니 ○○(손의 공망이 출공 되는 날)일에 새로운 의사나 약을 써보는 것이 좋을 것 같습니다."

점례17) 재물점: 새로 설립한 회사가 올해부터 돈을 많이 벌 수 있겠습니까?

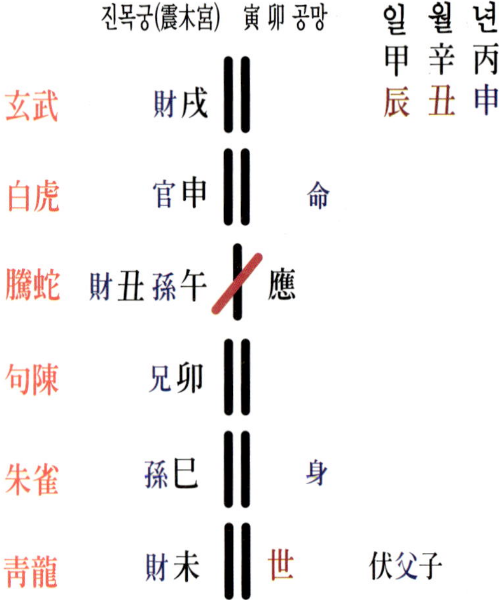

괘상: 뇌지예가 중지곤으로 변하였습니다. 뇌지예는 땅을 뚫고 초목이 밖으로 움터 나와 즐거워하는 상으로 첫 출발, 새로운 시작을 의미합니다. 즐거운 시작을 위해서는 철저한 준비도 필요하다는 것을 명심해야 합니다. 중지곤은 유순후덕 한 땅의 형상으로 씨앗을 심어 길러내고 수확하는 의미로 어머니의 상이고, 여성을 의미합니다.

점사: 재물점에서 용신은 재효가 되고 세와 응의 상태를 살피면 됩니다. 또한 재효에서 중요한 것은 재물을 생성해 내는 능력이므로 원신인 손효의 향방도 매우 중요합니다. 용신인 재효를 살펴보니, 초효, 변효, 상효에 나타나 있으니 용신다현이 되었습니다. 용신다현에서는 주용신을 제대로 잡아야 정확한 통변을 할 수 있습니다. 주용신을 잡는 순서는 지세 → 동효 → 응효 → 공망 → 월파, 일파 → 문제의 효 순으로 정한다고 하였습니다. 그럼 이 점괘의 주용신은 두 번째 동효에서 찾을 수 있습니다. 동효가 응효에 임해 주용신으로 쓰기에 적설한 소선을 가지고 있습니다. 축토인 변효는 월건과 일진에 힘을 강하게 받고 있고, 세와는 충의 관계에 있습니다. 세효는 월건과도 충이 되어 암동 되었고, 상효의 술토 재효도 일진과 일파 되어 암동 하고 있습니다. 괘 내의 3개의 재효가 모두 동하여 서로 자기의 목소리를 내고 있어 정신이 없어 보입니다. 또한 월건과 일진에도 재효가 되어 있으니, 이 괘에서 재는 총 5개가 됩니다. 원신인 손효는 2효와 4효에 있고, 월과 일에 도움을 못 받고 무력해 보입니다. 하지만 응효 4효에 인한 손효는 세와 육합을 이루어 그 기세를 잘 가지고 있으니 열심히 노력하는 모습도 보이고 있습니다. 주용신이 되는 4효에는 등사가 임해 있어서 돈에 대해 사기도 당할 수 있으니 조심해야 합니다. 전체 괘를 보니, 육합괘에서 육충괘로 변했습니다. 용신이 다현 되었다는 것은 집중이 흩어져 목적을 이루기에는 불리하다는 것을 의미합니다. 재효가 힘을 많이 받았다고 꼭 돈을 많이 번다는 것은 아닙니다. 용신은 깨끗하게 하나가 힘이 있게 나타나야 장애와 문제가 없이 그 목적을 달성할 수 있기 때문입니다. 육합에서 육충괘로 변한 것도 처음은 좋았다가 나중에 안 좋아진다는 것을 의미하기도 합니다.

종합적으로 판단해 보면, 새로 시작한 사업으로 많은 희망적인 기대에 부풀어 있을 것으로 보입니다. 하지만 용신다현으로 인해 재물의 성취가 어렵게 보이고, 여기저기 돈을 벌 수 있는 일들이 생기나, 선택과 집중으로 본인이 할 수 있는 것만 잘 가려서 해야 합니다. 돈은 그래도 들어 오기는 하지만 만족할 정도는 아닐 수 있으며, 상대하는 사람들에게 속임과 사기를 당할 수도 있으니, 욕심을 버리고 할 수 있는 것만 집중해야 한다고 해석할 수 있습니다.

결과: 새로 창업한 사장님으로 많은 기대와 꿈을 가지고 희망적으로 사업을 시작하였습니다. 새로 창업했다는 소문을 듣고 20년 이상 관련 일을 했다는 분이 찾아와 이것저것 알려준다고 하면서 좋은 가격에 물건을 넘겨줄 것을 요구했고, 그분을 믿고 계약금만 받고 물건을 건네주게 되었는데, 결국 물건값은 몇 년이 지나도 지불하지 않아서 법적인 싸움까지 일어났었다고 합니다. 처음에 여기저기 주문에 정신이 없이 진행되다 보니, 그때 좋은 거래처들을 많이 놓치고, 사기꾼한테 걸려들었었다고 하였습니다. 세효, 응효, 상효(암동)가 축술미를 형성해서 법적인 문제가 생긴 것으로 나중에야 판단할 수 있었습니다. 암동도 삼형이 될 수 있다는 것을 이 괘를 통해 알 수 있었습니다. 그해 매출은 그래도 첫해 치고 어느 정도 나왔으며 이익도 가졌다고 합니다. 다만 못 받은 돈은 그 이후 몇 년 후에 반 정도만 받을 수 있었다고 합니다. 이처럼 용신이 다현 되고 암동까지 된 복잡한 괘는 그 해석이 복잡하고 깨끗한 목적을 이루기는 힘들며, 이럴 때일수록 선택과 집중을 하는 것이 중요하다는 것을 배울 수 있습니다.

성심장(誠心章)

성심장(誠心章)의 의미는 문점자의 진심과 성실한 마음가짐이 결과에 큰 영향을 미친다는 의미를 담고 있습니다. 문점자는 거짓과 꾸밈없는 참된 마음으로 번뇌나 사심 없이 온전히 점사 대상과 대면하는 태도를 가져야 합니다. 문점자의 마음이 흐트러지거나 자기 감정이 개입하면 점사 결과가 왜곡되거나 불명확해져 신뢰성을 잃게 될 수 있기 때문입니다.

점을 치러 온 고객은 성심으로 문점 하고 점을 쳐주는 상담가는 진실되게 상담해 줘야 한다는 말입니다. 실전에서는 문점자가 편견 없이 마음을 가다듬고 충실히 상황을 살필 때, 효의 의미가 명확히 드러나며 해석이 정확해질 수 있습니다. 문점자의 태도와 집중력이 점사 성공의 핵심 요소임을 뜻하는 말이기도 합니다. 실제 통변에서는 점사가 모호하거나 결과가 어긋나는 경우 문점자의 마음 상태를 점검하여, 진심으로 임할 때 점사의 효험이 극대화될 수 있음을 알려줘야 합니다.

18문답의 마지막 장에서 문점을 하고 상담을 하는 자세를 다시 한번 강조한 것은 아마도 이것은 하늘에 고하는 문제이고, 예를 갖춰야 하며, 진실되어야 참된 해답과 지혜를 얻을 수 있기 때문이라고 생각합니다.

여기서 다시 강조한 내용은

첫째, 시험 삼아 점치지 말 것

둘째, 한 가지 일을 거듭 점치지 말 것

셋째, 부정한 마음으로 점치지 말 것

넷째, 성심을 다해 문점 할 것

위의 내용 중 둘째, 한 가지 일을 거듭 점치지 말라고 한 것은 원하는 답을 얻을 때까지 점을 치는 경우 당연히 맞을 수가 없기 때문입니다. 제 경우는 같은 문점을 해도 5번 중 4번은 늘 같은 답이 나오고, 1번은 다른 답이 나왔습니다. 육효의 확률이 70%라는 공자님의 말씀처럼 같은 문점을 해도 확률적으로 답은 같게 나온다는 것입니다. 그러니 난동괘가 아닌 이상은 처음의 문점이 옳은 답을 제시해 줄 확률이 높으니 굳이 재점, 재재점을 할 이유는 없을 것입니다.

이제 18문답까지 잘 숙지하셨다면, 본격적으로 나의 운은 나에게 묻고 해석해서 나의 운을 개척해 나가 보시기 바랍니다.

운명은 큰 틀 안에서 스스로 그려 나갈 수 있습니다.

에필로그
운명의 주인으로 서다, 육효!

『육효, 삼천 년의 속삭임』의 지혜가 담긴 이 책에 관심 갖고 읽어 주셔서 감사합니다. 기초부터 실전까지 한 권에 모두 담는다는 것이 쉽지 않은 작업이었습니다. 그래서 실전에서 괘를 읽고 통변할 수 있게 2권 해설편을 함께 출간하였습니다. 2권 해설편은 64괘에서 6개의 모든 동효수인 384개의 괘상을 모두 해석한 해설서입니다. 초급과 중급자들을 위해서 괘를 뽑으면 길흉과 성패를 어느 정도 해석할 수 있게 친절하게 설명해 놓았습니다. 기존의 해설서는 주역의 관점에서 해석한 것이라면 본 해설편은 육효의 관점에서 384괘를 해석하게 되었습니다.

『육효, 삼천 년의 속삭임』을 읽는 동안, 여러분은 단순한 독자가 아니라 미지의 세계를 탐험한 용감한 구도자였습니다. 이제 우리는 육효의 가장 깊은 진실, 즉 '운명은 정해져 있지 않다'는 희망의 원점으로 돌아와야 합니다.

대부분의 사람들은 역학을 '예언의 도구'로 이해합니다. "내년에 운이 나쁘니 조심하라"는 정해진 말로 받아들이는 것입니다. 하지만 육효학자로서, 저는 단연코 말합니다. 육효는 판결문이 아니라 '현재 있는 위치와 앞으로 펼쳐질 시뮬레이션'이라고 말입니다. 이 책을 통해 여러분은 그 지도를 읽는 방법을 배운 것입니다. 이제부터 지도에 표시된 대로 걷는 것이 아니라, 지도를 활용하여 가장 최적의 길을 개척하는 탐험의 과정을 갖는 것입니다

자신의 삶을 거대한 운명의 바다라고 가정해 보세요. 생년월일시가 정해주는 것은 우리

가 타고난 배의 크기와 엔진의 성능 정도일 것입니다. 잔잔한 날이 있을 수도, 거친 폭풍우가 몰아치는 날이 있을 수도 있습니다. 그러나 이 책에서 배운 육효의 지혜는 여러분에게 일기예보와 나침반의 역할을 하게 될 것입니다. 운명이란 태어날 때 이미 찍힌 '도장'이 아니라, 오늘 하루 무엇을 선택하고 어떤 행동을 했는가에 따라 매 순간 쌓이고 달라지는 핸드폰 속의 사진 갤러리와 같은 것입니다. 이 갤러리를 아름답게 채워 넣을지, 아니면 삭제하고 빈 파일만 남길지는 전적으로 여러분의 손에 달려 있습니다.

예를 들어보면,

- 감괘(☵, 물): 위험이 닥칠 때, 육효는 경고의 깃발을 올립니다. 무서워 도망치는 대신, 위험을 감지하고 파도를 이용해 전진하는 방법을 배우게 해줍니다. 이것이 곧 '공부'의 힘입니다.

- 건괘(☰, 하늘): 기회가 올 때, 육효는 순풍의 방향을 가리킵니다. 망설이는 대신, 결단하고 힘차게 돛을 올려 그 기회를 극대화할 수 있게 해줍니다. 이것은 곧 '의지'의 힘입니다.

우리는 이 책을 읽는 과정에서 수많은 괘와 효를 분석하며 우주의 원리를 탐구했습니다. 이 공부는 단순한 지식 습득을 넘어, 내면에 숨겨진 '자성(自性)을 깨우는 과정'이었습니다. 우리는 이미 운명에 대한 수동적인 자세를 버리고, 능동적인 운명 운영자로 한 걸음 나아간 것입니다.

개운(改運)이란 무엇일까요? 신에게 빌거나, 값비싼 부적을 사거나, 막연히 좋은 일이 생기기를 기다리면 되는 것이 아닙니다. 개운은 곧 '나쁜 습관을 버리고, 좋은 습관을 통해 내 주변을 좋은 기운으로 증폭시키는 지혜로운 행동의 총체'입니다. 그리고 그 지혜로운 행동은 육효의 원리를 공부할 때 비로소 확인할 수 있습니다.

육효를 통해 여러분은 다음과 같은 능력을 갖출 수 있습니다.

1. 미래의 예지력을 뛰어넘는 예측력: 단순히 결과만 아는 것이 아니라, 결과에 이르는 과정과 변수를 분석하고 선제적으로 대응할 수 있게 됩니다.

2. 흐름을 읽는 능력: 쇠퇴할 때는 숨을 고르고, 상승할 때는 과감하게 도전하는 우주적 타이밍을 포착할 수 있게 됩니다.

3. 자기 객관화: 자신의 욕망과 능력, 그리고 자신이 처한 환경을 괘상(卦象)이라는 도구를 통해 냉철하게 분석함으로써, 감정에 휘둘리지 않는 최적의 이상적인 선택을 내릴 수 있게 도와줍니다.

진정한 육효의 완성은 예측에 있지 않고, 그 예측을 바탕으로 한 '실천'에 있다는 것을 꼭 명심해야 합니다.

우리는 모두 잠재적인 역술가입니다. 흉한 괘를 뽑았을 때, 절망하는 대신 '이 흉을 길로 바꾸기 위해 나는 지금 무엇을 해야 하는가?'라고 질문하는 순간, 여러분은 이미 운명을 운영하는 사람으로 다시 태어날 것입니다. 책상에 앉아 괘를 공부하는 시간은 자신감을 쌓아 올리는 시간이며, 실생활에서 그 지혜를 적용하는 순간은 운명을 재설계하는 시간이 될 것입니다. 여러분의 땀과 노력, 그리고 이 책에서 배운 지혜는 결코 배신하지 않을 것입니다.

여러분은 이제 육효 공부의 여정을 시작하였습니다. 어떤 분은 호기심으로, 교양으로, 역술가로, 상담가로, 깅입직으로(세 시인늘), 그 목적은 모두 다르지만 육효라는 학문으로 우리는 도반이 되었다고 생각합니다. 저는 이 여정에서 미래의 우수한 육효학자들이 많이 탄생 되기를 기대합니다. 육효학자라는 말이 저에게는 아직은 너무 큰 이름이지만, 저는 아직도, 여전히 공부하고 있고, 그래서 오늘도 업그레이드 중입니다. 우리 함께 공부해 나가길 기대합니다.

이 책을 통해 얻은 지혜를 가슴에 품고, 이제는 정해진 대로 흘러가는 강물이 아니라, 스스로 방향을 정하고 때론 노선을 벗어나 범람하더라도 대지를 윤택하게 만드는 나의 운을 설계해 보길 바랍니다.

혹여 삶이 고달파 막다른 길에 섰다고 느낄 때, 이 책을 펼치고 괘를 세워보길 바랍니다. 괘는 누구도 비난하거나 심판하지 않습니다. 대신 조용히 속삭일 것입니다. "여기에 또 다른 길이 있다고, 다시 일어나라고, 그리고 네 운명은 네가 만들어 가라고, 이게 삼천 년이 넘게 내가 알려준 지혜라고!" 말입니다.

육효학자

이연 최소원 드림

https://sowoninsight.imweb.me

**참고문헌

령산 정감록(2003년) 『육효학전서』 남두도서

대산 김석진(2015년) 『주역강해1,2』 대유학당

덕산 김수길, 건원 윤상철 (1997년) 『주역인해』 대유학당

왕호응(2021년) 『육효 경제예측학』 학산출판사

이준성, 김민조(2020년) 『민조의 쉬운 육효』 이안애